微观经济学

沈炳珍　金月华　黄　洁 编著

ZHEJIANG UNIVERSITY PRESS
浙江大学出版社

在经济学的理论教学体系中,微观经济学是内容最完善和成熟、系统性最强的一门课程。因此,国内外的微观经济学教材在内容、结构的编排上都较为一致,大致上分为均衡价格理论、消费者行为理论、生产者行为理论、分配理论(要素市场)、一般均衡与福利经济学等几部分。众多经济学大家都曾撰写过微观经济学教材,其中优秀者可谓灿若星辰。既然如此,有众多的国内外优秀教材可供借鉴,我们又为什么还要自行编写一本教科书以供本校学生使用呢? 这主要基于我们在多年教学工作中的两点强烈感受。

第一,缺少一本适合本校经济学和相关专业本科生学习的教科书。市面上的教科书,有的相对较深,有的则太浅。我们编写教材的初衷之一就是希望能把我们现有的教学水平和知识结构与本校学生的教学背景去做最大程度的契合,尽可能地为同学提供一本难易适中、内容全面的教材。

第二,缺少一本适合课堂教学使用的微观经济学教科书。微观经济学的学习与有些课程相比,对课堂的依赖更大。在教学过程中,教材只起辅助和支持作用,教师的课堂讲解才是最主要的,而不同教师对于不同的话题和分析工具的细节有不同的偏好。因此,课堂教学用书必须不同于教学参考书,也不同于学生自学用书。我们认为,一本合适的课堂教学用书只需要编写出该课程的基本内容、基本逻辑架构和基本方法即可,其余的留给教师根据自己的需要自行安排,反而可以彰显其自身的教学特色和教学水平。

为此,本书在编写过程中吸取了国内外主流微观经济学教材的分析框架和分析方法,在对理论的阐述和问题的分析中,力图遵循由浅入深、由简入繁的原则,以通俗的语言文字、简单易懂的数学模型、直观形象的几何图形来说明微观经济学原理。与其他同类教科书相比较,本教材的边际改进在于:首先,更加注重于内容安排的逻辑性。比如,先介绍博弈论知识,然后再讲述古诺、斯塔克尔博格等寡头模型,在后者的分析中运用博弈论的思想和方法;其次,每章开始都对本章内容进行了提要,向学生提示本章的教学目标和关键概念;再次,每一个关键术语在正文中给出的定义都用粗体加以突出;最后,在每章结束安排了适量的习题。这一切既便于教师的教,也有利于学生的学。

为了全面吸收和借鉴国际国内微观经济学主流教材的优点,在本书的编写过程中,我们参考了大量教材和文献,在此对相关作者表示敬意和感谢!

本书编写分工如下:沈炳珍编写第一章、第六章、第十章和第十一章,金月华编写第二章至第五章,黄洁编写第七章至第九章;全书由沈炳珍统稿。另外,杭州电子科技大学卓越学院文科实验班的蔡晟斌同学仔细地阅读了教材初稿,从学生学习的角度提出了许多修改意见。

由于我们水平有限,本书肯定存在着不少错漏,我们诚恳期待各位读者的批评指正。

编　者

2014 年 4 月

目 录

CONTENTS

第一章
导　论

【教学目的和要求】

　　本章旨在向读者介绍经济学的研究对象、微观经济学的基本内容和基本方法,使读者建立起对微观经济学的总体认识,为进一步学习提供必要的指引。

【关键概念】

　　稀缺性;资源配置(抉择);微观经济学;实证分析;规范分析;均衡;比较静态分析;经济模型;内生变量;外生变量;流量;存量;边际分析;经济理性

第一节　经济学的研究对象

　　我们从经济学得以成立的四个基本命题——欲望、稀缺、抉择与效率出发,来揭示其研究对象。因为经济学的全部分析和研究都是建立在这四个基本命题之上的。

一、经济学的基本命题

1. 欲望:人类的本能
　　欲望是指一种缺乏的感觉和求得满足的愿望,是人类一种本能的心理。 根据美国心理学家马斯洛在其《人格与动机》一文中的欲望层次划分,人类的欲望可以分为五个层次(见图1-1):

图 1-1　马斯洛五层次欲望划分

在这五个层次中,生存需要是以人类的生理需要为基础的最基本需要,是其他四种心理需要的基础。在人类社会的发展过程中,这五个层次的需要不仅有一个由低到高的实现过程,而且其内容和质量还随着需要的满足而不断地发展。事实上,人类欲望的满足是一个无穷序列,即**欲望是无穷的**。

2.稀缺:人类社会所面临的基本矛盾

如果资源是无限的,社会能够无限量地生产每一种物品,一切物品都将像阳光、纯净的空气和水在过去的时代那样,成为自由取用的物品,人类的欲望将得到完全的满足,那么,生产的可能性、节约性和分配的合理性都将变得毫无意义,经济学也就失去了存在的价值。

但是,迄今为止的各个时代和各种社会都面临的一个基本问题是:一方面,人们的欲望是无限的;另一方面,能够满足人们无限欲望的资源却是有限的。即使像纯净的空气和水这种曾被人们自由取用的资源也面临着经济发展所带来的污染的威胁,人类也不得不为改善自己的生存环境而付出更大的代价,人类最丰富的资源也面临着稀缺的问题。**稀缺性是指人们在得到所需要的物品和服务方面存在的局限性**。随着生产水平的不断提高,这种局限性非但没有缓解,反而伴随着新欲望的不断产生而增强。由此可见,**资源的稀缺性和人类欲望的无限性之间的矛盾不仅是一切社会共有的经济问题,而且还随着人类社会的发展日益突出**。这就是所谓的稀缺性规律。

"稀缺性"是一切经济问题产生的根源,寻求解决人类所面临的这一基本矛盾的途径和方法是经济学产生和存在的全部理由所在。

3.抉择与效率:社会解决稀缺问题的途径和目标

人类的欲望是无限的,但如前所述,无限的欲望是分层次的。同时,资源是稀缺的,但稀缺的资源具有多种用途。比如,钢铁既可以用来制造大炮,也可以用来做锅碗瓢勺;劳动力既可从事食品生产,也可以从事娱乐服务;土地既可用来种植,也可用来建造住房、工厂、学校和医院,还可用于修建公路、体育场和公园等。这样,人们要想在一定时期分轻重缓急、合理地解决欲望的无限性和资源稀缺性之间的矛盾,就必须对以下问题做出选择:

生产什么与生产多少? 是生产"大炮",还是生产"黄油"?当两者都需要时,各生产多少合适?它决定着生产能否适应和满足需要的问题。

如何生产? 即用什么方式来进行生产?也就是如何对各种生产要素进行组合的问题。不同的组合可以形成不同的投入产出效果,决定着生产满足需要的可能性大小。

为谁生产? 即生产出的物品和服务按什么原则分配给社会各阶层及其成员?分配的原则不同,必然产生不同的经济效率,并对经济福利产生直接的影响。

如何充分利用资源? 资源的稀缺性和由此产生的抉择需要,是任何社会经济活动必须解决的基本问题。但是,在经济发展过程中,经常出现机器设备闲置、土地撂荒、劳动者失业等稀缺资源的浪费现象。因此,如何才能实现资源的充分利用,使整个社会的产出最大?无疑也是人们必须面对的抉择问题。

由此可见,所谓抉择就是经济社会如何将相对稀缺的资源分配于各种用途,去生产经济物品,最大可能地满足人们的欲望。这也就是经济资源的合理配置和充分利用问题。而在**资源优化配置和充分利用的基础上所实现的经济效率的提高和经济福利的增进则是人类社会经济活动所追求的基本目标**。

二、经济学的定义

萨缪尔逊和诺德豪斯：经济学是这样一门学问，它研究人们和社会如何做出抉择，在现在或将来，使用具有两种以上可供选择用途的稀缺性资源来生产各种商品，并将其分配给社会的各个成员或集团以供消费之用。

唐布什和费希尔：经济学是研究社会怎样决定生产什么、如何生产和为谁生产的学问。

关于经济学的定义，我们可以给出一个很长的清单。但是，不管学者们对经济学的界定有多大差异，其中的本质含义是相同的，**那就是经济学是研究人类关于资源合理配置和充分利用之选择行为的学问。**

三、资源配置与经济制度

任何一个人类社会都面临着资源配置问题，但解决这个问题的方式却有着很大差异。解决资源配置问题的方式被概括为经济制度。

迄今为止，人类解决资源配置问题的经济制度主要有三种：**一是习俗。**在一个原始部落中，习俗可以支配一切。什么、如何和为谁的问题可以根据老一代人传给青年人的传统习俗而得以解决。**二是市场经济。**在这里，优胜劣汰的竞争机制、供求价格机制和追求自身利益最大化的利益机制决定生产什么、生产多少、如何生产和为谁生产。企业使用成本最低的生产技术（如何生产）生产那些利润最大的商品（生产什么与生产多少），人们的消费产生于他们如何花费由劳动和财产所有权带来的收入的决策（为谁生产）。**三是计划经济。**在这种经济制度下，生产什么、生产多少、如何生产和为谁生产由政府的计划部门来决定。在极端情形下，由政府告诉人们吃什么、喝什么，应该如何生产食品和钢铁，谁应当生活富裕或生活贫困。

当今世界，没有一个现代经济制度属于其中的任何一种纯粹形式，相反，兼有市场、计划和传统习俗成分的混合经济成为主流。

第二节　微观经济学的基本内容

一、微观经济学

经济学有微观（micro-）和宏观（macro-）之分。因为，社会经济运行中有着大至整个国家和世界的国民经济体系和世界经济体系，小至一家一户和单个企业的个体经济。由于所处的层次不同，运行的方式、状态和条件也互有区别，社会经济活动便有宏观经济（macro-economy）和微观经济（micro-economy）之分。相应地，研究宏观经济问题的便称为宏观经济学（macroeconomics），研究微观经济问题的便称为微观经济学（microeconomics）。

微观经济学是以单个经济主体（作为消费者的单个家庭或个人、作为生产者的单个企业）的经济选择行为为考察对象，在资源已得到充分利用前提下，以资源的优化配置为目标，采用个量分析方法，旨在说明市场机制是如何引导人们的经济选择行为、解决稀缺资源配置问题的一门社会科学。

二、微观经济学的基本内容

微观经济学主要包括以下基本内容：

第一，供求均衡价格理论。该理论主要阐明在完全竞争条件下，物品的价格是如何决定的，以及价格又是如何调节供求关系的。

第二，消费者行为理论。这部分主要研究消费者如何把有限的收入分配于各种物品的消费上，以实现效用最大化。

第三，生产者行为理论。该理论主要研究生产者如何把有限的资源用于各种物品的生产，以实现利润最大化。这一部分包括，在既定技术约束下，考察生产要素投入与产出量之间关系的生产理论和研究成本与产出量之间关系的成本理论，以及研究不同市场条件下厂商行为的市场结构理论。

第四，生产要素价格决定理论或收入分配理论。这里主要研究生产要素的价格是如何决定的。微观经济学中所指的生产要素主要包括：劳动力、资本、土地和企业家才能。在私有制经济中，这些要素都归个人所有，由此获得的要素收入多少决定着他们的购买能力。而要素收入的多少又取决于人们所拥有的生产要素的数量和价格。实际上，生产要素价格的决定过程也就是生产要素所有者取得收入的过程。因此，生产要素定价理论也称为收入分配理论。

第五，一般均衡理论与福利经济学。在考虑单个市场之间和单个经济主体之间相互影响的基础上，研究资源配置最优化和社会经济福利的实现问题。

第六，市场失灵与微观经济政策。这部分主要研究市场机制不能实现资源的最优配置，即市场失灵现象，以及如何通过相应的政策措施纠正市场失灵，以实现资源配置的有效性。

三、微观经济学的逻辑层系

微观经济学框架被组织成四个层次的逻辑层系：

底层，由对技术、偏好、禀赋及制度安排的外生给定组成。

第二层，由个人抉择问题组成，他们将底层给定的环境映射到表示个人行为的需求和供给函数。

第三层，由个人行为及其相互作用形成的结果（局部和一般市场均衡）所组成。

顶层，则由对这些结果的福利意义的分析所组成。

四、本书的内容安排

根据微观经济学的基本内容和逻辑层系，本书的内容安排如图1-2所示。

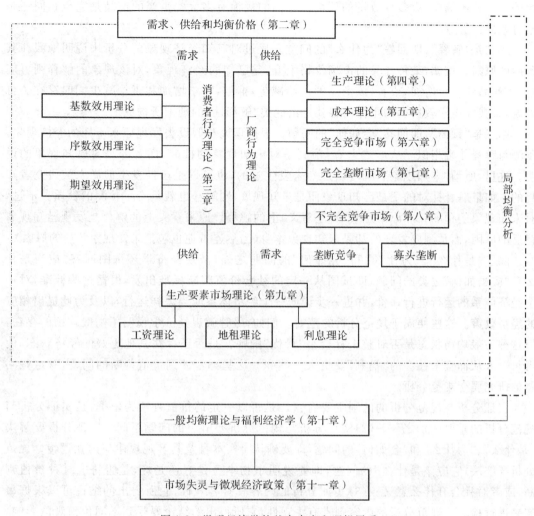

图 1-2 微观经济学的基本内容和逻辑层系

第三节 微观经济学的研究方法

一、实证分析与规范分析

事实陈述与价值判断之间的区别是微观经济学研究方法中至关重要的界线。以新古典经济学为主的微观经济学除福利经济学外主要运用实证分析方法。

实证分析从既定假设出发，来描述和解释经济主体是如何进行选择的，以及为什么这样选择，并对人们经济行为的结果及其相互关系进行预测和检验。

从"实证"的角度来看，微观经济学对经济现象的研究至少包括如下三个方面：

第一是"描述"，即回答"是什么"的问题。其方法主要是把有关经济现象的素材整理和汇编起来，从中发现用来描述经济现象的特征事实（经常地、反复地出现，具有广泛的规律性的现象和事实被称为特征事实）。例如，对市场行为的分析常常就是从对市场结构的描述开始的。在该市场中,有多少数量的厂商?它们的规模有多大?生产的产品是完全相同还是略有差异?等等。

第二是**"解释"**,即回答**"为什么"**的问题。通过对已知经济现象的分析来说明隐藏在其背后的原因。例如,某种商品的市场价格上升,是已知的经济现象,对该现象的解释则可能是:该商品的需求增加,或者,该商品的供给减少,抑或,需求增加和供给减少同时存在。可以说,微观经济学教科书的主体内容就是由此类"解释性"的理论所构成。

第三是**"预测"**,即回答**"会如何"**的问题。根据理论和假设去发现原来未知的经济现象。预测与解释非常相似。从形式上看,预测是对未知现象的推断,而解释是对已知现象的说明。这里,所谓"未知现象",既可以是尚未发生过的,也可以是已经发生但尚未被研究者知晓的。如果解释针对的不是已知现象而是未知现象,则解释也就具有了预测的性质。不过,对未知现象的预测并非原来意义(真正意义)上的解释。原来意义上的解释是发现已知现象背后的原因,而预测要发现的却是未知现象本身(当然连带地也包括未知现象背后的原因)。

除了"是什么"、"为什么"和"会如何"的问题之外,微观经济学还试图回答**"应当是什么"**、**"应当如何"**之类的问题,即**试图从一定的社会价值判断标准出发,根据这些标准,对一个经济体系的运行进行评价,并进一步说明一个经济体系应当怎样运行,以及为此提出相应的经济政策。**这些便属于规范分析的范畴。例如,尽管微观经济学说明了一般均衡的存在,但这种一般均衡状态是否对整个社会是"最优"的呢?是否还存在其他更好的经济状态,使得每个人从而整个社会的"福利"要更大一些呢?这些都牵涉到价值判断的问题,对这些问题的研究属于规范分析。

实证分析与规范分析的区别主要有:(1)是否以一定的价值判断为依据,是实证分析与规范分析的重要区别之一。(2)实证分析与规范分析要解决的问题不同。实证分析要解决"是什么"、"为什么"和"会如何"的问题,即要确认事实本身及其客观规律与内在逻辑。规范分析要解决"它应该是什么"的问题,即要说明事物本身是好还是坏,是否符合某种价值判断,或者对社会有什么意义。(3)实证分析的内容具有客观性,它所得出的结论可以根据事实来进行检验。规范分析的内容则带有主观性,它所得出的结论要受到不同价值观的影响。具有不同阶级地位、不同价值判断标准的人,对同一事物的好坏往往会做出截然相反的评价,谁是谁非没有什么绝对标准,从而也就无法进行检验。实证分析与规范分析尽管有上述三点差异,但它们也并不是绝对互相排斥的。规范分析要以实证分析为基础,而实证分析也离不开规范分析的指导。

二、实证分析范式

一般而言,实证分析具有如图1-3所示的规范。

定义:对所研究的经济变量规定出明确的含义。

假设:是指某一理论所适用的前提。任何一个理论都有假设条件。这些假设条件有时以公理的形式出现,而且在某些地方还不加以说明(因为它太显而易见)。

假说:就是从定义和假设前提出发,经过一定的逻辑推理,得出的经济现象之间相互关系的语言体系。是未经检验的"猜想"。

预测:根据假说对未知现象进行推测。

验证:用事实来检验预测是否正确。

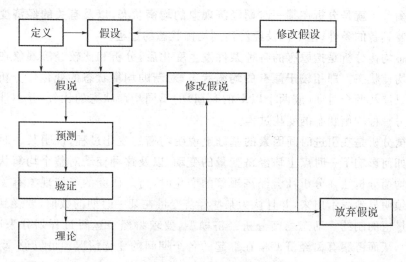

图 1-3　实证分析范式

在此特别提醒读者,实证分析与规范分析较之定性分析与定量分析是两类不同的范畴,不应该将两者相混淆。定性分析并不一定带有价值判断,因此定性分析可能是一种实证分析。例如,政府最低工资政策减少了就业量,这是一种定性分析。如果进一步研究政府最低工资政策使就业量减少了多少则是定量分析。这要通过统计学或计量经济学方法加以分析。这两种方法都属于实证分析,它们只是客观地揭示事实,并没有涉及事物的好坏,并且用这两种方法所分析的问题都可以用事实加以证实或证伪。

三、均衡分析

1. 均衡的含义

均衡(equilibrium)一词从物理学中借鉴而来,它原指一个物体因同时受到方向相反但力量相等的外力作用时,该物体保持原来的运动状态。在微观经济学中,**均衡是指这样一种状态:经济决策者在权衡选择其资源配置和使用时,认为重新调整其资源配置已不可能有更多的受益,从而停止改变其经济行为;或者是指相互抗衡的经济力量势均力敌,个别因素的变化不足以引起这种均势的变化,所考察的经济现象处于相对稳定状态。**

2. 局部均衡分析和一般均衡分析

均衡分析又分为局部均衡分析和一般均衡分析。局部均衡分析是把经济主体和市场从整个经济体系中割裂出来,撇开经济主体之间、市场之间的相互影响,分析单个消费者或单个厂商面对抉择时所实现的均衡状态,以及分析单个市场供求相等的均衡状态。

一般均衡分析是从所有经济主体、所有市场供给、需求和价格的相互影响、相互依存的前提出发,来考察所有经济主体和市场供求同时达到均衡时的特征和条件。

3. 静态均衡分析、比较静态均衡分析与动态均衡分析

静态分析与动态分析的基本区别在于,前者不考虑时间因素,而后者考虑时间因素。静态分析研究经济现象的相对静止状态,而动态分析则研究经济现象的发展过程。把静态分析和动态分析与均衡分析结合在一起就产生了三种分析方法:静态均衡分析、比较静态均衡分析和动态均衡分析。

静态均衡分析就是分析在某一时期经济现象的均衡状态,以及有关的经济变量达到均衡状态所需要具备的条件,但不涉及经济达到均衡状态的过程。

比较静态均衡分析是指原有的各种条件发生变化后,分析和比较经济现象在新的条件下达到新的均衡状态。即相较于原有的均衡状态,对新的均衡状态的变化作分析。比较静态均衡分析只涉及两个时期(或两个以上的时期)的不同均衡状态的比较,并不涉及从一种均衡状态到另一种均衡状态的变化过程。

动态均衡分析是在引进时间因素的基础上说明均衡的变化过程,说明某一时点上经济变量的变动如何影响下一时点上该经济变量的变动,以及这种变动对整个均衡状态变化的影响。动态均衡分析法在分析社会经济现象的变化时,与所研究的经济现象有关的经济变量的时间必须明显地表示出来,并且认为某些经济变量在某一时期的数值,要受到以前时期有关经济变量值的制约。动态均衡分析经济模型,要求将经济运行过程划分为连续的"期间"(或时期),从而考察有关经济变量在继起的各个期间的变化情况。可以说,动态均衡分析最重要的特点是结合时间因素来考察社会经济运行中经济状态变化的过程。

四、经济模型、经济理论和经济变量

经济学家在进行经济分析时,大致分三个阶段:第一,观察现象,获取数据;第二,建立或发展一种假说(即经济模型),来解释观察到的现象;第三,用实际数据来检验依据假说所作的预测。在这个过程中,建立经济模型是关键的一环。

经济模型是对现实经济社会的简单概括或理论抽象。具体来说,**经济模型是指用来描述与所研究的经济现象有关的经济变量之间相互依存关系的理论抽象或结构**。经济模型是经济理论的重要组成部分,在一定意义上,模型与理论具有等价性。在表述方法上,传统的方法多用文字来说明;随着数学在经济学中的应用,经济学的数理化趋势十分强劲,用一组数学方程式表达经济变量间的关系已经成为一种常态。不过对于初学者来说,几何图形的表述形式则更为直观和简明。本书将结合使用文字、函数关系式和几何图形三种表述方式。

由于经济现象的复杂多变,决定了任何理论结构或模型的建立,都必须进行科学的抽象,根据分析问题的不同角度,舍弃一些次要因素或变量。因此,书中经常会出现"其他条件不变"的假设前提。当一个模型假定影响变量关系的其他因素保持不变时,并不认为它们根本不起作用。恰恰相反,正因为它们起作用才作这样的假设。与"其他条件保持不变"这一经常出现的假设前提相对应的数学处理方式是偏导数。

无论是观察现象还是建立模型,都离不开经济变量。在经济理论或经济模型中,根据分析的需要,对经济变量按照其特征进行了分类。例如,把经济变量分为**常量**(constant)和**变量**(variable);**内生变量**(endogenous variable)和**外生变量**(exogenous variable);**存量**(stock variable)和**流量**(flow variable)等。

常量是在某段时期、某种情况下不发生变化的量;变量是在某段时期、某种情况下会发生变化的量。

内生变量是在一个经济模型中被解释和被决定的变量,而起解释和决定作用的变量为外生变量。例如,在小麦均衡价格决定模型中,小麦的需求量、供给量,以及小麦的价格是内生变量,可以在方程组内得到解释,并可以进行求解。而其他商品的价格、消费者的收入、小麦的生产技术和成本等变量在该方程体系中则得不到解释和求解,它们是影响小麦供求及

其价格的外生变量。再如,我们非常关心收入水平是如何决定的,而研究发现教育年限和年龄决定了人们的收入水平,用方程式可以表述为:$y = f(edu, age; \alpha, \beta)$。在这里,收入水平就是被解释、被决定的内生变量;教育年限和年龄则是起解释、决定作用的外生变量。一个变量究竟是内生变量还是外生变量应视它在模型中的作用而定。在一个模型中是内生变量的量,在另一个模型中有可能成为外生变量;而在一个模型中是外生变量的量,在另一个模型中则可能成为内生变量。例如,在小麦的供求均衡模型中为内生变量的小麦价格,在购买小麦的消费者均衡模型中,则变为外生变量。

存量是对应于某一个时点的量值。例如,某一时点上某商店库存的电视机数量,某企业所拥有的资本量,某一国家所拥有的人口数量等。就存量而言,**不同时点上的量值的加总没有实际意义**。流量是对应于两个时点之间的一段时期上的量值。例如,某商店在某个月内卖出的电视机数量,某企业在某年内的投资量,一国一年内人口的出生数量等。**不同时期上的流量值可以加总为相应更长时期上的量值**。例如,某商店第一、第二和第三个月份的电视机销量可以加总为其一季度的电视机销量。

五、边际分析法

边际即"额外"、"追加"的意思,指处在边缘上的"追加的最后一个单位",或"可能追加的下一个单位"。"边际量"在某种意义上就是"增量"的意思。在函数关系中,边际就是指自变量发生微量变动时因变量的变化。**边际分析法就是运用导数和微分方法研究经济运行中各经济变量之间相互关系及变化过程的一种方法**。这种分析方法广泛运用于经济行为和经济变量的分析中,如对效用、成本、产量、收益、利润等等的分析都有"边际"概念。

边际分析法之所以成为微观经济学研究中非常重要的方法,是由它的研究对象,即资源的最优配置决定的。最优点实际就是函数的极值点。根据高等数学的知识,很容易理解,求极值就是对函数求导数,当它的一阶导数为零时,即找到有可能产生极值的点(一阶导数为零是极值点的必要条件)。同时,边际的特征决定了它在均衡中的作用,均衡一定发生在边际上。比如,收益与成本在边际上相等时,利润达到最大,厂商均衡得以实现。

边际分析法在经济学中运用极广,所以,边际这个概念和边际分析法的提出被认为是经济学分析方法的一次"革命"。

六、经济理性主义

经济行为是理性的(rational)或合乎理性的(rationality)。这是微观经济学在进行经济分析时关于人类经济行为的一个基本假定。**所谓理性的经济行为,意思是说,人在经济生活中总是受个人利益或利己心的驱使,在做出每一项经济决策时,总是深思熟虑地对各种可能的抉择作权衡比较,最终找出一个能够以最小的代价去获得自身最大利益的选择**。所以理性行为也可表述为:产生最优化(或最大化)的行为。

在此特别要指出的是:理性的行为无需完全是自私自利的。例如一个人捐赠给慈善机构一笔钱,或者捐资兴建一所学校、一座医院,或不计报酬地帮助别人,都是合乎理性的。因为,个人利益这个词在经济学上的含义比通常所指的金钱或物质利益要广泛得多。人们不仅仅考虑自己的物质利益,而且也会从自己的善行中感到某种心理上的满足。因此,我们也可以把理性的经济行为理解为:**人在其经济生活中不会做于己不利的事情**。一个舍身报国之人的行为是理性的,因为他把国家利益置于自己的生命之上。

经济分析中假定个人行为的基本动力是追逐个人利益,由此进一步假定行动准则是既定目标的最大化,是在理论分析中使用科学的抽象分析方法,对现实复杂的经济现象进行简化而提出的一个假设前提。在此特别提醒读者,任何理论结论都是建立在给定的前提或假定之上的,而这种前提或假定,并不一定永远地或完全地符合现实情况。读者在学习微观经济学理论时,一定要切记每一个结论成立的前提。

第四节　为什么要学习经济学

对个人而言,学习经济学可以增加自身关于人类社会的知识,从而变得更有智慧。俗话说:"工欲善其事,必先利其器",正确的思维方式要有丰富的知识作保障。经济学代表了一种研究人类经济行为和经济现象的分析方法或框架。作为分析框架,它为人们观察、分析人类经济行为与经济现象提供了视角、参照系和分析工具。比如,经济学研究个人在自利动机的驱动下,如何在给定的机制中相互作用,达到某种均衡状态,并且评估在此状态下是否有可能在没有参与者受损的前提下让一部分人的境况有所改善。再如,研究资源配置和价格问题时,完全竞争下的一般均衡理论就是一个参照系,探索产权与法的作用时,科斯定理就是一个参照系。这些参照系为人们更好地理解现实经济问题建立了标尺。同时,经济学还提供了一系列强有力的分析工具,比如,各种模型和术语。经济学提供的这种由视角、参照系和分析工具构成的分析框架是一种科学的研究方法。正如凯恩斯所说:"经济学理论并没有提供一套立即可用的完整结论。它不是一种教条,只是一种方法、一种心灵的器官、一种思维的技巧,帮助拥有它的人得出正确的结论"。经济学不可能为所有问题提供现成的答案,但能教会人们分析这些问题的方法。通过学习,人们对于现实问题将多一种思考的方法,那就是从经济学的角度,运用经济学的参照系和分析工具,去观察、去分析、去判断。

对企业而言,经济学能够帮助企业在更多地理解人类行为的基础之上做出正确的生产经营决策。比如,企业决定推出一款新产品时,必须考虑以下经济方面的问题:第一,公众会对这款新产品做出什么反应?其性能和款式能得到消费者的青睐吗?最初的市场需求有多大?以多快的速度递增?销量与产品价格之间有怎样的相关程度?显然,了解消费者的偏好、预测需求及其对价格变动的反应,是新产品开发计划中至关重要的部分。第二,企业必须考虑这种产品的成本。它的生产成本有多高?随着数量的变化,成本又将怎样变化?工资和原材料价格对成本又有什么影响?随着管理者和生产者在生产经营中不断积累经验,生产成本会下降多少?以什么速度下降?企业应该每年计划生产多少产量才能使利润最大化?第三,企业在将新产品推向市场时,还必须制定一种定价策略,并考虑竞争对手会做出什么反应。第四,为了推出新产品,企业需要在新的资本设备方面进行大量投资,企业不得不考虑有关的一切风险和可能出现的种种结果。此外,企业还得考虑它与政府的关系,以及政府的调控政策对它的影响。比如,产品必须符合国家的技术标准,生产线的运行必须符合健康和安全方面的规定,而这些标准和规定将来有多大的可能发生变化?它们对企业的成本和利润又有什么影响?

对政府而言,经济学可以指导公共政策的制定,以提高公共福利。因为,经济学与公共政策有着密切的联系,即使是一些看起来与经济问题无关的公共政策,如果细心分析总是可以发现其中的经济学逻辑。在经济学教科书中,几乎每一个原理都与某种公共政策有一定的联系。

任何公共政策的实施都会涉及公众利益的调整和分配,因而必然面临着利益选择问题,而利益的权衡取舍正是经济学的基本原理。一项公共政策的出台,其实就是政府对各方面利益权衡取舍的结果。比如,政府为了控制环境污染而规定汽车排放标准时,虽然会使人们享受到清洁的空气,但这不是免费的午餐。排放标准既影响到购车成本,又影响到用车成本,政府必须对消费者的偏好和需求做出分析,估计这项规定给消费者带来的影响。为此,政府还必须判明:这些标准是如何影响汽车制造成本的?生产成本的变化是怎样影响产量和汽车价格的?这些追加的成本是由厂商通过技术创新消化了,还是以售价更高的形式转嫁给了消费者?再有,如果厂商认为,充分处理汽车排放物并不符合自身的利益,因为空气污染的成本对用车者来说是外在的;那么,除规定排放标准外,还有其他改变其行为的有效手段吗?我们怎么来获知人们为了清洁环境而愿意付出多少呢?在现行收入水平下,清洁空气所带来的种种好处值得我们用更高的成本生产汽车吗?

经济学经过长期的发展已经形成了一套较为完整的分析方法和分析工具,可以对利益的权衡取舍提供技术支持。例如,经济学可以通过农产品供给和需求弹性的分析,对政府实施的农产品保护政策做出评价;可以从劳动力市场的一般均衡出发,对政府的就业政策提出建议;可以根据"拉弗曲线",对政府的税收政策提出批评等。

总之,**经济学是一种致用之学**。人人都会受个人经济决策和政府经济决策的影响。如果缺乏经济学知识,没有人会成为一个更知情的公民,甚至不会成为一个能够读懂每日新闻的读者。若是对塑造我们经济生活的力量缺乏认识,那么谁能够为我们未来的生活和工作未雨绸缪呢?因此,目前,很多大学都将经济学作为公共选修课,商学院将经济学作为 MBA(工商管理硕士)的基础课程,公共管理学院也将经济学作为 MPA(行政管理硕士)的基础课程。对于攻读经济学学位的学生来说,是否理解和掌握经济学的基本原理和方法,更是直接关系到是否能够顺利完成后续课程的学习。因为,大量的专业课程都是建立在经济学这门基础课之上的。

选择题

一、单项选择题

1. 说"资源是稀缺的"是指　　　　　　　　　　　　　　　　　　　　(　　)

　A. 世界上大多数人生活在贫困中

　B. 相对于资源的需求而言,资源总是不足的

　C. 资源必须保留给下一代

　D. 世界上资源最终将由于生产更多的物品而消耗光

2. 经济学可定义为研究(　　　)的学问

　A. 政府如何对市场进行干预　　　　　B. 企业如何取得利润

　C. 如何最合理的配置稀缺资源于诸多用途　D. 如何在股票市场赚钱

3. 选择具有重要性,是因为　　　　　　　　　　　　　　　　　　　(　　)

　A. 人们是自私的,他们的行为是为了个人利益　B. 选择导致稀缺

　C. 用于满足所有人的资源有限　　　　D. 政府对市场经济的影响有限

4. 经济学研究的基本问题是 　　　　　　　　　　　　　　　　（　　）

　　A. 怎样生产　　　　　　　　　　　　　　B. 生产什么,生产多少

　　C. 为谁生产　　　　　　　　　　　　　　D. 以上都包括

5. 西方学者认为现代美国经济是一种 　　　　　　　　　　　　（　　）

　　A. 完全的自由放任的市场经济制度　　　　B. 严格的计划经济制度

　　C. 混合的资本主义制度　　　　　　　　　D. 自给自足的自然经济制度

6. 在市场经济国家,生产什么和生产多少的问题主要取决于 　　　（　　）

　　A. 政府和企业的相互影响　　　　　　　　B. 经济中那些最大的公司

　　C. 政府的经济顾问　　　　　　　　　　　D. 生产者和消费者之间的相互影响

7. 下列哪一项对美国政府角色的描述是错的 　　　　　　　　　（　　）

　　A. 回答如何生产的经济学基本问题　　　　B. 救济许多经济条件差的人

　　C. 提供市场不能提供的商品和服务　　　　D. 营造并维护市场经济秩序

8. 从非正式意义上说,一个经济学模型是用于说明 　　　　　　（　　）

　　A. 假设如何影响结果　　　　　　　　　　B. 经济学变量如何相互联系

　　C. 产品市场,劳动力市场和资本市场的关系　D. 结论如何影响假设

9. 下列哪一项是实证经济学的说法 　　　　　　　　　　　　　（　　）

　　A. 失业救济太低　　　　　　　　　　　　B. 降低失业比抑制通货膨胀更重要

　　C. 医生挣的钱比蓝领工人多　　　　　　　D. 妇女与男子应该同工同酬

10. 下列哪一项是规范经济学的说法 　　　　　　　　　　　　　（　　）

　　A. 医生挣的钱比蓝领工人多　　　　　　　B. 收入分配中有太多的不平等

　　C. 通货膨胀率用于衡量物价变化水平　　　D. 去年计算机的价格是 2500 美元

11. 经济学家对一项政府政策的效果做出预测属于 　　　　　　　（　　）

　　A. 规范经济学分析　　　　　　　　　　　B. 宏观经济学分析

　　C. 微观经济学分析　　　　　　　　　　　D. 实证经济学分析

12. 经济学理论或模型是 　　　　　　　　　　　　　　　　　　（　　）

　　A. 数学等式　　　　　　　　　　　　　　B. 对经济发展的预测

　　C. 根据经济学规律提出的政府政策建议

　　D. 若干假设以及由这些假设推出来的结论

13. 经济学的理性选择是基于人们 　　　　　　　　　　　　　　（　　）

　　A. 使用经济学模型做出选择　　　　　　　B. 为追求私利而做出选择和决定

　　C. 做出选择前先尽可能收集信息　　　　　D. 都有相同的偏好

14. 如果人们为追求自利而做出选择 　　　　　　　　　　　　　（　　）

　　A. 个体的选择就反映了他们的偏好　　　　B. 所有个体都做出同样的选择

　　C. 所有个体都赚到尽可能多的钱　　　　　D. 稀缺性消失

15. 在一个理想的经济学实验室里 　　　　　　　　　　　　　　（　　）

　　A. 一个变量的改变晚于另一个变量的改变　B. 改变同时发生

　　C. 尽可能多的变量发生改变

　　D. 除了被研究的变量外,其他变量保持不变

二、分析讨论题

1.为什么稀缺性是产生经济问题的根源?

2.如何理解经济学研究中的实证分析与规范分析?

3.人们常说,一个好的理论是一个原则上可以用经验研究来加以反驳的理论。解释为什么说,一个不能用经验来检验的理论不是一个好的理论。

4.如何理解经济理性主义?

5.为什么说经济学是致用之学?

第二章

需求、供给和均衡价格

【教学目的和要求】

理解需求定理和供给定理,需求和供给的影响因素,市场均衡的形成和均衡价格、均衡产量的变动规律,掌握弹性分析的内容和方法,了解弹性与税收负担间的关系。

【关键概念】

需求;需求量;供给;供给量;均衡价格;均衡产量;蛛网周期;需求价格弹性;需求交叉价格弹性;需求收入弹性;供给价格弹性

价格是经济参与者相互之间联系和传递经济信息的机制,使经济资源得到有效配置。微观经济学的核心理论是价格理论,需求与供给是市场上决定价格的两种最基本的力量。

第一节　需求与供给

一、需求

(一)需求的含义

一种商品的需求是指消费者在一定时期内,在各种可能的价格水平上愿意并且能够购买的商品和服务的数量。 比如有的人对 iPad 不感兴趣,即使他们收入再高也不会轻易购买,因而构不成对 iPad 的需求;还有的人对 iPad 有特别的偏好,但在一定时期内受收入的限制没有能力去购买。因此,需求是主观偏好和客观能力的统一,只有同时具备购买愿望和支付能力才能形成需求。

(二)需求定理与需求曲线

1. 需求定理

考虑对商品的个人需求,它是由许多因素共同决定的,如商品的价格、消费者的收入水平、相关商品的价格、消费者的偏好和消费者对商品的价格预期等,而其中最重要的因素是商品的价格。经济学中用需求定理来反映需求量与价格之间的变动关系。**需求定理是指在其他条件不变的情况下,某一商品的需求量与其自身价格呈反方向变化。**这意味着在买卖过程中,当其他条件不变时,商品的价格越高,需求量越小;反之,商品的价格越低,需求量就越大。

设想在某一时期除了价格以外其他所有变量不变。现在来考虑价格如何影响需求量。比如,邻居张太太刚刚聘用了一位保姆,细心的张太太唯恐这位新来的保姆出现差错,就叮嘱道,如果今天西红柿的价格是 4 元,你就购买 1 斤;如果价格是 3 元,就购买 1.5 斤;如果价格是 2 元,就购买 3.5 斤;如果价格是 1 元,则要购买 6 斤。张太太还不放心,干脆把这些"命令"写在一张纸上,让保姆带上。那么,这位保姆所带的这张字条就是邻居张太太一家对西红柿的需求表,见表 2-1。

表 2-1　张太太一家对西红柿的需求表

价格 P(元)	1	2	3	4
数量 Q(斤)	6	3.5	1.5	1
价格与需求量的组合点	A	B	C	F

从表 2-1 中可以清楚地看到,在每一个可能的价格上张太太一家对西红柿的需求量。比如,如果价格是 2 元,这一家庭愿意并且能够购买的数量是 3.5 斤。但是需要注意,只有整个表格才是该家庭在这一时期在每一个价格上对西红柿的需求。

2.需求曲线

需求也可以借助于曲线加以表示。商品的需求曲线是根据需求表中商品的不同价格与需求量的数量组合在平面坐标图中所描绘出的一条曲线,通常以英文字母 D(或 d)加以标识。依据表 2-1,在一个以价格和需求量为坐标轴的平面上,一个价格与相应的需求量可以确定一个点。对应于所有可能的价格,所有价格与数量的组合点描绘出来的一条曲线,就是张太太一家对西红柿的需求曲线。如图 2-1 所示。

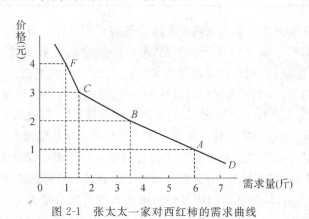

图 2-1　张太太一家对西红柿的需求曲线

在图 2-1 中,横轴表示张太太家对西红柿的需求量,纵轴表示西红柿的价格。相应于表 2-1 中,价格与需求量的组合点 A、B、C 和 F 代表了每一可能的价格上消费者愿意并且能够购买的数量与价格之间的对应关系。这些点连成的一条曲线就是需求曲线。

由于价格下降,需求量增加,所以需求曲线向右下方倾斜。

需求定理意味着消费者对一种商品的需求曲线是向右下方倾斜的,那么是不是所有商品的需求曲线都是如此呢?事实上,各种规律的准确性是不一样的。比如在自然科学中,物质之间存在着引力是一条规律,但这一规律的作用是不尽相同的,与引力定律相比,有关潮汐的规律就较为不精确。与自然科学的规律相类似,经济学中的规律"不过是一种多少是可靠的和明确的一般命题或倾向的叙述而已",需求规律也不例外。

英国统计学家罗伯特·吉芬发现,在 1845 年爱尔兰发生灾荒,土豆价格上升,但是土豆需求量却反而增加了。这一现象与经济理论中通行的需求规律相矛盾,因而被称为"吉芬难题"。经济学家发现,这种商品是一种特殊的生活必需品,人们对它们的需求是需求规律的特例。源于吉芬,这类需求量与价格呈同方向变动的特殊商品也就被称为"吉芬商品"。

由此可见,并不是所有消费者对所有商品的需求都满足需求规律。尽管如此,在经济学中通常认为,大多数商品的需求曲线具有向右下方倾斜的特征。

(三)市场需求与个人需求

前面我们讨论的有关需求的概念是就单个家庭或消费者而论的,但是,通过所有单个消费者的需求可以得到整个市场的需求。

一种商品的市场需求是某一特定时期所有家庭需求的总和,0 即在其他条件不变的情况下,所有需求同一种商品的消费者在各种可能的价格上愿意而且能够购买的该商品数量的总和。一种商品的市场需求可以通过加总单个消费者的需求量而得到。下面的例子说明了这种加总的过程。

表 2-2　对西红柿的市场需求表

价格 p(斤)	1	2	3	4
张太太的需求量 q_1(斤)	6	3.5	1.5	1
李太太的需求量 q_2(斤)	5	3	2	1
市场需求量 Q(斤)	11	6.5	3.5	2

假设市场上只有张太太和李太太两个家庭准备购买西红柿。表 2-2 中的第二行和第三行代表了她们两家对西红柿需求状况。于是,对应于特定的价格 p,张太太家的需求量为 q_1,李太太家的需求量为 q_2,则市场需求量为 $Q=q_1+q_2$。例如,当西红柿的价格为 1 元时,张太太家的需求量为 6 斤,李太太家的需求量为 5 斤,这时的市场需求量为 11 斤;当价格为 2 元时,张太太家的需求量为 3.5 斤,李太太家的需求量为 3 斤,则此时的市场需求量为 6.5 斤;如此等等。表中的第一和第四行一起表示出了西红柿的市场需求。

由单个消费者对商品的需求到市场需求的过程也可以借助于需求曲线得到一般说明,如图 2-2 所示。图 2-2(a)和图 2-2(b)分别表示两个家庭对西红柿的需求曲线。对应于某一特定的价格,比如 $p=p_1$,从图 2-2(a)中得到的张太太家的需求量为 q_1,从图 2-2(b)中得到的李太太家的需求量为 q_2,则市场需求量为 q_1+q_2,从而在图 2-2(c)中得出市场需求曲线 D 上的一点。以类似的方式可以得到整个市场需求曲线。不难发现,一种商品的**市场需求曲线是所有需要该商品的单个消费者的需求曲线沿数量轴的横向加总。**

更一般地,如果需求同一种商品的消费者共有 n 个,每个消费者的需求函数为:

$$q_i = f(p_i) \qquad (i = 1,2,\cdots,n) \tag{2-1}$$

那么整个市场的需求函数为：

$$Q = f(p) = \sum f(p_i) \qquad (i = 1,2,\cdots,n) \tag{2-2}$$

很显然,如果所有单个消费者的需求都满足需求规律,即单个需求曲线均向右下方倾斜,则市场需求曲线也向右下方倾斜。因此,在很多场合,我们得到的有关单个消费者需求曲线的结论可以直接应用于市场需求曲线。

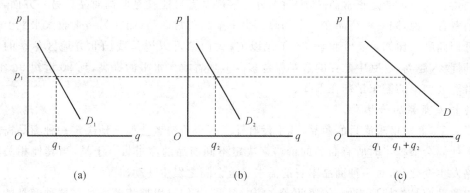

图 2-2 从单个需求曲线到市场需求曲线

(四)影响需求变动的非价格因素

在上述关于需求的定义中,一个隐含的假定是"其他条件不变",消费者根据商品的价格决定需求量,其他因素不影响消费者愿意并且能够购买的商品数量。但是事实上,除了价格以外的其他许多因素都会对消费者的需求量产生影响。这些因素主要包括:消费者的偏好、消费者的收入水平、相关商品和劳务的价格以及消费者对收入和价格的预期等。

1. 消费者的偏好

对于处境大体相同的不同消费者而言,对应于相同的商品价格,消费者对同一种商品的需求量会有所不同。比如,就服装而言,年轻女性喜欢鲜艳的色彩,而中老年人则更喜欢穿着庄重。即使同一个消费者在不同的时期,对同一种商品的需求量也会出现差异。常吃大鱼大肉之后,偶尔吃一顿白菜感觉还不错。这其中就是消费者的偏好在起作用。

偏好是消费者对商品的喜好程度。偏好在消费者的市场行为中表现出来,它决定了消费者对商品的需求程度。很显然,在相同的价格水平上,消费者的偏好越强烈,需求量就越大;反之,需求量就越小。即,消费者的偏好与需求量之间呈同方向变动。

偏好对决定消费者的需求是至关重要的,但对偏好进行一般性的数量讨论却存在较大的困难。原因主要有两个方面。第一,偏好时常会发生变化。例如,人们对香烟的需求量受到有关吸烟对身体影响的宣传;几年前喜欢通俗音乐的人们或许已经转向高雅音乐了。第二,偏好因人而异。有些人喜欢狗,而有些人会喜欢猫。正因为如此,在对需求进行一般讨论时,通常假定消费者的偏好保持不变。

2. 消费者的收入

一个家庭或一个消费者的收入是他在一定时期内所得到的工资、薪金、利息、租金等项目的总和。对于想要的商品而言,消费者的收入决定了他的支付能力。通常对于不同的商品而言,消费者收入水平的高低对商品需求量产生不同的影响,消费者收入增加并不导致他对商品需求量的必然增加,这取决于商品是正常商品还是低档商品。

所谓正常商品,是指随着消费者收入水平的提高消费者的需求量增加的商品。我们消费的大多数商品或服务都是正常商品,收入越高,消费者越倾向于增加这些商品的需求量。不过,并不是所有的商品都是正常商品,对另外一些商品而言,当消费者的收入水平提高时,需求量不仅不会增加,反而减少,这类商品就被称为低档商品。

需要指出,正常商品和低档商品的区分是基于消费者的收入而得到的。同一种商品对某些消费者而言可能是正常商品,而对另外一些消费者可能就是低档商品。另一方面,对同一个消费者来说,同一种商品在一定的收入水平上是正常商品,而在另一个收入水平上却可能是低档商品。比如,在 20 世纪 80 年代以前,大白菜可以说是我国北方地区冬季的当家菜,当时收入越高,家庭中贮存的数量就越多。但随着收入水平的提高,到 20 世纪 90 年代,消费者对大白菜的需求量却在下降。

3. 相关商品的价格

事实上,面对琳琅满目的商品,几乎没有任意一个消费者会孤立地决定一种商品需求量大小。他们会根据当时所有商品的价格来决定不同商品的需求量。于是,当其他相关商品的价格发生变化时,对一种商品本身的需求量也会随之发生变动。

以两种商品的情形为例,依照两者之间的关系,我们可以把相关商品与这种商品的关系分为替代关系和互补关系。如果两种商品可以满足消费者相同的需要,则这两种商品就是互为替代品。比如,苹果和桔子互为替代品;对于出行者来说,乘坐汽车和乘坐火车也互为替代品。对于互为替代的两种商品而言,如果一种商品的价格上升,消费者将减少该商品的需求量,同时为了满足自身的需要会转向需求另一种商品,从而导致另一种商品需求量增加;反之,替代品价格的下降将导致原商品需求量减少。即在两种商品具有替代关系时,一种商品价格变动与另一种商品需求量之间呈同方向变动。苹果的价格上升导致苹果的需求量减少,那我们就用相对便宜的桔子来代替它,从而使得桔子的需求量增加。

如果两种商品相互补充,共同满足消费者的同一种需要,则称这两种商品为互补品。例如,网球与网球拍就是互补品;对想吃一份鸡蛋西红柿的人来说,鸡蛋和西红柿也有互补关系。对于互补的商品而言,一种商品的价格提高将导致互补品的需求量减少;反之,商品价格下降会使得互补品的需求量随之增加。即,一种商品的价格与其互补品的需求量之间呈反方向变动。如果网球的价格提高,我们将会减少网球的需求量,那么没有网球还购买网球拍吗?这势必会造成人们对网球拍的需求量减少。

4. 预期因素

以上我们讨论的影响需求量的因素是从静态意义上而论的。如果我们考虑时间先后,那么消费者对未来的预期也势必影响到商品的需求量。预期是消费者根据现有的条件对未来状况作出的估计。既然商品的价格、消费者的收入、其他商品的价格等因素影响到消费者的需求量,那么消费者对这些因素的预期也将会对需求量产生影响。

以商品的价格为例。消费者对某种商品的需求量取决于该商品的价格,但当消费者预期该商品的价格未来将会上升时,他通常会增加对该商品的现期需求量。比如,抢购某种商品在很大程度上是预期该商品价格会上扬。同样,消费者对未来收入的预期也会影响到对商品的需求。例如,当我们决定是否购买一辆汽车时,恐怕不仅要看现有收入是否能够购买得起,而且要考虑未来能否养得起。这后一种考虑就是预期收入影响汽车需求量的例证。

5.政策因素

国家制定的某项政策往往会通过影响消费者的偏好、收入、相关商品价格,以及预期等因素来影响消费者对某种商品的需求量。例如,国家加大对吸烟有害的宣传,那么我们将会在一定程度上降低对香烟的偏好,从而减少对香烟的需求量。如果国家提高个人所得税率,那么就会使消费者的实际收入减少,进而减少商品的需求量。政府宣布在来年降低汽车进口关税,那么今年对进口汽车的需求量势必会减少。类似地,政策因素对一种商品的价格和需求量产生影响,也会影响另外一种商品的需求量。提高燃油税对汽车的需求量产生负面影响就是这方面的例子。

综上所述,一种商品的需求量不仅仅取决于该商品的价格,它可以看成是所有影响该商品需求量的因素的一个函数,用 p 表示该商品的价格,p_r 表示消费者的偏好,$p_i(i=1,2,\cdots)$ 分别表示其他相关商品的价格,m 表示消费者的收入,p_e 表示消费者对商品价格的预期,则需求函数可以表示为:

$$q = f(p,p_r,p_1,p_2,\cdots,p_e,m) \tag{2-3}$$

很显然,前面提到的需求定理和需求曲线,以及式(2-1)只是以上需求函数在其他因素保持不变而只有商品自身价格变动条件下的一种特殊形式。

(五)需求量变动与需求变动

在引入影响需求量的其他因素之后,我们扩展了消费者的需求函数。这意味着,上述所有因素变动都将引起需求量的变动。但是,这一推广也产生了一个副作用,即上式给出的需求函数很难以需求曲线的形式表示出来。事实上,在通常的分析中,我们经常特别关注于商品自身的价格对其需求量的影响,从而认为消费者是在偏好、收入、其他商品价格等因素暂时保持不变的条件下决定不同价格上愿意并且能够购买的数量,这样我们就很容易地在以价格与需求量为轴的平面中把需求曲线表示出来。在引入影响需求量的其他因素之后,我们可以用需求曲线的移动表示这些因素对需求量的影响,不过我们有必要区分需求量的变动与需求变动两个概念。

让我们考察张太太一家在不同收入的情况下对西红柿的需求,见表2-3。表中的第一行和第二行给出的是张太太一家月收入为 5000 元时对西红柿的消费计划,即在收入为 5000 元及其他因素都保持不变的条件下,该家庭对西红柿的需求,它与表 2-1 表示的需求相同。在家庭的月收入提高到 7500 元后,当价格为 1 元时,张太太一家愿意购买 8 斤西红柿,当价格为 2 元时购买 5 斤,等等。即,表中第一和第三行表示在收入为 7500 元及其他因素保持不变的条件下,张太太一家对西红柿的需求。

表 2-3　不同收入下张太太一家对西红柿的需求

价格 p(元)	1	2	3	4
月收入为 5000 元时的需求量 q_1（斤）	6	3.5	1.5	1
月收入为 7500 元时的需求量 q_2（斤）	8	5	4.5	4

在表 2-3 中,需求量的变动可以从两个方面考察:一是在收入保持 5000 元或者 7500 元不变的条件下,价格变动引起需求量的变动;二是在每一个可能的价格上,消费者收入的变动引起需求量的变动。在经济分析中,为了方便起见,**把价格变动引起的消费者愿意并且能**

够购买数量的变动称为需求量的变动,而把其他因素引起的消费者在每一可能的价格上所对应的需求量的变动称为需求的变动。

需求量的变动与需求的变动之间的区别也可以通过需求曲线得到进一步的说明。图 2-3 中的需求曲线分别表示张太太一家在不同收入条件下对西红柿的需求,其中 D_1 表示月收入为 5000 元时的需求,而 D_2 表示月收入为 7500 元时的需求。很显然,在特定的收入条件下,价格变动引起的需求量的变动表现为在同一条需求曲线上点的移动。例如,在收入为 5000 元时,当价格由 $p_1 = 3$ 元下降到 $p_2 = 2$ 元时,张太太家对西红柿的需求量由 $q_{11} = 1.5$ 斤增加到 $q_{12} = 3.5$ 斤,即价格变动使得需求曲线 D_1 上的点由 A 变动到 B。如果收入发生了变动,则对应于某一特定的价格,消费者的需求量也会发生变动。例如,对应于收入由 5000 元增加到 7500 元,在价格为 $p_1 = 3$ 元时,张太太对西红柿的需求量由 $q_{11} = 1.5$ 斤变动到 $q_{21} = 4.5$ 斤,即收入变动使得需求曲线 D_1 上的 A 点变动到 D_2 上的 C 点。对应于每一个可能的价格,收入变动所引起的需求量变动都会出现类似的结果,这就是说价格以外的因素变动导致的需求量的变动表现为需求曲线的移动,比如从 D_1 移动到 D_2。这样,根据上述区分,价格引起的需求量的变动表现为一条需求曲线上点的移动,而价格以外的其他因素引起的需求量变动表现为需求曲线的移动。对应于需求变动,如果需求曲线因商品本身价格以外的因素而向右上方移动,则称消费者的需求增加,如需求由 D_1 移动到 D_2;反之,如果需求曲线向左下方移动,则称需求减少,如需求由 D_1 移动到 D_3。

以上我们分析了收入变动对需求的影响,类似的分析也可以就消费者的偏好、相关商品的价格、预期和政策因素等来进行。例如,消费者对某种商品偏好增加将会导致需求增加,从而使得需求曲线向右上方移动;一种商品的替代品价格降低将会导致该商品的需求减少,从而使得需求曲线向左下方移动;等等。这里我们不再一一列举。

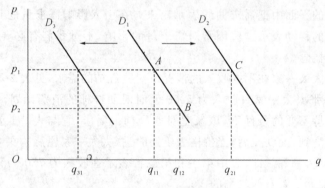

图 2-3　需求量的变动与需求的变动

二、供给

1. 供给的含义

供给是指厂商在某一时期内,在每一价格水平上愿意并且能够出售的商品或服务的数量。在这里供给也和需求一样强调供给成为现实必须同时具备生产愿望和生产能力。

2. 供给定理与供给曲线

供给定理是指在其他条件不变时,某一商品的供给量与其自身价格呈正方向变化。供给曲线是反映某种商品价格与供给量变动关系的图形,向右上方倾斜。当然该定理也有例外,如劳动的供给曲线。

3. 市场供给与个人供给

市场供给是所有生产者供给的总和。 假定市场上有两个冰激凌生产者——小勇和小齐。表2-4是他们对冰激凌的供给表。在任何一种价格上,小勇和小齐的供给表分别表示这两个人愿意和能够供给的数量。市场供给是这两个人供给的总和。

表 2-4   市场供给与个人供给

冰激凌的价格(元)	小勇(个)	小齐(个)	市场(个)
0	0	0	0
0.5	0	0	0
1	1	0	1
1.5	2	2	4
2	3	4	7
2.5	4	6	10
3	5	8	13

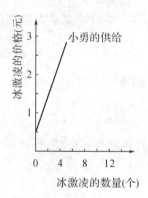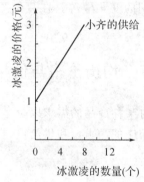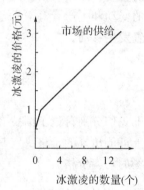

图 2-4   个人供给曲线与市场供给曲线

图2-4是对应表2-4的供给曲线。**在任何一个价格水平上,个人供给曲线水平相加就得到市场供给曲线。** 市场供给曲线表示一种物品的总供给量与市场价格之间的变动关系。

4. 影响供给变动的其他因素

商品的供给除受到其自身价格的影响外,还受到其他因素的影响,其中主要包括:

(1)投入要素价格。 生产者为了提供产品,需要投入各种要素进行生产。生产要素主要包括自然资源、劳动、资本和企业家才能等。投入要素的价格变动会影响生产者的供给决策。例如,当市场上钢材价格上涨时,会增加汽车的生产成本,与任一数量相对应,生产者只愿在更高的价格上提供相同的汽车供给。

(2)其他商品的价格。 例如,当经济作物价格上升时,粮食生产者可能会减少粮食作物的生产而转向生产这些高价格的经济作物。因此,当其他商品价格上升,从事其他商品的生产能够带来更大的利润,此时生产者很可能被吸引到其他商品的生产中去。这意味着在生产技术相近的产品中,当其他商品价格上升时,原商品供给会减少。

(3)**技术**。技术进步通常会带来生产成本的降低或产量的提高,因此在任一数量上,生产的价格都会比以前降低。例如,随着网络技术的发展,付费歌曲铃声下载的成本很低,因此,唱片公司每年会提供更多歌手的歌曲到市场上供消费者下载。

(4)**预期**。当生产者预期未来价格上涨时,会尽量减少现时供给;如果预期价格下跌,则相反。例如,大豆种植者预期大豆价格会剧烈下跌,那么他们会尽量在价格下跌前将库存的大豆售出。

(5)**政府税收和补贴**。政府税收会增加生产成本,使在相同价格下供给量减少。政府补贴可看作是"负税收",其作用正好相反。

5.供给量的变动和供给变动

与需求和需求量的变动的区别相类似,供给与供给量的变动也存在差异。它们的区别在于引起这两种变动的因素是不相同的,而且,这两种变动在几何图形中的表示也是有区别的。**供给量的变动是指在其他条件不变时,由某商品的价格变动所引起的该商品供给数量的变动**。在几何图形中,这种变动表现为商品的价格—供给数量组合点在同一条供给曲线上移动。

供给的变动是指在某商品价格不变的条件下,由于其他因素变动所引起的该商品的供给数量的变动。这里的其他因素变动可以指生产成本的变动、生产技术水平的变动、相关商品价格的变动和生产者对未来预期的变化等等。在几何图形中,**供给的变动表现为供给曲线的位置发生移动**。

第二节 均衡价格与价格机制

以上我们分别讨论了消费者对某种商品的需求以及生产者的供给。消费者和生产者根据市场上可能出现的价格决定其相应的需求量和供给量,在商品或劳务市场讨价还价,最终决定市场的均衡价格。

一、均衡价格的形成

需求曲线表示了在各个不同的价格上消费者愿意而且能够购买的数量,而供给曲线则显示了在各个价格上生产者愿意而且能够提供的产量。图 2-5 将供给曲线与需求曲线放在一起,两条曲线必相交于一点,在这点形成了市场的均衡。

这两条曲线相交时的价格被称为均衡价格,而相交时的数量被称为均衡数量。均衡反映市场供给与需求达到了平衡状态。在均衡价格上,买者愿意而且能够购买的商品数量正好与卖者愿意而且能够出售的商品数量平衡,均衡价格也被称为市场出清价格。因为在这种价格时,市场上的买者买到了他想买的所有东西,而卖者卖出了他想卖的所有东西,即不存在数量的供给过剩与短缺,消费者的需求也得到了满足,供求在数量关系上出清了。

在图 2-5 中,供给曲线与需求曲线的交点 E 确定了市场的均衡价格和均衡产量。在均衡价格上,价格和产量没有进一步变动的趋势。而在其他价格水平上,买者和卖者的经济行为会自动地使市场向供给与需求的均衡点逼近。

当市场价格高于均衡价格时,如当冰激凌的价格为每个 2.5 元时,供给量为 10 个,超过需求量 4 个,此时市场上存在生产过剩。这意味着在现行价格上,生产者不能卖出他想卖的所有商品。他们对生产过剩的反应是降低市场价格。随着价格的下降,生产者供给的数量下降,消费者对商品的需求量增加,最终市场价格一直要降到供给量等于需求量为止。

当市场价格低于均衡价格时,如在价格为每个 1.5 元时,市场供给量为 4 个,少于需求量 10 个,此时市场上存在供给短缺。这意味着,在现行价格上,消费者不能买到他们想买的所有商品。当生产者的供给短缺时,会出现消费者对商品的抢购从而使生产者提高商品的价格。随着商品价格的提高,供给量增加,消费者对商品的需求量下降,最终市场价格一直上升到供给量等于消费者的需求量为止。

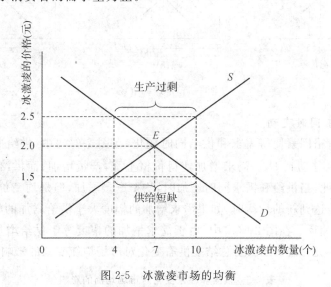

图 2-5　冰激凌市场的均衡

可见,市场上众多消费者和生产者的活动会自发地将市场价格推向均衡价格。当达到市场均衡价格时,所有消费者和生产者都得到满足,此时市场上不再存在价格上升或下降的压力。

二、均衡价格的变动

在生产者的供给与消费者的需求不变时,市场价格会调整市场供需至市场均衡处。均衡价格与均衡数量取决于供给和需求曲线的位置。当市场的其他因素使得供给或需求发生变化时,供给曲线和需求曲线的移动会形成新的市场均衡价格和均衡产量。

1. 需求的变动

在图 2-6(a)的足球鞋市场上,在需求和供给变动前需求曲线 D_1 和供给曲线 S_1 相交于市场均衡点 E_1,此时形成的市场价格是 80 元,均衡产量是 4 万双。其他因素发生变化,使市场需求曲线由 D_1 增加到 D_2。需求增加使得在最初的均衡价格 80 元下,市场对足球鞋的需求量增加到 6 万双。由于市场供给不变,仍为 4 万双,使得市场出现足球鞋供给短缺。市场的超额需求使得价格上涨,价格调整使市场达到新均衡点 E_2,此时均衡价格为 100 元,均衡产量为 5 万双。因此,需求的增加引起市场均衡价格上涨,供给量和均衡产量增加。

2. 供给的变动

现在反过来分析,在图 2-6(b)中,当需求保持不变时,非价格因素使得市场供给增加,供

给曲线由 S_1 移动到 S_2。这意味着在原均衡价格 80 元下,厂商愿意提供的产量达到 6 万双,由于消费者的需求仍为 4 万双不变,因此,在此价格上存在生产过剩。市场的超额供给使得足球鞋价格下降,价格的调整使经济达到新均衡点 E_3,此时均衡价格是 60 元,均衡产量是 5 万双。因此,供给的增加引起市场均衡价格下降,消费量和均衡产量增加。

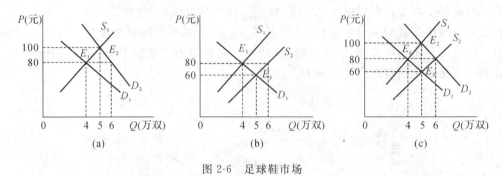

图 2-6　足球鞋市场

3. 供给与需求同时变动

如果市场非价格因素使得需求和供给同时变化,在图 2-6(c)中,供给曲线由 S_1 移动到 S_2,需求曲线由 D_1 移动到 D_2。需求增加使得价格上涨,产量增加;而供给增加使得价格下降,产量增加。因此,当供给和需求同时增加时,均衡产量增加,但是均衡价格变动的方向是不确定的。当供需达到新的均衡时,如果需求增加的幅度大于供给增加的幅度,那么均衡价格将上升;反之则相反。在图 2-6(c)中,由于需求增加的幅度等于供给增加的幅度,均衡价格不变,仍然是 80 元。表 2-5 简要总结了供需变化对市场均衡变动的影响。

表 2-5　供给和需求变化对市场均衡的影响

需求变动	供给变动		
	供给不变	供给增加	供给减少
需求不变	价格不变 数量不变	价格下降 数量增加	价格上升 数量减少
需求增加	价格上升 数量增加	价格不定 数量增加	价格上升 数量不定
需求减少	价格下降 数量减少	价格下降 数量不定	价格不定 数量减少

三、价格控制

市场均衡分析提供了对自发市场调节的一个预测,即在其他条件不变的情况下,市场倾向于处于供求相等的均衡状态。然而,这种均衡状态未必是令人满意的。有时,政府出于某种考虑也可能对市场进行调节。支持价格和限制价格是政府对价格进行限定的两种形式,利用供求分析可以对这种政策的后果给出说明。

1. 支持价格

支持价格又称最低限价,是指政府为了支持某一产品的生产而对该产品的价格规定的一个高于均衡价格的最低价格。政府制定支持价格往往是出于保护生产者收入的目的。如果某行业的供给波动性较大,那么这将会造成价格严重波动,从而影响生产者的收入。比如,为了阻止低价格造成的农业生产者收入下降,政府往往通过制定农产品保护价格的支持价格政策。

支持价格对市场所产生的影响可以由图 2-7 加以说明。市场供给等于市场需求所决定的均衡状态由 E 点表示,此时市场均衡价格为 P_E,均衡数量为 Q_E。这就是说,如果任由市场自发调节,该商品的市场倾向于稳定在 E 点附近。假设政府为了扶植该行业的发展,规定该产品的最低价格为 P_1,它高于市场均衡价格 P_E。结果,在 P_1 的水平上,需求量和供给量分别由该价格水平与需求曲线和供给曲线的交点 A 和 B 所决定。由于支持价格高于市场均衡价格,因而 A 点所对应的需求量 Q_1^D 小于 B 点所对应的供给量 Q_1^S,即市场上出现供大于求的情况,其差额为 $(Q_1^S - Q_1^D)$。在支持价格的作用下,市场出现超额供给现象。在市场供求力量的自发作用下,市场价格存在下降的趋势。因此,政府在规定支持价格的同时,必须采取相应的对策,以保证支持价格能够维持下去。制定相应对策的基本思想是人为地增加需求量,比如由政府收购过剩的供给或者增加出口,其数量为 $(Q_1^S - Q_1^D)$。与政府直接收购类似的间接手段是促使需求增加,使得需求曲线向右上方移动,以便需求与供给所决定的均衡点由现在的 E 点移动到 B 点。否则,支持价格就难以维持。

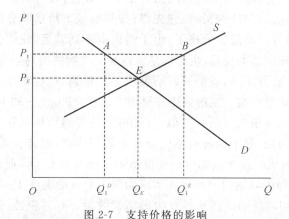

图 2-7　支持价格的影响

支持价格经常被用于农产品市场。农产品是一种生活必需品,但这类产品生产周期较长,同时又极容易受到自然因素的影响。为了减缓经济波动对农产品生产的冲击,避免自然因素引起的农产品价格大幅度波动以及由此引起的农民收入的不确定,政府往往对主要的农产品制定高于市场均衡价格的支持价格,以稳定市场和农民收入。

2. 限制价格

政府对市场价格进行直接干预的另一种方式是制定限制价格。**限制价格又称最高限价,是指政府为了防止某种商品的价格上升而规定的低于市场均衡价格的最高价格。**比如在战争时期或出现严重的饥荒时,为了使得大多数人能够维持最基本的生活需要,以保证社会的稳定,政府往往会对一些生活必需品制定最高限价。在我国改革开放的初期,政府也曾经在春节前后对鸡蛋、肉类等基本生活必需品制定最高限制价格。

限制价格所产生的影响在图 2-8 中表示出来。图中,市场均衡价格为 P_E,均衡数量为 Q_E。假设政府规定该产品的最高价格为 P_2,它低于市场均衡价格 P_E。结果,在 P_2 的水平上,需求量和供给量分别由该价格水平与需求曲线和供给曲线的交点 G 和 H 所决定。由于限制价格低于市场均衡价格,因而 G 点所对应的需求量大于 H 点所对应的供给量 Q_2^S,市场出现供小于求的现象,差额为 $(Q_2^D - Q_2^S)$。

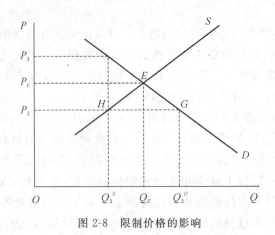

图 2-8　限制价格的影响

与支持价格的情况类似,如果任由市场机制自发地发挥作用,市场价格则会逐渐上升,并趋向于均衡价格 P_E。因此,为了维持限制价格的有效性,政府必须采取相应的措施予以保证。这些措施主要包括:排队购买,先到先得;按年龄或工龄排队分配住房;抽取彩票,运气好者先得;凭票供应等。在限制价格下,由于需求得不到满足,往往会出现某种形式的黑市交易。黑市可以是该商品的交易,也可能是该商品衍生物的交易。比如,过去为了使得居民以低价购买到粮食、自行车等,我们的政府就会发行粮票、自行车票等。结果以某种方式得到这种票证的居民都可以按一定的价格在黑市上出售。20 世纪 80 年代末,生活在城市中的人大都有用粮票换取鸡蛋的经历。类似,外汇市场的限制价格也往往伴随着黑市倒卖外汇现象的出现。一般而论,黑市的价格不仅会高于限制价格,而且会高于市场均衡价格,这一点在图 2-8 中显而易见。由于限制价格使得市场供给量只有 Q_2^S,而消费者在这一数量下愿意支付的最高价格却可以达到该数量在需求曲线上对应的高度 P_3,因而黑市价格最高可达 P_3。结果,消费者用较高的价格获得较少的消费数量。有鉴于此,经济学家并不赞成经常地使用限制价格。

第三节　需求弹性与供给弹性

一、弹性概念

所谓相互影响,是指一个经济量发生变动时,另一个经济量也会随之变动。当经济变量之间存在相互影响关系时,西方经济学通常用**弹性来表示一个经济量相应于另一个经济量变动的反应程度**。下面我们举例说明弹性概念的由来及其含义。

例如,一种商品的价格发生变动,消费者对这种商品的需求量会相应地作出调整。那么消费者作出调整的幅度到底有多大呢?或许我们会想,如果价格变动一个单位,需求量变动的幅度越大,我们就认为消费者作出调整的幅度越大。于是,一个最直接的度量标准似乎是,每单位价格变动所引起的需求量变动的大小,即用需求量的改变量除以价格的改变量这一指标来衡量价格对需求量的影响程度。然而,当我们真正使用这一度量指标时,会遇到一些困难。以下两方面是经济学家弃用这一指标的主要原因。

首先,价格和需求量变动的数量单位不甚明确。很显然,对应于价格提高一分钱和提高一元,消费者对同一种商品需求量的调整会有所不同。例如,夏天西瓜的价格是 1 元,如果提高 1 分,其对需求量的影响不会太大,但如果提高 1 元,即价格达到 2 元,那么需求量会大幅度下降。所以,如果用单位价格变动所引起的需求量的改变量作为度量指标,那么这一指标就是有特定计量单位的。然而,随之而来的问题是,如果我们说价格提高 1 元导致西瓜的需求量减少 5 斤,同时又说价格提高 1 元导致对布匹的需求量减少 0.1 米,那么我们又如何来比较这两者的大小呢? 因为它们根本就没有共同的计量单位。

其次,商品最初的价格也会影响到消费者对需求量的调整幅度。比如,同样是西瓜,在夏季价格从 1 元上涨到 2 元,我们很可能会大幅度地减少西瓜的消费量;而在冬季,西瓜的价格由 5 元上涨到 6 元,同样是上涨 1 元,我们很有可能不会因此把原本打算购买半个而减少到四分之一。

基于上述两个方面的原因,特别是无单位计量指标的可比性,经济学中用弹性作为衡量一个经济量相应于另外一个经济量变动的敏感程度。弹性指标用一个经济量变动的百分比相应于另一个经济量变动的百分比来反映经济量之间变动的敏感性,可以由弹性系数加以衡量。利用弹性系数,既可以消除经济量的计量单位的影响,又可以考虑到这些经济量本身的大小。

下面利用这一概念分析有关需求和供给的几个重要弹性,而在其中重点考察需求的价格弹性。

二、需求的价格弹性

1. 需求价格弹性的定义

需求价格弹性,又简称为价格弹性和需求弹性,它表示在特定时期内一种商品需求量相对变动相应于该商品价格相对变动的反应程度,通常用弹性系数加以衡量。需求价格弹性系数定义为:需求量变动百分比与价格变动百分比之间的比率,即:

$$\text{需求价格弹性系数} = \frac{\text{需求量变动百分比}}{\text{价格变动百分比}} \tag{2-4}$$

需求价格弹性系数衡量了价格每变动一个百分点需求量变动的百分比。

需求价格弹性也可以用符号加以表示。假定以 Q 表示某一种商品的需求量,P 表示该商品的价格,E_d 表示该商品需求价格弹性系数,ΔP 表示商品价格的改变量,ΔQ 表示由价格变动引起的需求量的改变量,其中正号表示增加,负号表示减少。则根据上述定义,我们可以把需求价格弹性系数 E_d 表示为:

$$E_d = -\frac{\Delta Q/Q}{\Delta P/P} \tag{2-5}$$

对于该公式,我们有两点需要说明。第一,弹性公式前面有一个负号,它表示商品的需求量和价格呈反方向变动,为了保证弹性值为正,在其公式前面加上一个负号。事实上,如果消费者对商品的需求行为满足需求规律,即价格升高,需求量减少,那么 ΔP 与 ΔQ 的符号必然相反。由于大多数商品的需求都服从需求规律,因而在实际应用中,在需求价格弹性系数中增加一个负号以绝对值表示出来。第二,在公式中,$\Delta Q/Q$ 表示需求量变动的百分比,而 $\Delta P/P$ 是价格变动的百分比,因此需求价格弹性是需求量的变化率与价格的变化率之比,而非改变量之比。所以,弹性系数不仅与每单位价格变动所引起的需求量的变动 $\Delta Q/\Delta P$

有关,而且与价格及需求量的初始状态 P/Q 有关。

2. 需求价格弹性系数的计算:弧弹性和点弹性

以上在一般意义上讨论了需求价格弹性概念,在这里,需求价格弹性被定义为相应于每单位价格百分比的变动,消费者需求量变动的百分比。但在计算弹性值的过程中,我们经常会遇到这样一种情况:在特定的价格上,相应于价格提高和价格下降,消费者需求量变动的百分比会有所不同,按上述定义给出的弹性值也会有所不同。为了得到弹性值的大小,经济学家通常使用弧弹性和点弹性来对需求价格弹性系数加以估计或计算。

比如,一个购买冰激凌的消费者,在价格为 3 元时,他每周对冰激凌的需求量为 8 个;当价格为 4 元时,他的需求量下降到 6 个。那么该消费者对冰激凌需求价格弹性是多少呢?

很显然,如果我们假设价格由 3 元变动到 4 元,则 $P=3$,$\Delta P=4-3=1$,$Q=8$,$\Delta Q=6-8=-2$。于是,弹性系数为:

$$E_d = \frac{2/8}{1/3} = \frac{6}{8} = \frac{3}{4}$$

对于同一个消费者而言,如果价格从 4 元降低到 3 元,则需求量就会从 6 个上升到 8 个。类似地,我们得出的弹性系数为:

$$E_d = \frac{2/6}{1/4} = \frac{8}{6} = \frac{4}{3}$$

比较上述计算过程不难看出,我们对这两个数值的计算并不存在错误,但同一个消费者对同一种商品的两个弹性系数值却有较大的差异。容易发现,出现这一现象的原因在于价格变动的初始点。为了避免这一问题,最简单的方法是用中点方法来计算弹性。

取价格变动前后价格与需求量的中间值代替原来的初始价格和需求量。一般地,假设价格由 P_1 变动到 P_2,相应的需求量由 Q_1 变动到 Q_2。我们令 $P=(P_1+P_2)/2$,$Q=(Q_1+Q_2)/2$,并且继续有 $\Delta P=P_2-P_1$,$\Delta Q=Q_2-Q_1$,则弹性系数可以表示为:

$$E_d = -(\Delta Q/Q)/(\Delta P/P) = -[(Q_2-Q_1)/(Q_1+Q_2)]/[(P_2-P_1)/(P_1+P_2)]$$

$$(2-6)$$

由于上述弹性系数只与价格变动的起点和终点的特征有关,它反映了需求曲线上两点之间的弹性,因而也被称为弧弹性,相应地,上述公式也记为:

$$E_d = -[(Q_2-Q_1)/(Q_1+Q_2)]/[(P_2-P_1)/(P_1+P_2)] \qquad (2-7)$$

为了巩固弧弹性值的计算,让我们考察由图 2-9 给出的一条线性需求曲线 $Q=14-2P$ 上的弧弹性值。利用公式(2-7)可以很容易地得出不同的弧弹性值,计算结果列在了表 2-6 之中。

观察这些计算结果后可以看出,在一条由直线表示出来的需求曲线上,不同价格变动范围内的弧弹性是不同的。如图 2-9 所示,在价格较高时,弹性值较大;价格较低时,弹性值较小。这验证了在弹性概念中特别说明的问题,即需求曲线的倾斜程度是决定需求价格弹性值大小的一个重要因素,但不是唯一因素,弹性值还与价格高低有关系。

通过弧弹性值的计算公式可以很容易地计算出需求价格弹性,但这种计算方法也存在着一个显而易见的问题。由于弧弹性值只与需求曲线上两个点有关,经过相同两点的不同需求曲线会有相同的弹性值,因而价格变动前后的差额越大,弹性值与需求的实际情况也就可能差距越大。

表 2-6　需求曲线上的弧弹性值

价格(元)	数量(个)	价格变动百分比(%)	数量变动百分比(%)	弹性	弹性程度
0	14				
1	12	200	15	0.1	缺乏弹性
2	10	67	18	0.3	缺乏弹性
3	8	40	22	0.6	缺乏弹性
4	6	29	29	1.0	单位弹性
5	4	22	40	1.8	富有弹性
6	2	18	67	3.7	富有弹性
7	0	15	200	13.0	富有弹性

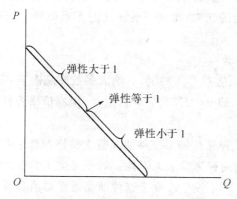

图 2-9　需求曲线上的不同弹性值

　　为了消除这一问题,我们希望价格变动"充分地小",即借助于需求价格的点弹性。**需求价格的点弹性衡量了在需求曲线某一点上相应于价格的无穷小的变动率,需求量变动率的反应程度。**需求价格的点弹性是以需求曲线上的某一点为基础而得到的,它表示了需求曲线上某一点的价格弹性。

　　根据式(2-5)关于价格弹性的定义,对应于一个特定的价格 P 和相应的需求量 Q,当价格改变量 ΔP 充分小时,需求量的改变量 ΔQ 相应地作出调整,此时需求的价格弹性可以表示为:

$$E_d = -\lim_{\Delta P = 0} \frac{\Delta Q/Q}{\Delta P/P} \tag{2-8}$$

由于价格 P 和需求量 Q 是既定的,因而上述极限可以表示为:

$$E_d = -\frac{\mathrm{d}Q}{\mathrm{d}P} \cdot \frac{P}{Q} \tag{2-9}$$

　　我们注意到,式(2-9)右边 $\dfrac{\mathrm{d}Q}{\mathrm{d}P}$ 恰好是需求量关于价格的导数,即需求曲线的斜率倒数,而 P 和 Q 既定,所以上述弹性系数只与需求曲线上的一个点及相应点上需求曲线的斜率有关,故式(2-9)被称为需求价格的点弹性。

与弧弹性相比,对于特定需求而言,点弹性可以精确地反映出需求曲线上特定点的弹性值。

借助于式(2-9)给出的点弹性计算公式,我们可以更容易地看出需求价格弹性与需求曲线的倾斜程度的联系与区别。在一个特定点上,即 P 和 Q 给定,需求曲线斜率的绝对值 dQ/dP 越大,即需求曲线相对于价格轴越陡峭、相对于数量轴越平缓,则价格弹性值就越大;反之,需求曲线相对于价格轴越平缓、相对于数量轴越陡峭,需求的价格弹性越小。这适用于对过同一点的两条需求曲线的弹性进行比较。

但是,在同一条需求曲线上,弹性值不仅取决于需求曲线的斜率,而且与需求曲线上的特定点有关。特别地,即使在一条倾斜程度相同的线性需求曲线上,需求的价格弹性也不相同。例如,假定需求函数为:$Q=10-2P$,则在需求曲线的每一点上,曲线的倾斜程度都相同,反映倾斜程度的斜率 $\dfrac{dQ}{dP}=-2$。但是,当价格等于 1 时,需求量等于 8,则需求价格的点弹性为 1/4,而当价格等于 4 时,需求量等于 2,则需求价格的点弹性为 4。这再次反映出我们在表 2-6 和图 2-9 中给出的结果,即在一条线性的需求曲线上,价格越高,弹性值越大;价格越低,则弹性值越小。

3. 需求价格弹性的分类

根据对需求价格弹性系数符号的约定,对绝大多数商品而言,需求的价格弹性系数最小为 0,最大则可以是无穷大,即 $0<E_d<+\infty$。这样,根据价格弹性系数的大小,我们可以把它划分为以下五种类型:

(1)$E_d=0$,需求完全无弹性。如果一种商品需求价格弹性系数 $E_d=0$,则称消费者对该商品的需求完全无弹性,或简称为需求无弹性。对于完全无弹性的商品而言,无论商品价格变动多少,消费者的需求量都不发生改变。这种商品通常对消费者而言绝对必需,此时他们对商品的需求曲线是一条垂直于数量轴的直线,如图 2-10(a)所示。

(2)$0<E_d<1$,需求缺乏弹性。如果需求的价格弹性系数在 0 和 1 之间,则称消费者对该商品的需求缺乏弹性,或简称为需求缺乏弹性。当需求缺乏弹性时,商品价格变动一个百分点,需求量变动小于一个百分点。这表明,消费者需求量的变动相对于价格的变动不敏感,如图 2-10(b)所示。

(3)$E_d=1$,需求为单位弹性。如果需求的价格弹性系数 $E_d=1$,则称需求为单位弹性。此时,价格每变动一个百分点,需求量将会随之变动百分之一,如图 2-10(c)所示。

(4)$1<E_d<+\infty$,需求富有弹性。如果需求的价格弹性系数为大于 1 的有限数值,则称消费者对该商品的需求富有弹性,或简称为需求富有弹性。它表明,如果商品价格变动百分之一,需求量的变动会超过百分之一,即需求量相应于价格的变动更为明显,如图 2-10(d)所示。

(5)$E_d=+\infty$,需求具有完全弹性。如果需求的价格弹性系数为无限大的数值,则称需求为无限弹性。在这种情况下,价格的轻微变动就会导致需求量急剧变动。此时,商品的需求曲线是一条垂直于价格轴的直线,如图 2-10(e)所示。

一般而论,商品需求的价格弹性是上述五种情况之一。据此,在一个特定时期内可以根据消费者对商品需求的价格弹性系数而对商品划分为五个类型,并相应地称这些商品为完全无弹性、缺乏弹性、单位弹性、富有弹性和无限弹性的商品。由于无弹性、单位弹性和无限

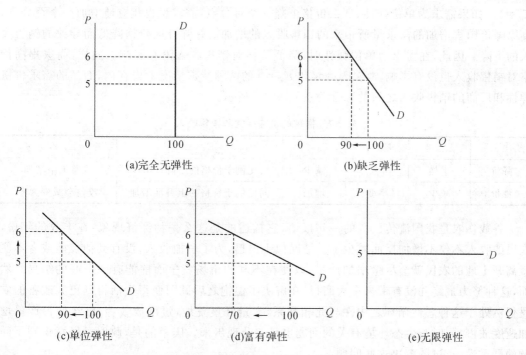

图 2-10　需求价格弹性的几种情况

弹性的商品属于特殊情形,因而一般情况下商品可以被粗略地划分为缺乏弹性和富有弹性两种类型。

4.需求弹性和销售收入

在日常生活中,作为营销策略,商家时常打出"薄利多销"的招牌,大致意思是,通过降低价格,促使销售收入提高。那么,降价真的能做到这一点吗?它适用于所有的商家吗?在这里,我们以最简单的情况说明这一点。

我们知道,厂家的销售收入等于商品的价格乘以商品的销售量。在特定的价格上,商家的销售量受到消费者需求量的限制。在此假定,商品的销售量等于消费者的需求量。一方面,商家降低价格使得需求量从而销售量增加,结果有利于销售收入增加。但另一方面,降低价格也使得销售收入朝着减少的方向变动。因此,商家的降价行为是否导致销售收入增加,取决于价格降低所造成的销售收入下降是否能够由需求量的增加带来的收入增加而得到弥补。这取决于价格下降对需求量的影响程度。

价格变动对需求量的影响恰好可以由需求价格弹性大小反映出来。根据需求价格弹性的定义,如果需求是富有弹性的,即 $E_d > 1$,那么价格每降低百分之一,需求量的增加就会超过百分之一。因此,需求量的增加可以弥补价格降低对销售收入的负面影响。这说明,在需求富有弹性时,商品的价格与销售收入成反方向的变动,从而薄利可以多销,即降价会使得销售收入增加。

如果需求缺乏弹性,即 $E_d < 1$,那么商家降低价格所引起的需求量增加的比率小于价格下降的比率,从而需求量增加所带来的销售收入增加量并不能全部抵消价格下降所造成的销售收入的减少量。结果,在这种情况下,降价最终使销售收入减少。相反,如果在这种情况下商家提价,结果却会使得销售收入增加。介于两者之间的情况是需求为单位弹性,即

$E_d=1$。如果需求为单位弹性,那么价格下降一个百分点,需求量也相应地增加一个百分点,商家降价销售增加的需求量所带来的销售收入的增加恰好弥补因价格降低而导致的销售收入的下降。因此,在需求为单位弹性时,降低价格对销售收入没有影响。同样,商家提高价格对销售收入也没有影响。将 $E_d=\infty$ 和 $E_d=0$ 的两种特殊情况考虑在内,商品的需求价格弹性和厂商的销售收入之间的综合关系如表 2-7 所示。

表 2-7　需求的价格弹性和销售收入

	$E_d>1$	$E_d=1$	$E_d<1$	$E_d=0$	$E_d=\infty$
降价	增加	不变	减少	同比例于价格的下降而减少	收益无限增加
涨价	减少	不变	增加	同比例于价格的上升而增加	收益会减少为零

　　谷贱伤农是我国流传已久的一句成语,它描述的是这么一种经济现象:在丰收的年份,农民的收入不仅不增加反而减少了。情况似乎更糟,为了增加收入,没有其他技能或者不愿意离开土地的农民就会尽量增加产量,以便在不利的市场竞争面前能有一个好的结局。然而,这种努力最终并没有带来多大回报,在解决了温饱之后试图使得生活得到更大改善的农民仍然处于这种恶性循环之中。与此相联系,大量开垦荒地,过度放牧等,已经使得产量增加速度放慢,同时与生态环境有关的问题也日益凸现出来。庆幸的是,政府已经意识到了问题的严重性,正试图解决这些问题。

　　由以上分析可以看出,薄利多销,即通过降低价格而促使销售收入增加并不是在所有的情况下都适用,只有在需求富有弹性时,薄利才能多销。一个直接的推论是,如果商家是以销售收入最大化为目标的,那么商家的价格调整策略是,在需求富有弹性时降低价格,在需求缺乏弹性时提高价格。因此,以销售收入最大化为目标的厂家,最优的价格应当恰好使得需求弹性等于1。

5.影响需求价格弹性的因素

　　既然每一种商品需求的价格弹性都有可能不同,即使是同一种商品,在不同价格时的需求弹性值也未必相同,那么一种商品的价格弹性系数是如何决定的? 它受哪些因素的影响呢?

　　作为衡量消费者的需求量相应于价格变动作出反应程度大小的一种尺度,需求价格弹性大小取决于消费者的偏好和选择这些商品时所受到的制约。其中,下面的几个因素对需求的价格弹性产生重要影响。

　　(1)商品对消费者生活的重要程度。对消费者而言,不同的商品可能处于不同的需求层次上。一般说来,生活必需品的需求弹性较小,奢侈品的需求弹性较大。例如,我们对粮食、看病的需求价格弹性较小,对食盐需求的价格弹性甚至接近于 0,而对乘坐游艇、观看球赛的需求弹性就大。

　　(2)商品可替代的程度。一般说来,一种商品的可替代品越多,相近程度越高,则该商品的需求弹性往往就越大。当一种商品的价格提高时,消费者可以很容易地转向消费其他商品。因此,商品的可替代程度越大,商品的需求价格弹性就越大。反之,商品的可替代程度越低,需求的价格弹性就越小。例如,黄瓜因为替代品多而富有弹性,而胡椒粉的价格弹性相对就小。

　　(3)商品用途的广泛性。如果一种商品具有多种用途,当它的价格上升时,消费者将只购买较少的数量用于最重要的用途。当它的价格下降时,消费者的购买量就会逐渐增加,将商品越来越多地用于其他各种用途。因此,一般来说,一种商品的用途越广泛,它的需求价格弹性就可能越大。反之,用途越狭窄,它的需求价格弹性就可能越小。

(4)**商品的消费支出在消费者预算支出中所占的比重**。当一种商品在消费者预算支出中占有很小的一部分时,消费者可能不太会注意这种商品的价格变动。比如,当你到超市购物时,偶尔购买一袋口香糖,你或许并没有意识到这种口香糖已经从 0.5 元涨到了 0.75 元,因为这种价格的变动对你的生活并无多大影响。因此,某种商品在消费支出中所占的比重越小,该商品的需求价格弹性就越小。相反,商品在消费支出中所占的比重越大,该商品的需求价格弹性可能越大。如果一台电视机由 4000 元涨到 6000 元,尽管此时价格也上涨了50%,恐怕你要比购买口香糖时在意得多。

(5)**消费者作出调整的时间**。相应于价格变动,消费者对需求量进行调整的时间也是一个重要因素。一般说来,消费者调整时间越短,需求价格弹性就越小;相反,调整时间越长,需求价格弹性越大。例如,原油价格上升,消费者在短期内很难相应地调整需求量,所以弹性就小。但如果给消费者更多的时间,他们会开发新的能源或者运用新的节能设备等。因此,相应于同样的价格变动,消费者在短期内对需求量的调整就少,从而需求的价格弹性就小,而在长期则价格弹性较大。

上述关于影响需求价格弹性因素的分析并不是孤立的,这些因素往往会共同发挥作用,决定一种商品需求价格弹性的数值。

三、其他的需求弹性

除了需求的价格弹性以外,我们还可以扩展其他的需求弹性概念。其中较为重要的是需求的收入弹性和交叉弹性。

1. 需求的收入弹性

需求的收入弹性简称为收入弹性,它表示在一定时期内,消费者对某种商品的需求数量的相对变动对于消费者收入量的相对变动的反映程度。与需求的价格弹性一样,收入弹性的大小由弹性系数表示,它被定义为消费者对商品需求量变动的百分比与消费者收入变动百分比的比率,用公式表示为:

$$需求的收入弹性系数 = \frac{需求量变动的百分比}{收入变动的百分比} \tag{2-10}$$

如果用 E_m 表示需求的收入弹性系数,继续以 Q 表示消费者对商品的需求量,m 表示消费者的收入,ΔQ 表示需求量的改变量,Δm 表示收入的改变量,则需求的收入弹性公式表示为:

$$E_m = \frac{\Delta Q/Q}{\Delta m/m} = \frac{\Delta Q}{\Delta m} \times \frac{m}{Q} \tag{2-11}$$

一种商品收入弹性系数的符号取决于需求量相对于收入变动而变动的方向。如果消费者的收入与其对商品的需求量呈同方向变动,那么收入弹性系数为正数值;相反,收入弹性系数为负数值。对于正常物品而言,随着收入的增加,消费者对商品的需求量增加。从而,正常物品需求的收入弹性系数 $E_m > 0$。如果商品为低档物品,则随着收入的增加,消费者会逐渐减少对这些商品的需求量,因此,低档品的收入弹性系数 $E_m < 0$。

反之,我们利用收入弹性系数的大小也可以对商品进行分类。首先,如果商品的收入弹性 $E_m > 0$,则该商品是正常商品;如果 $E_m < 0$,则表明该商品是低档商品。其次,对于正常物品而言,如果 $E_m > 1$,那么表明随着消费者收入的增加,需求量增加的百分比超过收入增加的百分比,因而该商品是奢侈品;反之,如果 $E_m < 1$,则需求量增加的百分比低于消费者收入增加的百分比,因而该商品是非奢侈品,或者说是一种普通的正常品。

2. 需求交叉弹性

有关需求弹性的另一个扩展是需求的交叉弹性。**需求的交叉弹性简称为交叉弹性,它表示,在一定时期内,一种商品的需求量的相对变动相对于相关商品价格的相对变动的敏感程度。**交叉弹性的大小由弹性系数加以衡量。交叉弹性系数被定义为消费者对商品需求量变动的百分比与相关商品价格变动百分比的比率,即:

$$需求的交叉弹性系数 = \frac{需求量变动的百分比}{相关商品价格变动的百分比} \qquad (2\text{-}12)$$

假定我们考察 A 商品需求量相应于 B 商品价格变动的交叉弹性,即考察 A 商品需求量相应于 B 商品价格变动作出反应的敏感程度。以 Q_A 表示消费者对 A 商品的需求量,P_B 表示其相关商品 B 的价格,E_C 表示需求的交叉弹性系数,则交叉弹性可以表示为:

$$E_C = (\Delta Q_A / Q_A)/(\Delta P_B / P_B) = (\Delta Q_A / P_B) \cdot (P_B / Q_A) \qquad (2\text{-}13)$$

其中,ΔQ_A 表示 A 商品需求量的改变量,ΔP_B 表示 B 商品价格的改变量。

一种商品关于另外一种商品价格的交叉弹性系数的符号取决于所考察的两种商品的相关关系。商品之间的关系可以分为替代和互补两种。如果 A 和 B 两种商品之间存在替代关系,那么消费者会增加 A 商品的需求量,以便替代 B 商品需求量的减少。这就是说,如果 A 和 B 两种商品是替代关系,则 A 商品需求关于 B 商品价格的交叉弹性系数 $E_C > 0$。相反,如果 A 和 B 商品之间是互补关系,则 B 商品需求量的减少将会导致 A 商品需求量随之减少。因此,在 A 和 B 两种商品是互补关系时,$E_C < 0$。基于同样的理由,如果一种商品关于另外一种商品的交叉弹性系数大于零,即 $E_C > 0$,则两者之间是替代关系;反之,如果 $E_C < 0$,则两者之间是互补关系。参见表 2-8。

表 2-8 交叉弹性系数与两种商品之间的关系

替代	$P_B \uparrow$	(据需求规律)$Q_B \downarrow$	($P_B \uparrow$ 导致 $Q_A \uparrow$)
	$P_B \uparrow$	$Q_A \uparrow$	$E_C > 0$
互补	$P_B \uparrow$	(据需求规律)$Q_B \downarrow$	($P_B \uparrow$ 导致 $Q_A \downarrow$)
	$P_B \uparrow$	$Q_A \downarrow$	$E_C < 0$

与需求的其他弹性系数一样,需求的交叉弹性也可以由弧弹性和点弹性加以估算。交叉弹性的弧弹性值是基于相关商品的价格和消费者对商品需求量变动前后数值计算出来的。假定对商品 A 的需求量产生影响的相关商品 B 的价格由 P_{B1} 变动到 P_{B2},消费者对商品 A 的需求量则因此由 Q_{A1} 变动到 Q_{A2},那么 A 商品需求关于 B 商品价格的交叉弹性的弧弹性系数定义为:

$$E_C = [(Q_{A2} - Q_{A1})/(P_{B2} - P_{B1})] \cdot [(P_{B2} + P_{B1})/(Q_{A2} + Q_{A1})] \qquad (2\text{-}14)$$

交叉弹性的点弹性衡量了相关商品价格的无穷小的变动率,需求量的变动率变动的程度。当商品 A 的相关商品 B 的价格为 P_B 时,消费者对 A 商品的需求量为 Q_A,相应的交叉弹性的点弹性系数可以表示为：

$$E_C = \left(\frac{\mathrm{d}Q_A}{\mathrm{d}P_B}\right) \cdot \left(\frac{P_B}{Q_A}\right) \tag{2-15}$$

四、供给弹性

类似于需求的弹性，相应于影响供给量的因素我们也可以考察各种有关供给的弹性问题。如同需求的各种弹性概念一样，根据影响供给量的因素，也可以定义各种供给弹性，例如供给的价格弹性、供给的交叉弹性等。作为一个重要的例子，我们在这里考察供给的价格弹性。

1. 供给价格弹性的定义

供给的价格弹性又简称为供给弹性，它表示在一定时期内相应于商品价格的相对变动，一种商品供给量相对变动的反应程度。 供给价格弹性的数量表示是弹性系数，它被定义为商品供给量变动的百分比与价格变动百分比之间的比率，即：

$$供给价格弹性系数 = \frac{供给量变动的百分比}{价格变动的百分比} \tag{2-16}$$

用 Q_s 表示某一种商品的供给量，P 表示该商品的价格，E_s 表示供给的价格弹性系数，则供给的价格弹性可以定义为：

$$E_s = (\Delta Q_s / \Delta P) \cdot (P/Q_s) \tag{2-17}$$

其中，ΔQ_s 和 ΔP 分别表示该商品的供给量和价格的变动数值。

我们注意到，如果生产者对商品的供给通常满足供给规律，那么价格越高，商品的供给量就越大，因而供给量的改变量 ΔQ_s 和价格改变量 ΔP 之间符号相同。这表明，供给弹性系数通常为正数值。

2. 供给弹性的分类

与需求价格弹性的分类相似，依照供给价格弹性系数的大小，也可以把生产者对商品的供给弹性划分为五种类型。

第一，$E_s = 0$，供给完全无弹性。 如果一种商品供给价格弹性系数 $E_s = 0$，则称生产者对该商品的供给完全无弹性，或简称为供给无弹性。对于供给完全无弹性的商品而言，价格变动不会引起商品供给量的变动，因而其供给曲线是一条垂直于数量轴的直线，如图 2-11(a) 所示。

第二，$0 < E_s < 1$，供给缺乏弹性。 如果供给的价格弹性系数在 0 和 1 之间，即 $0 < E_s < 1$，则称生产者对该商品的供给缺乏弹性，或简称为供给缺乏弹性。对供给缺乏弹性的商品而言，价格每变动一个百分点，供给量的变动小于一个百分点，即商品供给量的相对变动对于价格的相对变动不敏感，如图 2-11(b) 所示。

第三，$E_s = 1$，供给单位弹性。 如果供给的价格弹性系数 $E_s = 1$，则称供给为单位弹性。此时，价格每变动一个百分点，供给量将会随之变动百分之一。此时，商品的供给曲线是一条过原点的向右上方倾斜的直线，如图 2-11(c) 所示。

第四，$1 < E_s < +\infty$，供给富有弹性。 如果供给的价格弹性系数为大于 1 的有限数值，即 $1 < E_s < +\infty$，则称生产者对该商品的供给富有弹性，或简称为供给富有弹性。它表明，如果商品价格变动百分之一，供给量的变动会超过百分之一，即相应于价格的变动，供给量的变

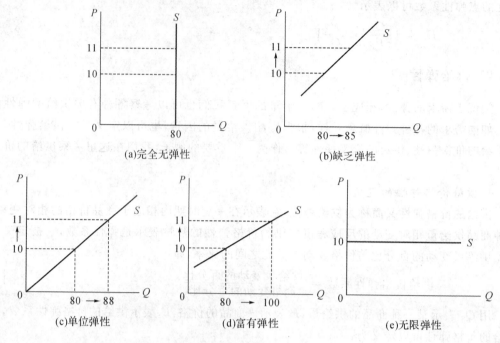

图 2-11   供给弹性的各种情况

动更为敏感,如图 2-11(d)所示。

第五,$E_S = +\infty$,供给完全弹性。如果供给的价格弹性系数 $E_S = +\infty$,则称供给为无限弹性。在这种情况下,价格的轻微变动就会导致供给量急剧变动。此时,商品的供给曲线是一条垂直于价格轴的直线,如图 2-11(e)所示。

3. 影响供给价格弹性的因素

影响供给价格弹性的因素也是多种多样的,概括起来主要有以下几个方面。

(1)相应于价格变动生产者调整供给量的时间。在供给价格弹性大小的决定因素中,时间是至关重要的。当商品的价格发生变化时,生产者对供给量进行调整总需要一定的时间。时间越短,生产者越来不及对供给量作出调整。因此,在其他条件不变的情况下,时间越短,供给弹性越小。例如,如果在半年之内考察我国北方小麦的供给,则它很可能是缺乏弹性的,因为小麦只能是库存。但如果在几年或更长的时间内考察,则小麦的供给弹性就会更大,因为农村调整种植结构是可能的。

(2)生产者使用的生产技术类型。生产者所使用的生产技术类型影响到供给弹性的大小。一般而论,生产技术越复杂,技术越先进,机器设备占用越大,生产周期越长,供给的弹性越小。因为生产者使用先进的复杂技术,各种生产投入之间就不容易替换和调整。例如,一个小贩要比一个使用资本密集型技术的大型企业对价格作出的反应更迅速,从而供给弹性就会更大。

(3)现有生产能力的利用程度。对于使用相同技术的生产者而言,拥有多余生产能力的生产者,其供给弹性会更大。

同样,这些因素并不是孤立的,它们会共同决定一种商品供给弹性值的大小。

五、弹性与税收

供求分析应用于政策后果的一个例子是税收负担的分析。这里我们以政府征收消费税为例说明消费者和生产者的税收负担情况。消费税通常是以商品价格加价的形式征收的。政府可以按价格的一个比例征收税收，也可以按固定值征收。为了简单起见，我们假设无论价格有多高，政府都在该价格上增加固定的数额作为消费税。

直观的感觉似乎是，如果在厂家销售的价格之上再增加一定的税收，那么这笔税收的承担者自然是购买该商品的消费者。然而，结果却不尽然。为了理解这一点，让我们考察图 2-12。无论税收是向消费者征收还是向生产者征收，消费者最终支付的价格与生产者提供供给时的价格之间存在着一个差额，这一差额即为政府征收的消费税的数额。假定政府的每单位商品征收的消费税为 T，没有征税时生产者的供给曲线由 S 表示，而征税后的市场供给曲线为 S'，S' 与 S 之间的差额即为税收 T。

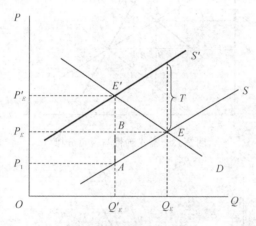

图 2-12 消费税的分担

假定消费者的偏好不会因为政府征收消费税而改变，由于影响需求量的其他因素保持不变，所以消费者原有的需求曲线 D 不会因政府征收消费税而发生变动。这时，需求曲线与两条供给曲线 S 和 S' 相交。假定市场需求曲线 D 与供给曲线 S 的交点为 E，它表示了在政府没有税收条件下的市场均衡状况；D 与供给曲线 S' 的交点为 E'，它表示了政府征税之后的市场均衡点。对应市场均衡点 E，均衡价格为 P_E，均衡数量为 Q_E；对应于市场均衡点 E'，均衡价格为 P'_E，均衡数量为 Q'_E。对应于 Q'_E，假定供给曲线 S 上的点 A 所对应的价格为 P_1。

比较征税前后的市场均衡我们发现，在征税前消费者按价格 P_E 购买数量为 Q_E 的商品，而在征税后消费者按价格 P'_E 购买数量为 Q'_E 的商品。结果，消费者以较高的价格消费较少的数量。另一方面，从生产者的角度来看，因为政府征税而使得生产者的价格由 P_E 下降到 P_1。因此，每单位商品征收的税收 T 中，消费者负担的数额为 $(P'_E - P_E)$，而生产者负担的数额为 $(P_E - P_1)$。正如我们在图 2-12 中看到的那样，单位商品的税收总额为线段 AB 与 BE' 之和，消费者和生产者共同负担了这笔消费税。从税收总量上来看，由于最终的均衡数量为 Q'_E，所以政府获得的消费税总额为 $T \times Q'_E$，即图中长方形 $P_1 P'_E E' A$ 的面积，其中消费者负担的总额为 $P_E P'_E E' B$ 的面积，生产者负担的部分为 $P_1 P_E BA$ 的面积。

很显然,对既定的定量税而言,消费者和生产者负担的比例与需求曲线和供给曲线的形状有直接关系。我们以需求具有不同弹性的情形说明这一点。

如图 2-13 所示,与需求 D 相比,需求 D' 更缺乏弹性。假定在两种情况下政府征收相同的定量消费税 T。需求越缺乏弹性,需求曲线就越陡峭,需求越富有弹性,需求曲线就越平缓。对应于需求曲线 D,消费者支付的单位税收量为 BE',对应于 D',消费者支付的单位税收量为 $B'_1E'_1$。因此,需求越缺乏弹性,需求曲线就越陡峭,消费者的税负在税收 T 中所占的比重相对于富有弹性的需求而言就越大。特别地,如果需求曲线是一条垂直于数量轴的直线,那么全部的税收将都由消费者承担。相反从生产者的角度来看,需求越富有弹性,需求曲线就越平缓,生产者的税负在税收 T 中所占比重相对于缺乏弹性的需求而言就越大。

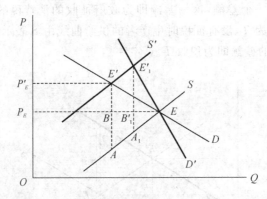

图 2-13　需求弹性与税负分摊

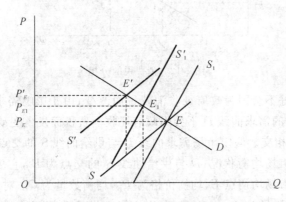

图 2-14　供给弹性与税负分摊

类似的分析也可以应用于生产者的供给具有不同弹性时的情形。如图 2-14 所示。假设有两种商品的供给曲线 S 和 S_1,前者比后者更富有弹性,因而也更平缓。如果政府征收定量税收 T,那么 S 将会移动到 S',S_1 移动到 S'_1。为了便于比较,我们假设两者的需求相同,均为 D,并且最初所处的均衡点都是 E 点。这样,征税后 S' 和 S'_1 与需求 D 所决定的新的均衡点分别为 E' 和 E_1。由于 S 比 S_1 更为平缓,因而征税后新的均衡点 E' 高于 E_1。这意味着,$(P'_E - P_E)$ 大于 $(P_{E1} - P_E)$,即与向 S_1 征税相比,向 S 征税,消费者负担更多的税收。因此,相对于其他供给而言,一种商品的供给越有弹性,消费者承担的税收就越多,相应地生产者承担的份额就越小。

第四节　蛛网模型

本节我们将运用弹性理论来考察价格波动对下一周期生产的影响及由此产生的均衡变动。由于价格和产量的连续变动用图形表示犹如蛛网,因此,1934 年尼古拉斯·卡尔多将这种理论命名为"蛛网理论",亦称为"蛛网模型"。

蛛网模型假设:(1)商品的本期产量 Q_t^S 决定于前一期的价格 P_{t-1},即供给函数为 $Q_t^S = f(P_{t-1})$,商品本期的需求量 Q_t^D 决定于本期的价格 P_t,即需求函数为 $Q_t^D = f(P_t)$;(2)完全竞争,每个生产者都认为当前的市场价格会继续下去,自己改变生产计划不会影响市场;(3)生产的商品不是耐用商品。

这些假设表明,蛛网理论主要用于分析农产品。

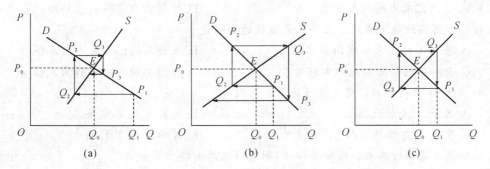

图 2-15　蛛网模型

蛛网理论的模型如图 2-15 所示。图中 P、Q、D、S 分别是价格、产量、需求函数和供给函数;t 为时间。根据上述模型,第一时期的价格 P_1 由供给量 Q_1 来决定;生产者按这个价格来决定他们在第二时期的产量 Q_2。Q_2 又决定了第二时期的价格 P_2。第三时期的产量 Q_3,由第二时期的价格 P_2 来决定,依此类推。由于需求弹性、供给弹性不同,价格和供给量的变化可分三种情况:

(1)当供给弹性小于需求弹性(即价格变动对供给量的影响小于对需求量的影响)时,价格和产量的波动将逐渐减弱,经济状态趋于均衡,如图 2-15(a)所示。供给弹性小于需求弹性为"蛛网稳定条件",蛛网向内收缩,称"收敛型蛛网"。

(2)当供给弹性大于需求弹性(即价格对供给量的影响大于对需求量的影响)时,波动逐步加剧,越来越远离均衡点,无法恢复均衡,如图 2-15(b)所示。供给弹性大于需求弹性为"蛛网不稳定条件",蛛网为"发散型蛛网"。

(3)当供给弹性等于需求弹性时,波动将一直循环下去,即不会远离均衡点,也不会恢复均衡,如图 2-15(c)所示。供给弹性与需求弹性相等为"蛛网中立条件",蛛网为"封闭型蛛网"。

蛛网模型旨在说明在市场机制自发调节的情况下,农产品市场经常发生蛛网型波动,从而影响农业生产的稳定性。在现实生活中,农产品广泛存在着发散型蛛网波动的现象。为消除或减轻农产品在市场上经常出现的这种蛛网型波动现象,一般有两种方法:(1)由政府运用支持价格、或限制价格之类经济政策对市场进行干预;(2)利用市场本身的调节作用机制进行调节,即运用期货市场来进行调节。

选择题

一、单项选择题

1. 在得出某种商品的个人需求曲线时,下列因素除哪一种外均保持不变　　　　　（　　）
   A. 个人收入　　　　　　　　　　　　B. 其余商品的价格
   C. 个人偏好　　　　　　　　　　　　D. 所考虑商品的价格

2. 消费者预期某物品价格要上升,则该物品的当前需求会　　　　　　　　　　（　　）
   A. 减少　　　　　　　　　　　　　　B. 增加
   C. 不变　　　　　　　　　　　　　　D. 上述三种情况都可能

3. 如果商品 X 和商品 Y 是可以相互替代的,则 X 的价格下降将造成　　　　　（　　）
   A. X 的需求曲线向右移动　　　　　　B. X 的需求曲线向左移动
   C. Y 的需求曲线向右移动　　　　　　D. Y 的需求曲线向左移动

4. 一个商品价格下降对其互补品最直接的影响是　　　　　　　　　　　　　　（　　）
   A. 互补品的需求曲线向右移动　　　　B. 互补品的需求曲线向左移动
   C. 互补品的供给曲线向右移动　　　　D. 互补品的供给曲线向左移动

5. 若 X 和 Y 两产品的交叉弹性是 -2.3,则　　　　　　　　　　　　　　　（　　）
   A. X 和 Y 是替代品　　　　　　　　　B. X 和 Y 是正常商品
   C. X 和 Y 是低档商品　　　　　　　　D. X 和 Y 是互补品

6. 如果某商品的需求富有价格弹性,则该商品的价格上升会使　　　　　　　　（　　）
   A. 该商品销售收入增加
   B. 该商品销售收入不变
   C. 该商品销售收入下降
   D. 该商品销售收入可能上升也可能下降

7. 如果价格下降 10% 能使买者的总支出增加 1%,则这种商品的需求量对价格　（　　）
   A. 富有弹性　　　　　　　　　　　　B. 具有单位弹性
   C. 缺乏弹性　　　　　　　　　　　　D. 其弹性不能确定

8. 政府为了增加财政收入,决定按销售量向卖者征税,假如政府希望税收负担全部落在
   买者身上,并尽可能不影响交易量,那么应该具备的条件是　　　　　　　　（　　）
   A. 需求和供给的价格弹性均大于零
   B. 需求的价格弹性大于零小于无穷,供给的价格弹性等于零
   C. 需求的价格弹性等于零,供给的价格弹性大于零小于无穷
   D. 需求的价格弹性为无穷,供给的价格弹性等于零

9. 政府为了扶持农业,对农产品规定了高于其均衡价格的支持价格。政府为了维持支
   持价格,应该采取的相应措施是　　　　　　　　　　　　　　　　　　　　（　　）
   A. 增加对农产品的税收　　　　　　　B. 实行农产品配给制
   C. 收购多余的农产品　　　　　　　　D. 对农产品生产者予以补贴

10. 政府把价格限制在均衡水平以下可能导致　　　　　　　　　　　　　　　（　　）
    A. 黑市交易　　　　　　　　　　　　B. 大量积压
    C. 买者按低价买到了希望购买的商品数量　　D. A 和 C

11. 经济学家所说的"需求曲线",是描述价格和需求量关系的曲线。这样研究价格意味着 （　　）
    A. 经济学家相信价格是影响需求量的唯一因素。
    B. 经济学家假设其他因素对需求量的影响不变,这样价格的效果就独立出来。
    C. 经济学家不恰当地忽略掉其他影响需求量的因素。
    D. 这个模型的预测能力没有什么价值。

12. 当供求力量自由作用时,一次谷物歉收的后果通过_____显示在市场上。 （　　）
    A. 政府限制个人谷物购买量　　　　　　B. 谷物价格上升
    C. 谷物价格下降　　　　　　　　　　　D. 谷物贸易量增加

13. 市场需求曲线是 （　　）
    A. 由每个人数量上的个人需求曲线垂直叠加得出
    B. 由每个价格上的个人需求曲线水平叠加得出
    C. 由每个价格上的个人需求曲线垂直叠加得出
    D. 由每个数量上的个人需求曲线水平叠加得出

14. 成功的商品广告会 （　　）
    A. 使该商品需求曲线左移　　　　　　　B. 使该商品需求量沿着需求曲线增加
    C. 使该商品需求曲线右移　　　　　　　D. 使该商品需求量沿着需求曲线减少

15. 如果一种商品的需求价格弹性是2,价格由1元上升至1.02元会导致需求量 （　　）
    A. 上升4%　　　　B. 上升2%　　　　C. 下降4%　　　　D. 下降2%

16. 如果一种商品的需求完全没有价格弹性,需求曲线将会 （　　）
    A. 呈水平状　　　　B. 呈垂直状　　　　C. 向上倾斜　　　　D. 向下倾斜

17. 长期而言寻找某种商品的合适替代品会比短期_____,结果是需求的价格弹性在长期可能_____。 （　　）
    A. 容易,较低　　　B. 困难,较高　　　C. 困难得多,低于　　　D. 容易,较高

18. 玉米价格下降一般会导致 （　　）
    A. 玉米供给量沿着供给曲线增加　　　　B. 玉米供给曲线左移
    C. 玉米片供给量沿着供给曲线增加　　　D. 玉米片供给曲线右移

19. 如果糖价上升,糖果供给曲线会向_____移动,需求不变时,其均衡交易量_____,均衡价格会_____。 （　　）
    A. 左,减少,上升　　　　　　　　　　B. 左,减少,下降
    C. 左,增加,下降　　　　　　　　　　D. 右,减少,上升

20. 市场价格 （　　）
    A. 衡量稀缺性　　　B. 传达信息　　　C. 提供激励　　　D. 以上都对

二、计算题

1. 已知某商品的需求方程和供给方程分别为: $Q^d = 14 - 3P$, $Q^s = 2 + 6P$。试求该商品的均衡价格,以及均衡时的需求价格弹性和供给价格弹性。

2. 在某个国家,对新汽车需求的价格弹性系数 $E_d = -1.2$,需求的收入弹性 $E_m = 3.0$,请计算:

(1)其他条件不变,价格提高3%对需求的影响。

(2)其他条件不变,收入增加 2% 对需求的影响。

(3)价格提高 8% ,收入增加 10% ,2013 年新汽车销售量为 800 万辆,根据弹性系数估计 2014 年的新车销售量。

3.甲公司生产皮鞋,现价每双 600 元,2013 年的销量每月约 10000 双,2013 年 1 月,其竞争者乙公司把皮鞋价格从每双 650 元降到 550 元,甲公司 2 月份销量跌至 8000 双。请计算:

(1)甲公司和乙公司皮鞋的交叉弹性是多少?(甲公司价格不变)。

(2)若甲公司皮鞋的价格弹性系数是 -2.0 ,乙公司把皮鞋价格保持在 550 元,甲公司想把销量恢复到每月 10000 双的水平,其每双价格要降低多少?

4.已知某一时期内某商品的需求函数为 $Q^d = 50 - 5P$,供给函数为 $Q^s = -10 + 5P$ 。

(1)求均衡价格 P^e 和均衡数量 Q^e 。

(2)假定供给函数不变,由于消费者收入水平提高,使需求函数变为 $Q^d = 60 - 5P$ 。求出相应的均衡价格 P^e 和均衡产量 Q^e 。

(3)假定需求函数不变,由于生产技术水平提高,使供给函数变为 $Q^s = -5 + 5P$ 。求出相应的均衡价格 P^e 和均衡产量 Q^e 。

(4)利用(1)、(2)和(3),说明静态分析与比较静态分析的联系与区别。

(5)利用(1)、(2)和(3),说明需求变动和供给变动对均衡价格数量的影响。

三、分析讨论题

1.政府决定,应该通过减少使用汽油来减少空气污染。他们对所销售的每升汽油征收 0.5 元的税收。

(1)人们应该对生产者收税呢,还是对消费者征税?认真地用供求图形加以说明。

(2)如果汽油需求较富有弹性,这种税对减少汽油消费较有效,还是较无效?并用文字和图形作出解释。

(3)这种政策使汽油消费者受害还是受益?为什么?

(4)这种税使石油行业工人受益还是受害?为什么?

2.在一场关于学费费率的讨论中,一位大学官员争辩说,入学的需求完全缺乏弹性。他所提出的证据是,在过去的 15 年里,大学学费(实际值)已翻了一番,而申请入学学生的数量和质量都没有下降。你是否接受这一观点?

3.假设政府希望能保证城市居民都能住上合适的住房。考虑三种达到这个目的的方法。第一种方法是通过一项法律,要求所有租金削减 1/4。第二种方法是对所有建房的人提供补贴。第三种方法是直接给租房者提供补贴,其数额等于他们所支付租金的 1/4。指出每种建议在短期和长期中,对出租房的价格和数量将会产生什么影响。

4.近年来人们对于是否应该大力发展私人小轿车争论颇大,所涉及的范围也相当广。假设对小汽车进行适当限制,试分析以下几种限制办法的利弊,并加以比较。

(1)私人买车要经过有关部门批准;

(2)提高小汽车的价格;

(3)对私人小汽车征收一次性附加税或其他费用;

(4)提高汽油税。

第三章

消费者行为理论

【教学目的和要求】

通过本章的学习,理解基数效用论和序数效用论的差异,掌握消费者均衡的含义及实现条件,掌握价格变化和收入变化对消费者选择的影响,了解价格效应的进一步分解,了解风险偏好的三种类型,以及不确定性条件下的消费者选择。

【关键概念】

边际效用递减规律;无差异曲线;边际替代率;消费者均衡;恩格尔曲线;价格效应;替代效应;收入效应;消费者剩余;风险规避者;风险爱好者;风险中立者

消费者又称为居民户或家庭,是指能作出统一消费决策的经济单位。他可以是一个人,也可以是由一定的社会关系组成的家庭。但无论他及他所代表的家庭规模如何,我们都认为消费者是一个统一的整体。

消费者的经济行为体现为在一定的外在条件下根据自身的目标作出选择的过程。在这一过程中,消费者会受到两种相反力量的促动和制约:一方面,他为了自身的满足,尽可能地占有或消费商品;另一方面,消费者的收入或者获取收入的手段又是有限的。因此,消费者的选择就是要把有限的收入合理地用于各种不同的用途。基于这一点,消费者行为理论考察消费者获取商品的动机、收入约束以及两者的相互作用。

第一节 边际效用分析与消费者均衡

一、效用

所谓效用**是指消费者从消费某种商品或服务中所获得的满足。**效用是一种心理现象,是消费者对某种商品或服务的主观评价和心理感受。首先,效用存在于商品或服务本身所具有的满足人们某种欲望的物质属性。如面包可以充饥,衣服可以御寒,因而它们具有效用。其次,西方经济学家认为,某种商品或服务是否具有效用及其大小取决于消费者消费该商品或服务的主观心理感受,并且以消费者对该商品或服务具有欲望为前提,因人、因时、因地而异。如饱足状态下,食品就没有效用,喜食面食的人,面粉的效用就大于大米的效用。因此,对特定商品或服务而言,效用是消费者在一定条件下对它们满足其自身欲望的一种主观心理评价。消费者在选择消费商品或服务时总试图寻求最大的效用满足。

二、基数效用和序数效用

既然效用表示消费者消费商品或服务时获得的满足程度,而消费者在选择消费商品或服务时又试图使得这种满足程度为最大,那么我们分析消费者选择过程首先遇到的一个问题就是效用或者消费者满足程度的度量问题。在这一问题上,西方经济学家先后提出了基数效用论和序数效用论两种理论。

1. 基数效用论

基数效用论和序数效用论都是说明消费者选择的理论,两者之间的关键差别是商品给消费者带来的满足即效用是否可度量。基数效用论认为,消费者消费商品或服务所获得的满足程度即效用可以用1、2、3等基数加以表示。正如长度可以用米作单位、重量可以用千克作为单位一样,消费者消费不同商品或者不同的商品数量获得的效用满足也是可以用一个特定的单位加以度量的。有些信奉基数效用论的经济学家甚至为效用的计量单位设计了"尤特尔"(英文 util 的音译)这一名称。这样,消费拥有商品的效用可以确定地表示出来。比如,一个人吃一块巧克力的效用是 2 个尤特尔,而听一场音乐会的效用是 30 个尤特尔,如果一个消费者边吃巧克力边欣赏音乐会,那他的效用满足就是 32 个尤特尔。因此,消费者消费一定商品或服务获得的效用是所有这些商品的效用之和。类似地,由于不同消费者获得的效用具有共同的计量单位,因而不同消费者的效用可以进行加总和相互比较。

其次,基数效用论又假定随着消费者消费一种商品或服务数量的增加,消费者每增加一单位该商品或服务的消费所获得的满足程度的增加量逐渐下降。基于这一假定,基数效用论对商品的总效用和边际效用概念进行了区分,前者对应着总额,后者对应着效用的增加。这样,在收入既定的条件下,消费者会权衡这些收入的不同用途可以产生的效用,不断地调整各种商品和服务的组合。在现有条件下,如果花费同样的费用,多消费一种商品比消费另一种商品获得更多的效用,则增加第一种商品的消费,同时减少另外一种商品的消费。例如,同样是花费 5 元购买,如果你觉得吃草莓冰激凌的效用为 10,而吃巧克力冰激凌的效用只有 8,那么你当然就会购买草莓冰激凌而不购买巧克力冰激凌。很显然,消费者在进行这一调整的过程中损失掉的效用小于得到的效用,因而寻求效用最大化的消费者就会不断地进行调整,直到获得最大效用为止。这种利用增加商品消费量从而增加效用来分析消费者选择的方法就是所谓的边际效用分析方法。利用边际分析,基数效用论得出了消费者选择的最优条件,从中得到了消费者的需求曲线,并证明了需求规律。

2. 序数效用论

序数效用论是为了弥补基数效用论的缺陷而提出来的另一种研究消费者行为的理论。基数效用论的一个基本假设是,商品的效用可以计量和加总。但是序数效用论却认为,商品的效用是消费者对商品满足其欲望的一种心理评价,因而很难准确地加以衡量,更难以对不同消费者的效用进行比较和加总。于是,序数效用论假定消费者对消费商品获得的满足程度并不是准确地计量其数值,而是对消费不同商品或数量获得的效用满足按第一、第二、第三等顺序进行排序。

序数效用论认为,消费者只要能对满足程度的大小进行排序,就可以选择效用最大的商品组合。比如,同样是花费一元钱,如果消费一块巧克力带来的满足超过消费一个包子的效用,消费者自然会选择购买巧克力而不是包子。为了说明消费者的选择过程,序数效用论通常借用无差异曲线的分析方法。消费者根据不同商品或不同商品组合的效用满足大小进行排序,在收入允许的范围内选择效用等级最高的商品组合。利用上述分析,序数效用论同样得出了消费者选择最优商品数量组合的条件,并由此得出了消费者的需求曲线。

序数效用论避免了用基数来度量效用的假定,对消费者行为的限制更少,但它并没有从本质上否定基数效用论。因此,现代西方经济学沿用基数效用论的思想来理解消费者的选择过程,并把序数效用论看成是用几何方式表述的效用论。在这一意义上,本书并不过分强调基数和序数效用论的区别。

三、边际效用分析

1.总效用与边际效用

总效用是指在一定时间内消费者从消费商品或服务中所获得的满足程度的总量,用 *TU* 表示。边际效用是指在一定时间内消费者从增加一单位商品或服务的消费中所得到的效用增加量,记为 *MU*。总效用是消费者在这一时间内消费的每一单位商品或服务得到的效用总和。对特定消费者而言,总效用取决于消费者消费商品的数量。边际效用是增加的一单位商品的效用,它与以前消费的商品获得的效用无关,但与消费商品的数量有关。总效用和边际效用的概念可以借助于表 3-1 加以理解。

表 3-1 给出了李虎消费不同数量的巧克力时获得的总效用和边际效用。表中第一栏是李虎连续消费巧克力的数量,第二栏是李虎消费这些巧克力相应地获得的效用满足总量,第三栏则是他多消费一块巧克力而增加的效用满足。例如,当李虎消费 1 块巧克力时,他获得的总效用是 12 个单位,同时与原来没有消费巧克力时相比,这块巧克力的边际效用也是 12。当李虎消费 3 块巧克力时,其时获得的边际效用是总效用之间的差额,即 $28-22=6$。以此类推。

表 3-1　李虎消费巧克力的总效用和边际效用

李虎消费巧克力的数量(块)	总效用 *TU*	边际效用 *MU*
0	0	—
1	12	12
2	22	10
3	28	6
4	32	4
5	34	2
6	34	0
7	33	−1

从表中可以看到,消费者消费商品或服务获得的总效用与其消费商品的数量有关,而边际效用与既定消费数量上总效用的改变量有关。一般地,假定消费者消费一种商品或服务的数量为 Q,则可以把总效用和边际效用分别以函数的形式表达为:

$$TU = U(Q) \tag{3-1}$$

和

$$MU = \frac{\Delta TU}{\Delta Q} = MU(Q) \tag{3-2}$$

式(3-1)和式(3-2)相应地被称之为消费者消费商品的总效用函数和边际效用函数。上式中,ΔQ 表示消费者在消费商品或服务的数量 Q 之后所增加的该商品的消费量,而 ΔTU 则表示因增加 ΔQ 所带来的效用增加量。因此,一种商品的边际效用是与此前消费者已经消费的商品数量有密切的关系。

2. 边际效用递减规律

边际效用递减规律的内容是:**在一定时间内,在其他商品的消费数量保持不变的条件下,随着消费者对某种商品消费量的增加,消费者从该商品连续增加的每一消费单位中所得到的效用增量即边际效用是递减的。**从表 3-1 中还可以看出,随着消费巧克力数量由 0 不断增加到 6 块,李虎从消费巧克力中所获得的总效用是逐渐增加的,但他所获得的边际效用却是逐渐减少的。简言之,边际效用递减规律表明,在其他条件不变的情况下,一种商品或服务的边际效用随着该商品消费数量的增加而逐渐递减。

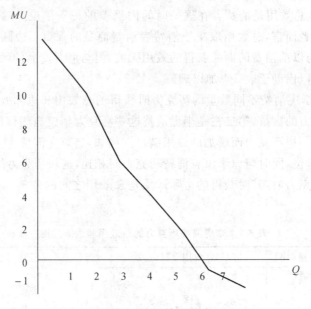

图 3-1 边际效用递减

李虎连续吃巧克力获得的边际效用服从递减规律的例子表明:当他消费第一块时,由于长期没有吃到巧克力了,故获得的满足感很大,巧克力的效用有 12 个单位之多;在吃完一块以后,再拿第二块,尽管没有吃第一块时那样好了,但毕竟两块也不算多,故这第二块给李虎带来的效用是 10 个单位,两块巧克力的总效用则达到 22 个单位。随着消费巧克力数量的增加,这种感觉会持续一段,但当他吃到第五块时,情况略微有所变化,吃巧克力的感觉确实不错,但李虎也意识到多吃也无益,这时他吃下第六块并没有再增加效用满足感。如果李虎还要继续吃,可能会有些后悔,从而使得吃 7 块巧克力的总效用下降,此时第七块带来的边际效用就可能出现负值。李虎消费巧克力获得的边际效用在图 3-1 中以曲线的形式表示出来。在边际效用递减规律的作用下,边际效用曲线向右下方倾斜,甚至可能为负值。

对于边际效用递减规律的原因,基数效用论给出了两方面的解释。一方面,从消费者的角度来看,商品被优先用于满足最重要的欲望,故最先消费的商品边际效用就大;另一方面,从商品本身对消费者所产生的重复刺激来看,随着一种商品消费数量的连续增加,消费者接受到的重复刺激的程度越来越弱。因此,边际效用服从递减规律。

对于边际效用递减规律,第一,需要指出的是,尽管这两方面的原因颇具说服力,但许多经济学家仍然认为,边际效用递减是一种心理规律,它只能通过心理感觉才能得到验证,因而,经济学中通常把它看成是一条先验的规律。第二,尽管对绝大多数消费者以他们消费的绝大多数商品或服务而言,边际效用服从递减规律,但同一个消费者在消费不同数量时边际效用递减的速度并不一定相同。例如,购买同一款式时装的女士,最初两套的边际效用可能是递减的,但边际效用的数值是大于 0 的,但第三、第四套服装的边际效用可能保持为 0。类似地,不同的消费者消费同一种商品时边际效用递减的速度更会有所不同。例如,就吃包子的边际效用递减而言,饭量大的人比饭量小的人要慢。第三,货币这一特殊的商品给消费者带来的边际效用递减速度一般会较慢,因而在理论分析和应用中有时我们把货币的边际效用视为一个常数。

现在我们认可商品的边际效用服从递减规律。于是,借助于上面的例子可以很容易地得出总效用与边际效用变动规律之间的关系。为了表述的方便起见,我们把总效用和边际效用随着消费数量变动而变动的规律一般性地描绘在图 3-2 中。在图中,边际效用曲线随着商品数量的增加而递减,而总效用曲线则呈现出先递增后下降的趋势。以李虎消费巧克力的情况为例,由于边际效用递减规律成立,李虎所获得的边际效用随着巧克力数量的增加而递减。另一方面,由于总效用是每单位巧克力获得的效用加总,也即为这些单位的边际效用之和,比如消费 3 块巧克力,其总效用为第一、第二和第三块巧克力的边际效用之和,因而只要边际效用大于零,总效用就会增加。从我们的例子中知道,李虎在消费第六块巧克力之前,每单位巧克力的边际效用都大于零,因此总效用是逐渐增加;当李虎消费巧克力的边际效用为 0 时,他获得的总效用不再增加,即已达到最大值;当他消费第七块时,边际效用出现负值,从而总效用递减。这表明,在边际效用大于 0 时总效用递增,边际效用小于 0 时总效用递减,在边际效用为 0 时总效用达到最大。

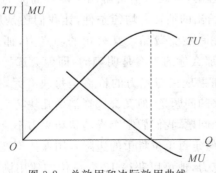

图 3-2　总效用和边际效用曲线

需要指出,当边际效用出现负数的时候,意味着消费者消费商品的数量过度。从经济决策的角度分析,理性的消费者不会把消费数量选择在边际效用为负数的地方。因此,在理论分析中我们时常认为边际效用非负,从而总效用曲线是向右上方倾斜的。

3.关于货币的边际效用

基数效用论者认为,货币如同商品一样,也具有效用。消费者用货币购买商品,就是用货币的效用去交换商品的效用。商品的边际效用递减规律对于货币也同样适用。对于一个消费者来说,随着货币收入量的不断增加,货币的边际效用是递减的。这就是说,随着某消费者货币收入的逐步增加,每增加一元钱给该消费者所带来的边际效用是越来越小的。

但是,在分析消费者行为时,基数效用论者又通常假定货币的边际效用是不变的。因为在一般情况下,消费者的收入是给定的,而且,单位商品的价格只占消费者总货币收入量中的很小部分。所以,当消费者对某种商品的购买量发生很小的变化时,所支出的货币的边际效用的变化是非常小的。对于这种微小的货币边际效用的变化,可以略去不计。这样,货币的边际效用便被假定为一个不变的常数。

四、消费者均衡

消费者追求自身的最大满足,同时也会受到收入条件的限制。经济学中,**消费者均衡是指消费者在既定收入水平和商品价格上实现效用最大化的购买行为。在均衡状态下,消费者消费一定数量的各种商品的组合,是他现有的收入条件下所能达到的最优组合,因此他既不想再增加、也不想减少任何一种商品的消费数量。**

为了得到消费者实现均衡的条件,基数效用论通常假定:第一,消费者的偏好保持不变,即消费者消费一种商品的总效用和边际效用是给定的;第二,消费者的收入保持不变;第三,消费者所消费商品的价格保持不变。

在上述条件下,基数效用论得到的消费者实现效用最大化的均衡条件是:在既定的收入约束条件下,消费者购买各种商品获得的边际效用与价格之比相等,并且都等于货币的边际效用。以消费者只消费两种商品为例。假定消费者的收入为 m,他消费价格为 P_1 和 P_2 的两种商品,则该消费者消费两种商品的最优数量 Q_1 和 Q_2 应该满足如下条件:

$$P_1 Q_1 + P_2 Q_2 = m \tag{3-3}$$

$$\frac{MU_1}{P_1} = \frac{MU_2}{P_2} = \cdots = \frac{MU_n}{P_n} \tag{3-4}$$

其中,MU_1 和 MU_2 分别是消费者消费两种商品的边际效用。

式(3-3)中的等式容易理解,它表示消费者用于两种商品的支出之和不能超过总收入。为了更好地理解式(3-4)中给出的消费者均衡条件,让我们还是从表 3-1 给出的李虎消费巧克力的例子入手。如果李虎是在免费品尝某公司的巧克力,那么我们设想他会吃几块呢?假定李虎是经济上理性的,那么你的答案是明确的,即他会选择品尝 6 块,因为再增加消费他就会感到有些吃多了。如果现在巧克力的价格是每块 3 元,这时李虎还会消费 6 块吗?答案很可能是否。随之而来的问题是,他又会选择消费几块巧克力呢?

为了方便分析这后一个问题,我们假定李虎消费巧克力不会出现财务问题,即收入不对李虎的选择构成约束,同时假定每单位货币的边际效用保持不变,比如=2。在这种情况下,如果李虎选择消费一块巧克力,他可以获得 12 个单位的效用满足。但与此同时,他必须支付这一块巧克力的费用,即 3 元钱。由于货币的边际效用为 2,因此李虎消费这块巧克力损失掉的效用是 6＝(2×3)个单位。消费巧克力的所得与付出的代价相比,李虎会选择消费这块巧克力。在吃掉第一块之后,李虎需要考虑是否购买第二块巧克力。由于已经拥有或者说已经消费掉了第一块巧克力,消费第二块可以带来的效用是 10 个单位。这时,李虎购买这一块巧克力时仍按 2 元支付费用,因而继续损失 6 个单位的效用。结果与第一块一样,他购买了这一单位。以同样的方式,李虎不断地决定是否购买下一块巧克力。在购买第三块巧克力时,李虎似乎有些犹豫,因为这时他消费第三块巧克力能获得 6 个单位的效用,但同时为第三块巧克力所支付货币使其损失 6 个单位的效用。

现在我们假想,李虎消费了三块巧克力。这之后,如果李虎继续购买第四块巧克力,那么他所得到的效用是 4 个单位,而为了这一单位支付的 3 元钱所损失掉的效用仍是 6 元,得不偿失,因而他不会继续购买第四块。这表明,李虎选择消费三块巧克力后已经不可能再增加自身的效用了,因而其最优的消费数量是 3 块。不难发现,李虎所选择的最优消费量应当满足的条件是:6＝6,即:

$$MU_1 = \lambda P_1 \tag{3-5}$$

或者

$$\frac{MU_1}{P_1} = \lambda \tag{3-6}$$

其中,P_1 为巧克力的价格,MU_1 为李虎消费巧克力所获得的边际效用。

如果消费者不只选择一种商品,而是同时选择两种商品,消费者的选择过程与上述一种商品的情形类似。首先假定消费者把所有的收入都用来购买这两种商品,则该消费者消费两种商品的数量 Q_1 和 Q_2 满足条件:

$$P_1Q_1 + P_2Q_2 = m \tag{3-7}$$

在这一等式得到满足的条件下,若有 $\frac{MU_1}{P_1} > \frac{MU_2}{P_2}$,则意味着花费一元钱购买第一种商品获得的边际效用大于同样用一元钱购买第二种商品所能得到的边际效用。这时,如果消费者把用于购买第二种商品的一元钱转而购买第一种商品,仍不会突破收入的限制,但结果比原来要好。因为,将用于购买第二种商品的一元钱转向购买第一种商品会损失第二种商品带来的效用 $\frac{MU_2}{P_2}$,但同时通过增加第一种商品消费所能增加的效用为 $\frac{MU_1}{P_1}$,后者大于前者。故,消费者会因为这种调整而使得自身的效用满足增加。

随着第一种商品消费数量的增加,由于边际效用递减规律的作用,$\frac{MU_1}{P_1}$ 会逐渐下降,同时随着第二种商品数量的减少,$\frac{MU_2}{P_2}$ 逐渐增加,从而消费者的上述调整将会促使两者相等。消费者一旦将其购买商品的组合调整到 $\frac{MU_1}{P_1} = \frac{MU_2}{P_2}$ 时,他便获得了最大的效用。

相反,如果有 $\frac{MU_1}{P_1} < \frac{MU_2}{P_2}$,则消费者会通过减少第一种商品同时增加第二种商品的消费来使得总效用获得增加。因此,只有当两者相同时,消费者才会获得最大效用。所以,消费者实现效用最大化的均衡条件是式(3-6)成立,即每单位货币购买两种商品中的任何一种商品所能获得的边际效用都相等。

更一般地,如果消费者消费价格分别为 $P_1, P_2, \cdots, P_n$ 的 n 种商品,那么他选择的 n 种商品最优的消费数量 $Q_1, Q_2, \cdots, Q_n$ 满足如下条件:

$$\frac{MU_1}{P_1} = \frac{MU_2}{P_2} = \cdots = \frac{MU_n}{P_n} = \lambda \tag{3-8}$$

$$P_1Q_1 + P_2Q_2 + \cdots + P_nQ_n = m \tag{3-9}$$

其中,$MU_1, MU_2, \cdots, MU_n$ 分别是 n 种商品给消费者带来的边际效用,λ 为货币的边际效用。上式表明,在满足收入约束条件下,消费者用一单位货币购买任何一种商品所得到的边际效用都相等,并且均等于货币的边际效用。

五、需求曲线的推导

现在我们可以说明需求曲线的来源问题了。从理论上讲,分析消费者行为的目的在于得到消费者的需求曲线,从而揭示需求曲线背后的问题。基数效用论在分析消费者均衡条件的基础上推导出了消费者的需求曲线。

以最简单的消费者只消费一种商品的情形为例。这时,消费者实现效用最大化的均衡条件由式(3-6)给出,即对应于商品某一特定的价格,消费者按每单位货币购买到的商品所获得的边际效用等于货币的边际效用来选择消费商品的数量。这一条件是以商品的价格保持不变为前提的。现在假定商家不断变更价格,那么消费者也会相应地根据这一价格按式(3-6)决定最优的消费量。

继续以李虎消费巧克力的情形为例。如前所述,当价格为 0 时,即巧克力免费品尝,李虎经济上最合理的消费量是 6 块;如果巧克力的价格是 3 元,则李虎最优的消费数量是 3。利用同样的分析,如果巧克力的价格是 1 元,则在货币的边际效用为 2 的条件下,每购买一块,李虎损失掉的货币带来的效用为 2。只要购买一块巧克力获得的效用满足能补偿货币带来的效用损失,那么李虎就会购买它们。因此,在巧克力价格为 1 元时,李虎选择的消费数量为 5 块。当价格为 2 元时,李虎选择消费 4 块。以此类推,如表 3-2 所示。

从表 3-2 可以看到,在其他条件不变的情况下,随着巧克力的价格变动,李虎所选择的巧克力的消费数量也随之变动。例如,当价格是 1 元时,消费者选择消费 5 块;当价格为 2 元时消费 4 块;价格为 3 元时,消费 3 块;等等。不难发现,表中的第一和第五栏恰好相互对应。同时应注意到,消费者选择的消费数量是收入约束条件下实现效用最大化的商品购买量,即愿意并且能够购买的数量。因此,表中第一栏和第五栏构成了一个需求表。利用这一表格,可以得到李虎对巧克力的需求曲线,如图 3-3 所示。

表 3-2　李虎对巧克力的需求

消费巧克力的数量 Q(块)	获得的总效用 TU	边际效用 MU	货币的边际效用 λ	巧克力的价格 P(元)
0	0	—	2	>6
1	12	12	2	6
2	22	10	2	5
3	28	6	2	3
4	32	4	2	2
5	34	2	2	1
6	34	0	2	0
7	33	-1	2	—

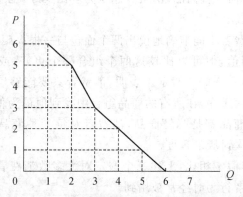

图 3-3　从消费者均衡条件推导的需求曲线

对应于一个特定的价格,比如 $P=3$,消费者选择的消费数量 $Q=3$,这一数量是通过下列方式得到的,即这一单位商品的边际效用与价格之比恰好等于货币的效用。因此,商品价格与需求量之间的对应关系由式(3-10)决定:

$$\frac{MU}{P}=\lambda \tag{3-10}$$

它给出了消费者的需求函数的一般表示。

第二节　无差异曲线分析与消费者均衡

一、消费者偏好

序数效用论者认为,商品给消费者带来的效用大小用顺序或等级来表示。为此,序数效用论者提出了消费者偏好的概念。所谓偏好,就是爱好或喜欢的意思。序数效用论者认为,对于各种不同的商品组合,消费者的偏好程度是有差别的,正是这种偏好程度的差别,反映了消费者对这些不同的商品组合的效用水平的评价。具体地讲,给定 A、B 两个商品组合,如果某消费者对 A 商品组合的偏好程度大于 B 商品组合,也就是说,这个消费者认为 A 组合的效用水平大于 B 组合,或者说,A 组合给该消费者带来的满足程度大于 B 组合。

序数效用论者提出了关于消费者偏好的三个基本的假定:

假定一:偏好的完备性

消费者对任意的商品组合都可以进行排序。比如,对于任意两个商品组合 A 和 B,消费者可以断定,要么对 A 的偏好大于对 B 的偏好、要么对 A 的偏好小于对 B 的偏好、要么对 A 和 B 的偏好一样好或者说对 A 和 B 的偏好无差异。

假定二:偏好的可传递性

可传递性指对于任意三个商品组合 A、B 和 C,如果消费者对 A 的偏好大于对 B 的偏好,对 B 的偏好大于对 C 的偏好,那么,在 A,C 这两个组合中,消费者必定有对 A 的偏好大于对 C 的偏好。偏好的可传递性假定保证了消费者偏好的一致性,因而也是理性的。

假定三:偏好的非饱和性

在其他商品数量相同的条件下,消费者更偏好数量大的商品组合,消费者对商品的拥有没有饱和,或者说,对于任何一种商品,消费者总认为多比少好,也意味着消费者认为值得拥有的商品是"好的商品"。

假定一是说,尽管消费者不能准确地说出两个面包与一根火腿肠,以及两个包子与一碗粥这两个商品组合的效用值,但可以比较这两个组合哪个更好,或者(两个面包,一根火腿肠)与(两个包子,一碗粥)一样好。假定二表明,消费者只要能够对任意两个商品组合进行排序,那么他可以通过两两排序,在所有的商品组合中找到他最为偏好的商品组合。假定三则意味着,消费者选择的商品都是"好"商品,消费者对每一种商品的消费尚处于未饱和状态,即商品还没有多到令人讨厌的程度。

与基数效用论的基本假定相比,上述三个假定对大多数消费者而言并不过分严格。因此,这些假设在分析消费者行为时经常被用到。

二、无差异曲线

在上述假定的基础上,可以运用无差异曲线表示消费者对商品组合的偏好。

1. 无差异曲线的定义

无差异曲线是能够给消费者带来相同满足程度的不同数量的商品组合描述出来的曲线。例如,某一消费者选择消费巧克力和游戏光盘。A=(15,10)表示消费者可以得到15块巧克力和10张光盘,B=(12,15)表示12块巧克力和15张光盘。消费者认为,与 A 相比,B 中尽管巧克力的数量减少了,但光盘数量的增加可以弥补这一缺憾。因而在他看来,巧克力和光盘的这两种组合具有相同的吸引力,或者说两者无差异。这时,尽管该消费者可能无法准确地说明这两个组合给他带来效用的具体数值,但当被问及是喜欢 12 块巧克力以及 15 张光盘,还是更喜欢 15 块巧克力以及 10 张光盘时,他的回答是无所谓。

我们把类似的点描述出来,就是该消费者的无差异曲线,如图 3-4 所示。图中的无差异曲线表示了这一消费者对巧克力和光盘组合的偏好。由于消费者对 A=(15,10)和 B=(12,15)所表示的巧克力光盘组合无差异,即两者给消费者带来相同的满足,因而对于这一消费者而言,A 与 B 位于同一条无差异曲线上。类似地,把所有与 A 具有相同满足程度的巧克力和光盘组合点 C、D 等描述出来,并连成曲线,那么该曲线就是一条无差异曲线。

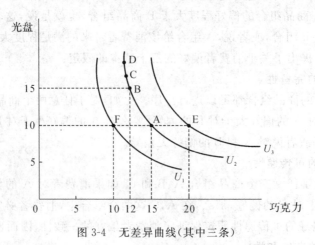

图 3-4 无差异曲线(其中三条)

很显然,如果把最初的巧克力与光盘的组合选定为 E=(20,10),类似于上述方式,可以得到另外的一条无差异曲线。因此,无差异曲线有无数多条,图 3-4 给出了其中的三条。

2.无差异曲线的基本特征

无差异曲线通常具有以下的基本特征:

(1)无差异曲线有无数多条,每一条代表着消费者消费商品组合的一个效用水平,并且离原点越远,无差异曲线代表的效用水平就越高。这是因为,只要可供消费者选择的商品数量是无限的,而消费者更偏好于数量大的商品组合,那么数量大的商品组合就可以给消费者带来更大的满足,从而处于更高的效用等级。如图 3-4 中 E 点所在的无差异曲线比 A 点所在的无差异曲线代表更高的效用水平。

(2)任意两条无差异曲线不会相交。如图 3-5 所示,如果两条无差异曲线相交于 A 点,而 B 和 C 又分别处于这两条不同的无差异曲线上,则根据无差异曲线的定义,商品组合 B 与 A 具有相同的效用水平,C 与 A 具有相同的效用水平,从而 A、B 和 C 三者处于相同的效用等级。但是,C 所包含的两种商品的数量均大于 B 包含的两种商品的数量,从而根据消费者更偏好于数量大的商品组合这一假定,C 给消费者带来的效用满足程度大于 B。这在逻辑上就出现了错误。因此,任意两条不同的无差异曲线不可能相交。

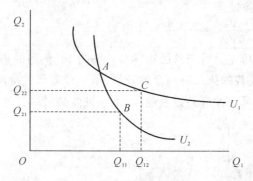

图 3-5　无差异曲线不能相交

(3)无差异曲线向右下方倾斜,并且凸向原点。在图 3-4 中,每一条无差异曲线都是一条向右下方倾斜并且凸向原点的曲线。这并不是偶然的。无差异曲线向右下方倾斜,意味着随着一种商品数量的增加,减少另一种商品的数量,消费者也可以获得与原来相同的满足程度。换一句话说,在效用水平保持不变的条件下,一种商品数量的减少可以通过增加另一种商品的消费数量而得到弥补。试想,如果一条无差异曲线向右上方倾斜,那么处于这条曲线右上方的商品组合点包含的商品数量更大,从而根据消费者行为的基本假设,消费者就会更加偏好这一组合。这一结果与无差异曲线的定义相矛盾。因此,无差异曲线向右下方倾斜。

无差异曲线向右下方倾斜的另一种表述是其斜率为负值。至于无差异曲线凸向原点,则需要借用无差异曲线斜率的变动加以说明。下面我们专门讨论这一点。

三、商品的边际替代率

1.定义

正如前文所言,在一条无差异曲线上,消费者因一种商品数量的减少而造成的损失可以由另外一种商品的增加而得到弥补。这说明,在既定的效用水平保持不变的条件下,消费者可以用一种商品代替另一种商品。在西方经济学中,一种商品对另一种商品的替代能力由边际替代率来度量。

一种商品对另外一种商品的边际替代率定义为:**在效用水平或满足程度保持不变的条件下,消费者增加一单位某种商品的消费可以代替的另一种商品的消费数量,简称为边际替代率**。假定消费者消费两种商品,其消费数量分别为 Q_1 和 Q_2,此时消费者对第一种商品的改变量(比如增加量)为 ΔQ_1,它可代替的第二种商品的数量为 ΔQ_2。以 MRS_{12} 代表第一种商品对第二种商品的边际替代率,则边际替代率可以用公式表示为:

$$MRS_{12} = -\frac{\Delta Q_2}{\Delta Q_1} \tag{3-11}$$

其中负号表示,在效用水平保持不变的条件下,第一种商品数量增加,则第二种商品数量减少。同时添加一个负号使得边际替代率可以在正值的意义上加以讨论。

继续以消费者选择巧克力和游戏光盘的情况为例,如图 3-6 所示。对于该消费者而言,由于他认为 13 块巧克力以及 12 张光盘与 15 块巧克力以及 10 张光盘可以带来相同的满足程度。因此,若增加 2 块巧克力,该消费者愿意放弃 2 张光盘,这时的巧克力对光盘的边际替代率为:

$$MRS_{12} = -\frac{\Delta Q_2}{\Delta Q_1} = -\frac{-2}{2} = 1$$

即对该消费者而言,巧克力对光盘的边际替代率为 1。商品的边际替代率度量了增加第一种商品的一单位可以代替的第二种商品的数量:第一种商品数量越少,第一种商品对第二种商品的替代能力越强;第一种商品数量越大,第一种商品对第二种商品的替代能力越弱。

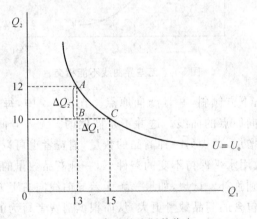

图 3-6　商品的边际替代率

从图 3-6 也可以看出,商品的边际替代率与无差异曲线的斜率密切相关。无差异曲线越平缓,第一种商品对另一种商品的边际替代率越小;相反,无差异曲线越陡峭,第一种商品对另一种商品的边际替代率越大。

2. 边际替代率递减

边际替代率反映消费者增加一单位一种商品而愿意放弃的另外一种商品的数量。很显然,商品的边际替代率与消费者拥有的该商品及其可以替代的另外一种商品的数量有关。商品的边际替代率与消费商品数量之间的关系可以概括为边际替代率递减规律。

边际替代率递减规律是指:**在保持效用水平或满足程度不变的条件下,随着一种商品消**

费数量的增加,消费者增加第一单位该商品而愿意放弃的另一种商品的消费数量是逐渐减少的,即随着一种商品数量的增加,它对另外一种商品的边际替代率递减。例如,在图 3-4 中,消费者由 D 点经 C、B 到 A,消费者为多得 1 块巧克力而愿意放弃的光盘的数量会越来越少。

边际替代率递减的原因是容易理解的。在保持消费者效用水平不变的前提条件下,消费者增加一种商品的消费,则可以减少第二种商品的消费数量。随着第一种商品消费量的增加,第二种商品消费量逐渐减少,结果第一种商品相对充裕,第二种商品相对稀缺,因而消费者就会更偏爱第二种商品。这时,只有得到更多的第一种商品,消费者才愿意放弃相对稀缺的第二种商品。在上面巧克力与光盘的例子中,如果消费者已经拥有了很多的巧克力而光盘的数量很少,那么消费者宁愿要多一点的光盘,从而只有较多的巧克力才能换取他的一张光盘,即单位巧克力对光盘的替代能力越来越小。

借用边际效用递减规律,商品的边际替代率递减规律可以得到进一步的解释。事实上,在保持效用水平不变的条件下,消费者增加第一种商品的消费量所增加的效用恰好弥补第二种商品消费量减少所降低的效用。假定第一种商品改变 ΔQ_1,则消费者的效用改变量为 $MU_1 \cdot \Delta Q_1$,由此引起的第二种商品数量改变 ΔQ_2 对效用的影响为 $MU_2 \cdot \Delta Q_2$。在保持效用水平不变的条件下,两者必然抵消,于是有:

$$MU_1 \cdot \Delta Q_1 + MU_2 \cdot \Delta Q_2 = 0 \tag{3-12}$$

从中得到:

$$MRS_{12} = -\frac{\Delta Q_2}{\Delta Q_1} = \frac{MU_1}{MU_2} \tag{3-13}$$

式(3-13)表明第一种商品对第二种商品的边际替代率与第一种商品的边际效用成正比,与第二种商品的边际效用成反比。如果消费者消费商品获得的满足程度服从边际效用递减规律,那么随着第一种商品数量的增加,消费者每增加一单位商品消费获得的满足程度增加量就越小,从而这一单位商品对另外商品的替代数量就越小;同样,随着第二种商品数量的减少,消费者越偏好该商品,增加一单位该商品所获得的满足程度越大,就越不容易被其他商品所替代,从而第一种商品对第二种商品的替代数量越小。因此,商品的边际替代率递减。

序数效用论者运用边际替代率来分析消费者行为,而基数效用论者运用边际效用来分析消费者行为,但两者并不是对立的,他们的本质是相同的。边际替代率与边际效用之间的关系说明了这一点。

假设效用函数为 $U=U(Q_1,Q_2)$,则 $U=U(Q_1,Q_2)=U_0$(常数)代表一条特定的无差异曲线。在等式两边取全微分,有:

$$\frac{\partial U}{\partial Q_1}dQ_1 + \frac{\partial U}{\partial Q_2}dQ_2 = 0 \tag{3-14}$$

由于效用函数的偏导数即为商品的边际效用,则上式可以改写为:

$$MU_1 dQ_1 + MU_2 dQ_2 = 0 \tag{3-15}$$

即:

$$-\frac{dQ_2}{dQ_1} = \frac{MU_1}{MU_2} \tag{3-16}$$

从而

$$MRS_{12} = -\frac{\mathrm{d}Q_2}{\mathrm{d}Q_1} = \frac{MU_1}{MU_2} \tag{3-17}$$

这说明,第一种商品对第二种商品的边际替代率,与第一种商品的边际效用成正比,与第二种商品的边际效用成反比。

上述公式说明了边际替代率递减与边际效用递减之间的关系:边际效用递减规律保证了边际替代率递减规律的成立。事实上,随着第一种商品对第二种商品的替代,Q_1 逐渐增加,Q_2 逐渐减少。由于边际效用递减规律的作用,在 Q_1 逐渐增加时 MU_1 逐渐降低,在 Q_2 逐渐减少时 MU_2 逐渐增加。这就使得边际替代率递减。

既然商品的边际替代率是递减的,而边际替代率又是无差异曲线斜率的绝对值,因此,无差异曲线斜率的绝对值是逐渐递减的。这表明,随着第一种商品数量的增加,无差异曲线越来越平缓,从图形上来看,就是无差异曲线凸向原点。这说明无差异曲线的第三个性质由商品的边际替代率递减规律得到保证。

3. 边际替代率与无差异曲线的形状

需要指出,在一般情况下,商品的边际替代率逐渐递减,无差异曲线凸向原点,但也有边际替代率为零、常数和无穷大三种特殊的情形。当边际替代率为零时,无差异曲线为一条水平的直线;当边际替代率为常数时,则无差异曲线是一条向右下方倾斜的直线;当边际替代率为无穷大时,无差异曲线是垂直的直线。图 3-7 中两幅图表示出了这三种特殊情况。

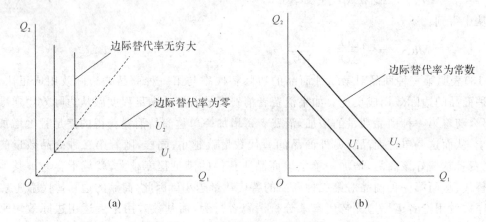

图 3-7 无差异曲线的特殊情况

图 3-7(a)表示了两种商品完全互补或者完全不能替代的情况。比如,如果认为镜框和镜片可以作为两种商品的话,则消费眼镜的人描绘的无差异曲线具有(a)幅所示的形状,此时一副眼镜框与两个眼镜片相搭配,可以给消费者带来一定的满足。但是,两个镜片配上三副镜框也只能起一副眼镜的作用。图 3-7(b)则是两种商品完全替代的情况。例如,一个对雪碧和可乐口味极不挑剔的人就会认为一听雪碧与一听可乐一样,即雪碧对可乐的边际替代率等于1。

尽管无差异曲线有上述的特殊情况,但在理论分析中,通常认为它们具有图 3-4 所描绘的特征。

四、预算约束

消费者选择行为主观上被偏好所左右,客观上又要受到一定的收入水平的限制。在讨论了消费者的偏好之后,接下来我们说明既定收入对消费者行为的限制。

1.预算约束线

预算约束线表示在消费者的收入和商品价格既定的条件下,消费者的全部收入所能购买到的各种商品不同数量组合的轨迹。

继续以消费者消费两种商品为例。假定消费者的收入为 m,消费者面对的两种商品的价格分别为 P_1 和 P_2,它们都是既定的。如果消费者选择消费商品的数量分别为 Q_1 和 Q_2,那么消费者用于第一种商品的支出为 P_1Q_1,用于第二种商品的支出为 P_2Q_2,因此收入对消费者购买两种商品的数量 Q_1 和 Q_2 的限制可以表示为:

$$P_1Q_1 + P_2Q_2 = m \tag{3-18}$$

式(3-18)即为消费者的预算约束方程。

如图 3-8 所示。在消费者的收入和商品价格既定的条件下,消费者的预算约束线是一条向右下方倾斜的直线。

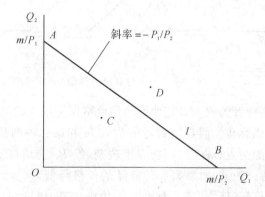

图 3-8　消费者的预算约束线

在图中,坐标平面第一象限表示出了可供消费者选择的两种商品的数量组合的空间,而由 AB 构成的预算线 I 把这一空间划分为三个区域:预算约束线与坐标轴之间、预算约束线上以及预算约束线之外的区域。在预算约束线与坐标轴之间的范围内,消费者的全部收入购买其中任意商品组合点比如 C 之后仍有剩余。而在预算约束线 I 之外,比如 D 点,在商品价格既定的条件下,消费者的全部收入不足以购买到这些数量的商品。因此,预算约束线给出了消费者在既定收入下可以购买到的两种商品"最大"的数量组合。

根据预算约束线的方程式(3-18)可以知道,预算约束线与横轴的交点 B 决定的第一种商品的数量为 (m/P_1),它表示消费者将全部收入用来购买第一种商品可以得到的最大数量;同样,预算约束线与纵轴的交点 A 决定了消费者将全部收入用来购买第二种商品可以得到的最大数量为 (m/P_2)。预算约束线的斜率为 $(-P_1/P_2)$,即预算约束线的斜率可以表示为两种商品价格之比的负值。

2.预算线的变动

由上述分析可以看出,消费者的预算约束线是以消费者的收入和商品价格既定为条件的。因此,当消费者的收入和商品的价格发生变动时,消费者的预算约束线也会随之变动。下面我们分析不同情况下预算约束线的变动。

第一种情况是,在两种商品的价格保持不变的条件下,如果消费者的收入发生变化,那么消费者的预算约束线将会平行移动。具体来说,在商品价格保持不变的条件下,如果消费者的收入增加,则消费者的预算约束线向右上方平行移动;如果消费者的收入减少,则预算约束线向左下方平行移动。这是因为,消费者的收入增加,消费者可购买商品的范围扩大;消费者的收入减少,消费者可购买商品的范围缩小。但同时,由于商品的价格不变,则预算约束线的斜率($-P_1/P_2$)不变。因而,消费者的收入变化只能引起预算约束线的截距(m/P_1和m/P_2)的变化,即预算约束线平行移动。如图 3-9(a)所示,消费者收入增加,预算约束线由 I 平移到 I_1;消费者收入减少,预算约束线由 I 平移到 I_2。

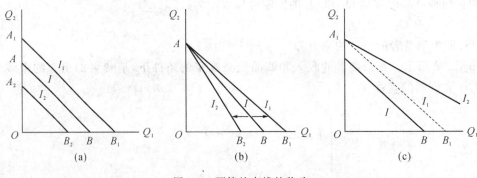

图 3-9　预算约束线的移动

第二种情况是,在消费者的收入和其他商品的价格保持不变的条件下,一种商品价格的变动将会使得预算约束线旋转。假定消费者的收入 m 和第二种商品的价格 P_2 保持不变,那么预算约束线与纵轴的交点(m/P_2)不会发生改变,但 P_1 变动将使得预算约束线与横轴的交点(m/P_1)发生变动。于是,如果第一种商品的价格降低,预算约束线将会以其与纵轴的交点为中心向右上方旋转;反之,第一种商品的价格提高,预算约束线将会以这一交点为中心向左下方旋转。如图 3-9(b)所示,在消费者收入和第二种商品的价格保持不变的条件下,第一种商品价格下降使得预算约束线由 I 旋转到 I_1;反之,第一种商品价格上升使得预算约束线由 I 旋转到 I_2。

第三种情况是,如果所有商品的价格以及消费者的收入按同一比例发生变动,那么消费者的预算约束线位置不发生变动;如果商品价格以及消费者收入发生相对变化,那么预算约束线的位置发生的变动可以分解为上述第一和第二种情况。如图 3-9(c)所示。一条直线的变动可以一般性地表示为由 I 变动到 I_2,此时预算约束线的斜率和截距都发生了变动。对应于这种情况,我们可以作出一条辅助的预算约束线 I_1,使得它与预算约束线 I 平行,并且与 I_2 在纵轴的交点重合。于是,商品价格和消费者收入的变动引起预算约束线由 I 移动到 I_2 可以理解为,首先是在价格不变的条件下收入变动使得预算约束线由 I 平移到 I_1,然后是在收入和其他商品价格不变的条件下一种商品价格变动使得预算约束线再由 I_1 旋转到 I_2。

基于上述分析,当下文中涉及收入或商品价格变动对消费者预算约束线影响的时候,我们通常以第一和第二种情况为例加以说明,即分别考察商品价格保持不变而只有收入变动以及收入和其他商品价格不变而一种商品价格变动这两种情形,并且在后一种情形中,通常认为只有第一种商品的价格发生变动。

五、消费者均衡

在已知消费者的偏好和预算约束的前提下,就可以分析消费者对最优商品组合的选择。具体的做法是,把前面考察过的消费者的无差异曲线和预算约束线(简称"预算线")结合在一起,来分析消费者追求效用最大化的购买选择行为。

消费者的最优购买行为必须满足两个条件:第一,最优的商品购买组合必须是消费者最偏好的商品组合。也就是说,最优的商品购买组合必须是能够给消费者带来最大效用的商品组合。第二,最优的商品购买组合必须位于给定的预算线上。

关于第二点,只要再看一下图 3-8 中被预算线划分的三个区域,马上就可以明白。这就是:预算线左边的区域中的任何一个商品组合都是不可取的,因为,消费者的收入未花完,消费者应该将其全部收入都用于实现效用最大化的目标上。而预算线右边的区域中的任何一个商品组合对于消费者来说都是不现实的,或者说,都是无力购买的。所以,最优的购买组合只能出现在预算线上。

下面,利用图 3-10 来具体说明消费者的最优购买行为。首先,把要分析的问题准确表述如下:假定消费者的偏好给定,再假定消费者的收入和两种商品的价格给定,那么,消费者应该如何选择最优的商品组合,以获得最大的效用呢?认真考虑一下这个问题,可以得到以下两点:第一,消费者偏好给定的假定,意味着给定了一个由该消费者的无数条无差异曲线所构成的无差异曲线簇。为了简化分析,我们从中取出三条,这便是图 3-10 中三条无差异曲线 U_1、U_2 和 U_3 的由来。第二,消费者收入和两商品价格给定的假定,意味着给定了该消费者的一条预算线,这便是图 3-10 中唯一的一条预算线 AB 的由来。

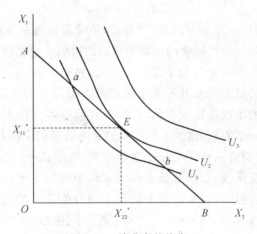

图 3-10 消费者的均衡

在图 3-10 中找出该消费者实现效用最大化的最优商品组合。面对图 3-10 中的一条预算线和三条无差异曲线,我们说,只有预算线 AB 和无差异曲线 U_2 的相切点 E,才是消费者在给定的预算约束下能够获得最大效用的均衡点。在均衡点 E 处,相应的最优购买组合为 (X_{11}^*, X_{22}^*)。

为什么唯有 E 点才是消费者效用最大化的均衡点呢?这是因为,就无差异曲线 U_3 来说,虽然它代表的效用水平高于无差异曲线 U_2,但它与既定的预算线 AB 既无交点又无切点。这说明消费者在既定的收入水平下无法实现无差异曲线 U_3 上的任何一个商品组合的购买。就无差异曲线 U_1 来说,虽然它与既定的预算线 AB 相交于 a、b 两点,这表明消费者利用现有收入可以购买 a、b 两点的商品组合。但是,这两点的效用水平低于无差异曲线 U_2,因此,理性的消费者不会用全部收入去购买无差异曲线 U_1 上 a、b 两点的商品组合。事实上,就 a 点和 b 点来说,若消费者能改变购买组合,选择 AB 线段上位于 a 点右边或 b 点左边的任何一点的商品组合,则都可以达到比 U_1 更高的无差异曲线,以获得比 a 点和 b 点更大的效用水平。这种沿着 AB 线段由 a 点往右和由 b 点往左的运动,最后必定在 E 点达到均衡。显然,只有当既定的预算线 AB 和无差异曲线 U_2 相切于 E 点时,消费者才在既定的预算约束条件下获得最大的满足。故 E 点就是消费者实现效用最大化的均衡点。

最后,找出消费者效用最大化的均衡条件。在切点 E,无差异曲线和预算线两者的斜率是相等的。我们已经知道,无差异曲线的斜率的绝对值就是商品的边际替代率,预算线的斜率的绝对值可以用两商品的价格之比来表示。

由此,在均衡点 E 有:

$$MRS_{12} = \frac{P_1}{P_2} \tag{3-19}$$

这就是消费者效用最大化的均衡条件。它表示:在一定的预算约束下,为了实现最大的效用,消费者应该选择最优的商品组合,使得两商品的边际替代率等于两商品的价格之比。也可以这样理解:在消费者的均衡点上,消费者愿意用一单位的某种商品去交换的另一种商品的数量(即 MRS_{12}),应该等于该消费者能够在市场上用一单位的这种商品去交换得到的另一种商品的数量。

六、消费者剩余

在消费者购买商品时,一方面,我们已经知道,消费者对每一单位商品所愿意支付的最高价格取决于这一单位商品的边际效用。由于商品的边际效用是递减的,所以,消费者对某种商品所愿意支付的最高价格是逐步下降的。但是,另一方面,需要区分的是,消费者对每一单位商品所愿意支付的最高价格并不等于该商品在市场上的实际价格。事实上,消费者在购买商品时是按实际的市场价格支付的。于是,在消费者愿意支付的最高价格和实际的市场价格之间就产生了一个差额,这个差额便构成了消费者剩余的基础。例如:某种汉堡包的市场价格为 3 元,某消费者在购买第一个汉堡包时,根据这个汉堡包的边际效用,他认为值得付 5 元去购买这个汉堡包,即他愿意支付的最高价格为 5 元。于是当这个消费者以市场价格 3 元购买这个汉堡包时,就从心理上获得了额外的 2 元的剩余。在以后的购买过程中,随着汉堡包的边际效用递减,他为购买第二个、第三个、第四个汉堡包所愿意支付的最高价格分别递减为 4.5 元、4.0 元和 3.5 元。这样,他为购买 4 个汉堡包所愿意支付的最高总金额为 17 元($5.0+4.5+4.0+3.5$)。但他实际按市场价格支付的总金额为 12 元(4×3 元)。两者的差额为 5 元(17 元—12 元),这个差额就是消费者剩余。也正是从这种感觉上,他认为购买 4 个汉堡包是值得的,是能使自己的状况得到改善的。由此可见,**消费者剩余是消费者在购买一定数量的某种商品时愿意支付的最高总价格和实际支付的总价格之间的差额。**

消费者剩余可以用几何图形来表示。简单地说,消费者剩余可以用消费者需求曲线以下、市场价格线之上的面积来表示,如图 3-11 中的阴影部分面积所示。具体地看,在图 3-11

中,需求曲线以反需求函数的形式给出,它表示消费者对每一单位商品所愿意支付的最高价格。假定该商品的市场价格为 P_0,消费者的购买量为 Q_0,那么,根据消费者剩余的定义,我们可以推断,在产量 O 到 Q_0 区间需求曲线以下的面积表示消费者为购买 Q_0 数量的商品所愿意支付的最高总金额(即总价格),即相当于图中的面积 $OABQ_0$;而实际支付的总金额(即总价格)等于市场价格 P_0 乘以购买量 Q_0,即相当于图中的矩形面积 OP_0BQ_0。这两块面积的差额即图中的阴影部分面积 P_0AB,就是消费者剩余。

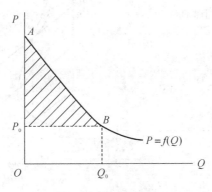

图 3-11　消费者剩余

消费者剩余也可以用数学公式来表示。令反需求函数为 $P=f(Q)$,价格为 P_0,消费者的需求量为 Q_0,则消费者剩余为:

$$CS = \int_0^{Q_0} f(Q)\mathrm{d}Q - P_0Q_0 \tag{3-20}$$

式中,CS 为消费者剩余的英文简写,式子右边的第一项即积分项表示消费者愿意支付的最高总金额,第二项表示消费者实际支付的总金额。

以上,我们利用单个消费者的需求曲线得到了单个消费者剩余,这一分析可以扩展到整个市场。相类似地,我们可以由市场的需求曲线得到整个市场的消费者剩余,市场的消费者剩余可以用市场需求曲线以下、市场价格线以上的面积来表示。

最后需要指出,消费者剩余是消费者的主观心理评价,它反映消费者通过购买和消费商品所感受到的状态的改善。因此,消费者剩余通常被用来度量和分析公共政策和社会福利。

第三节　消费者均衡的变动

一、收入变动下的消费者选择

1. 收入—消费曲线

在其他条件不变而仅有消费者的收入水平发生变化时,消费者效用最大化的均衡点的位置会发生变动,由此可以得到收入—消费曲线。**收入—消费曲线是在消费者的偏好和商品价格不变的条件下,与消费者的不同收入水平相联系的消费者效用最大化的均衡点的轨迹。**

以图 3-12 来具体说明收入—消费曲线的形成。在图 3-12(a)中,随着收入水平的不断增加,预算线由 AB 移至 $A'B'$,再移至 $A''B''$,于是,形成了三个不同收入水平下的消费者效用最大化的均衡点 E_1、E_2 和 E_3。如果收入水平的变化是连续的,则可以得到无数个这样的均衡点的轨迹,这便是图 3-12(a)中的收入—消费曲线。图(a)中的收入—消费曲线是向右上方倾斜的,它表示:随着收入水平的增加,消费者对商品 1 和商品 2 的需求量都是上升的,所以,图 3-12(a)中的两种商品都是正常品。

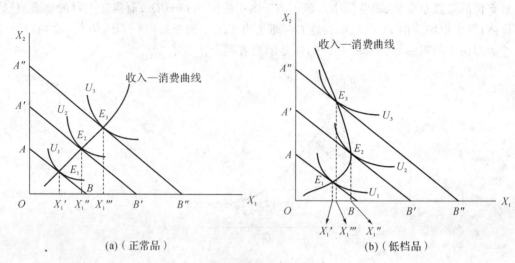

(a)(正常品) (b)(低档品)

图 3-12 收入—消费曲线

在图 3-12(b)中,采用与图 3-12(a)中相类似的方法,随着收入水平的连续增加,描绘出了另一条收入—消费曲线。但是图 3-12(b)中的收入—消费曲线是向后弯曲的,它表示:随着收入水平的增加,消费者对商品 1 的需求量开始是增加的,但当收入上升到一定水平之后,消费者对商品 1 的需求量反而减少了。这说明,在一定的收入水平上,商品 1 由正常品变成了低档品。我们可以在日常经济生活中找到这样的例子。譬如,对某些消费者来说,在收入水平较低时,土豆是正常品;而在收入水平较高时,土豆就有可能成为低档品。因为,在他们变得较富裕的时候,他们可能会减少对土豆的消费量,而增加对其他肉类与食物的消费量。

2. 恩格尔曲线

由消费者的收入—消费曲线可以推导出消费者的恩格尔曲线。**恩格尔曲线表示消费者在每一收入水平上对某商品的需求量**。与恩格尔曲线相对应的函数关系为 $X = f(I)$。其中,I 为收入水平,X_1 为某种商品的需求量。图 3-12 中的收入—消费曲线反映了消费者的收入水平和商品的需求量之间存在着一一对应的关系。以商品 1 为例,当收入水平为 I_1 时,商品 1 的需求量为 X_1';当收入水平增加为 I_2 时,商品 1 的需求量增加为 X_1'';当收入水平再增加为 I_3 时,商品 1 的需求量变动为 X_1'''……,把这种一一对应的收入和需求量的组合描绘在相应的平面坐标图中,便可以得到相应的恩格尔曲线,如图 3-13 所示。

图 3-13(a)和图 3-12(a)是相对应的,图中的商品 1 是正常品,商品 1 的需求量 X_1 随着收入水平 I 的上升而增加。图 3-13(b)和图 3-12(b)是相对应的,在一定的收入水平上,图中的商品 1 由正常品转变为低档品。或者说,在较低的收入水平范围,商品 1 的需求量与收入水平呈同方向的变动;在较高的收入水平范围,商品 1 的需求量与收入水平成反方向的变动。

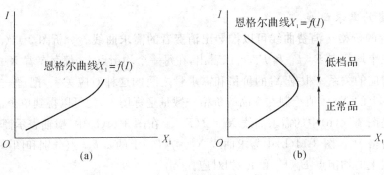

图 3-13　恩格尔曲线

二、价格变化下的消费者选择

1. 价格—消费曲线

在其他条件均保持不变时,一种商品价格的变化会使消费者效用最大化的均衡点的位置发生移动,并由此可以得到价格—消费曲线。**价格—消费曲线是在消费者的偏好、收入,以及其他商品价格不变的条件下,与某一种商品的不同价格水平相联系的消费者效用最大化的均衡点的轨迹。**具体以图 3-14 来说明价格—消费曲线的形成。

在图中,假定商品 1 的初始价格为 P_1^1,相应的预算线为 AB,它与无差异曲线 U_1 相切于效用最大化的均衡点 E_1。如果商品 1 的价格由 P_1^1 下降为 P_1^2,相应的预算线由 AB 移至 AB',于是,与另一种较高无差异曲线 U_2 相切于均衡点 E_2。如果商品 1 的价格再由 P_1^2 继续下降为 P_1^3,相应的预算线由 AB' 移至 AB'',于是,与另一条更高的无差异曲线 U_3 相切于均衡点 E_3……,不难发现,随着商品 1 价格的不断变化,可以找到无数个诸如 E_1、E_2 和 E_3 那样的均衡点,它们的轨迹就是价格—消费曲线。

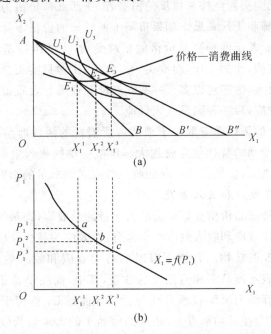

图 3-14　价格—消费曲线和消费者的需求曲线

2.消费者的需求曲线

由消费者的**价格—消费曲线可以推导出消费者的需求曲线**。分析图 3-14(a)中价格—消费曲线上的三个均衡点 E_1、E_2 和 E_3，可以看出，在每一个均衡点上，都存在着 X_1 的价格与需求量之间一一对应的关系。根据 X_1 的价格和需求量之间的这种对应关系，把每一个 P_1 数值和相应的均衡点上的 X_1 数值绘制在商品的价格—数量坐标图上，便可以得到单个消费者的需求曲线。这便是图 3-14(b)中的需求曲线 $X_1 = f(P_1)$。在图 3-14(b)中，横轴表示商品数量 X_1，纵轴表示商品价格 P_1。图 3-14(b)中需求曲线 $X_1 = f(P_1)$ 上的 a、b、c 点分别和图 3-14(a)中的价格—消费曲线上的均衡点 E_1、E_2 和 E_3 相对应。

至此，我们介绍了序数效用论者如何从对消费者经济行为的分析中推导出了对消费者的需求曲线。由图 3-14 可见，序数效用论者所推导的需求曲线一般是向右下方倾斜的，它表示商品的价格和需求量呈反方向变化。尤其是，**需求曲线上与每一价格水平相对应的商品需求量都是可以给消费者带来最大效用的均衡数量。**

三、替代效应与收入效应

一种商品价格的变动会引起该商品需求量的变动，西方经济学把价格变动对需求量的影响分解为替代效应和收入效应两个部分。

1.替代效应和收入效应的含义

在消费者收入和其他商品价格不变的条件下，一种商品的价格变动，会对消费者产生两方面的影响：一是使得商品之间的相对价格发生变动；二是使消费者的实际收入发生变化。**由于一种商品价格变动引起商品的相对价格发生变动，从而导致消费者对商品需求量的改变，被称为价格变动的替代效应；由于一种商品价格变动引起消费者实际收入变动，从而导致的消费者对商品需求量的改变，被称为价格变动的收入效应。**

例如，准备用 20 元购买西红柿和黄瓜的消费者，在西红柿价格为 4 元、黄瓜价格为 2 元时，分别购买 3 斤西红柿和 4 斤黄瓜。如果市场上西红柿的价格下降到 3 元，则西红柿相对便宜，而黄瓜相对昂贵。基于两种商品价格的相对变动，为了维持基本的蔬菜需要，这一消费者会多购买一点西红柿，比如 4 斤，而少买一点黄瓜，比如只购买 3 斤。这时，他尚有 2 元的收入。用这 2 元的收入，他还可以多买一些西红柿和黄瓜。大致说来，前一种影响就是西红柿价格下降的替代效应，后一种则是收入效应。

一种商品价格变动的替代效应取决于消费者所消费的两种商品之间可替代的程度，可替代的程度越大，价格变动的替代效应就越大。价格变动的收入效应则取决于商品的收入弹性的大小，收入弹性越大，价格变动引起的收入效应对需求量的影响就越大。

2.正常物品的替代效应和收入效应

根据上述分析，一种商品价格变动对商品需求量的总效应，即最终引起的该商品需求量的变动，可以分解为替代效应和收入效应两个部分：总效应＝替代效应＋收入效应。

以图 3-15 为例分析正常物品价格下降时的替代效应和收入效应。图 3-15 中的横轴 OX_1 和纵轴 OX_2 分别表示商品 1 和商品 2 的数量，其中，商品 1 是正常物品。在商品价格变化之前，消费者的预算线为 AB，该预算线与无差异曲线 U_1 相切于 a 点，a 点是消费者效用最大化的一个均衡点。在 a 均衡点上，相应的商品 1 的需求量为 OX_1'。现假定商品 1 的价格 P_1 下降使预算线的位置由 AB 移至 AB'。新的预算线 AB' 与另一条代表更高效用水

平的无差异曲线 U_2 相切于 b 点,b 点是商品 1 的价格下降以后的消费者效用最大化的均衡点。

在 b 均衡点上,相应的商品 1 的需求量为 OX_1'''。比较 a、b 两个均衡点,商品 1 的需求量的增加量 $X_1'X_1'''$ 为商品 1 的价格 P_1 下降所引起的总效应。这个总效应可以被分解为替代效应和收入效应两个部分。

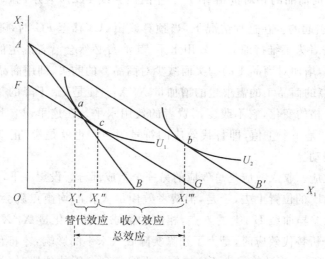

图 3-15　正常物品的替代效应和收入效应

先分析替代效应。在图 3-15 中,由于商品 1 的价格 P_1 下降,消费者的效用水平提高了,消费者的新均衡点 b 不是在原来的无差异曲线 U_1 上,而是在更高的无差异曲线 U_2 上。为了得到替代效应,必须剔除实际收入水平变化的影响,使消费者回到原来的无差异曲线 U_1 上去。要做到这一点,需要利用补偿预算线这一分析工具。

什么是补偿预算线?当商品的价格发生变化引起消费者的实际收入水平发生变化时,**补偿预算线是用来表示以假设的货币收入的增减来维持消费者的实际收入水平不变的一种分析工具**。具体地说,在商品价格下降引起消费者的实际收入水平提高时,假设可以取走消费者的一部分货币收入,以使消费者的实际收入维持原有的水平,则补偿预算线在此就可以用来表示使消费者的货币收入下降到只能维持原有的无差异曲线的效用水平(即原有的实际收入水平)这一情况。相反,在商品价格上升引起消费者的实际收入水平下降时,假设可以对消费者的损失给予一定的货币收入补偿,以使消费者的实际收入维持原有的水平,则补偿预算线在此就可以用来表示使消费者的货币收入提高到得以维持原有的无差异曲线的效用水平(即原有的实际收入水平)这一情况。

再回到图 3-15。为了剔除实际收入水平变化的影响,使消费者能够回到原有的无差异曲线 U_1 上去,其具体的做法是:作一条平行于预算线 AB',且与无差异曲线 U_1 相切的补偿预算线 FG。这种做法的含义是:补偿预算线 FG 与无差异曲线 U_1 相切,表示假设的货币收入的减少(用预算线的位置由 AB',向左平移到 FG 表示)刚好能使消费者回到原有的效用水平。补偿预算线 FG 与预算线 AB' 平行,则以这两条预算线的相同斜率,表示商品 1 价格和商品 2 价格的一个相同的比值,而且,这个商品的相对价格是商品 1 的价格 P_1 变化以后的相对价格。补偿预算线 FG 与无差异曲线 U_1 相切于均衡点 c,与原来的均衡点 a 相比,需

求量的增加量为 $X_1'X_1''$，这个增加量就是在剔除了实际收入水平变化影响以后的替代效应。

进一步地，就预算线 AB 和补偿预算线 FG 而言，它们分别与无差异曲线 U_1 相切于 a、c 两点，但斜率是不相等的。预算线 AB 的斜率绝对值大于补偿预算线 FG。由此可以推知，预算线 AB 所表示的商品的相对价格 $\dfrac{P_1}{P_2}$ 大于补偿预算线 FG 所表示的，显然，这是由于 P_1 下降而 P_2 不变所引起的。在这种情况下，当预算线由 AB 移至 FG 时，随着商品的相对价格 P_2 的变小，消费者为了维持原有的效用水平，其消费必然会沿着既定的无差异曲线 U_1，由 a 点调整到 c 点，增加对商品 1 的购买而减少对商品 2 的购买，即用商品 1 去替代商品 2。于是，由 a 点到 c 点的商品 1 的需求量的增加量 $X_1'X_1''$，便是 P_1 下降的替代效应。它显然归因于商品相对价格的变化，它不改变消费者的效用水平。在这里，P_1 下降所引起的需求量的增加量 $X_1'X_1''$ 是一个正值，即替代效应的符号为正。也就是说，正常物品的替代效应与价格呈反方向变动。

再分析收入效应。收入效应是总效应的另一个组成部分。设想一下，把补偿预算线 FG 再推回到预算线 AB' 的位置上去，于是，消费者效用最大化的均衡点就会由无差异曲线 U_1 上的 c 点回复到无差异曲线 U_2 上的 b 点，相应的需求量的变化量 $X_1''X_1'''$ 就是收入效应。这是因为在上面分析替代效应时，是为了剔除实际收入水平的影响，才将预算线移到补偿预算线 FG 的位置。所以，当预算线由 FG 的位置再回复到 AB' 的位置时，相应的需求量的增加量 $X_1''X_1'''$ 必然就是收入效应。收入效应显然归因于商品 1 的价格变化所引起的实际收入水平的变化，它改变了消费者的效用水平。

在这里，收入效应 $X_1''X_1'''$ 是一个正值。这是因为，当 P_1 下降使得消费者的实际收入水平提高时，消费者必定会增加对正常物品 1 的购买。也就是说，正常物品的收入效应与价格呈反方向变动。

综上所述，**对于正常物品来说，替代效应与价格成反方向的变动，收入效应也与价格反向变动，在它们的共同作用下，总效应必定与价格成反方向的变动**。正因为如此，正常物品的需求曲线是向右下方倾斜的。

3. 低档物品的替代效应和收入效应

商品分为正常物品和低档物品两大类。正常物品和低档物品的区别在于：正常物品的需求量与消费者的收入水平呈同方向变动，低档物品的需求量与消费者的收入水平呈反方向变动。

相应地，可以推知：当某正常物品的价格下降（或上升）导致消费者实际收入水平提高（或下降）时，消费者会增加（或减少）对该正常物品的需求量。也就是说，正常物品的收入效应与价格成反方向的变动。这就是上面的结论，也是在图 3-16 中，c 点必定落在 a、b 两点之间的原因。而对于低档物品来说，当某低档物品的价格下降（或上升）导致消费者的实际收入水平提高（或下降）时，消费者会减少（或增加）对该低档物品的需求量。也就是说，低档物品的收入效应与价格呈同方向变动。这意味着，在类似于图 3-16 的分析中，c 点的位置会发生变化。

由于正常物品和低档物品的区别对替代效应的影响没有差异，所以，对于所有的商品来说，替代效应与价格都是呈反方向变动的。

对于低档物品来说,**替代效应与价格呈反方向变动,收入效应与价格呈同方向变动,而且,在大多数场合,收入效应的作用小于替代效应的作用**。所以,总效应与价格呈反方向变动,相应的需求曲线是向右下方倾斜的。

但是,在少数场合,某些低档物品的收入效应的作用会大于替代效应的作用,于是,就会出现违反需求曲线向右下方倾斜的现象。这类物品就是"吉芬物品"。

4.吉芬物品的替代效应和收入效应

英国人吉芬于 19 世纪发现,1845 年爱尔兰发生灾荒,土豆价格上升,但是土豆需求量反而增加了。这一现象在当时被称为"吉芬难题"。这类需求量与价格呈同方向变动的特殊商品也因此被称作吉芬物品。

很清楚,吉芬物品是一种特殊的低档物品。作为低档物品,**吉芬物品的替代效应与价格呈反方向变动,收入效应则与价格呈同方向变动。吉芬物品的特殊性就在于:它的收入效应的作用很大,以至于超过了替代效应的作用**,从而使得总效应与价格呈同方向变动。这也就是吉芬物品的需求曲线呈现出向右上方倾斜的特殊形状的原因。

运用以上分析的结论就可以解释"吉芬难题"了。在 19 世纪中叶的爱尔兰,购买土豆的消费支出在大多数贫困家庭的收入中占一个较大的比例,于是,土豆价格的上升导致贫困家庭实际收入水平大幅度下降。在这种情况下,变得更穷的人们不得不大量地增加对劣等物品土豆的购买,这样形成的收入效应是很大的,它超过了替代效应,造成了土豆的需求量随着土豆价格的上升而增加的特殊现象。

现将本节分析正常物品、低档物品和吉芬物品的替代效应和收入效应所得到的结论综合于表 3-3。

表 3-3　商品价格变化所引起的替代效应和收入效应

商品类别	替代效应与价格的关系	收入效应与价格的关系	总效应与价格的关系	需求曲线的形状
正常物品	反方向变化	反方向变化	反方向变化	向右下方倾斜
低档物品	反方向变化	同方向变化	反方向变化	向右下方倾斜
吉芬物品	反方向变化	同方向变化	同方向变化	向右上方倾斜

第四节　　不确定条件下的消费者选择

本章之前的内容都是分析确定情况下的消费者行为,没有涉及不确定性情况下的消费者行为。然而,在现实经济生活中存在着各种不确定因素。在充满不确定因素的经济活动中,消费者在不确定情况下的态度及其行为决策,将是本节所要介绍的主要内容。

一、风险的测度

1.概率

每一种行为或事件具有多个可能的结果,其中每一结果又具有多种可能性。为了从数量上刻画风险,我们需要了解某一事件的概率。概率是指一种结果发生的可能性大小。事件结果 X 发生的概率记作 $P(X)$,它的取值为 $0\sim1$ 之间的实数并包括 0 和 1;$P(X)=0$ 或 1 分别表示结果 X 一定不发生,或者结果 X 一定发生的确定情形。例如,某公司打算研发新产品。若研发成功,公司的股票价格将会上升;否则,公司的股票价格将会下跌。如果该公司新产品研发成功的可能性只有 10%,而失败的可能性有 90%,则持有该公司股票的股东遭受损失的概率为 90%。

2.期望值

期望值是对不确定事件的所有可能结果的加权平均,权数是每一种结果的概率。期望值测度了事件结果的集中趋势,也就是人们所期望的结果的平均值。

一般而言,若某个事件 X 有 n 种结果,n 种结果的取值分别是:X_1,X_2,$\cdots$,X_n,取各个值的概率分别为 P_1,P_2,$\cdots$,P_n,则该事件 X 的期望值表示为:

$$E(X) = P_1 X_1 + P_2 X_2 + \cdots + P_n X_n,其中,P_1 + P_2 + \cdots + P_n = 1 \quad (3\text{-}21)$$

3.方差

某一不确定性事件的方差是该事件每一可能结果所取数值与期望值之差的加权平均数,用 σ^2 表示。标准差是方差的平方根,等于 σ。对于某个不确定性事件的 n 个可能的结果 $X_i (i = 1, 2, \cdots, n)$,其方差为:

$$\sigma^2 = P_1 (X_1 - E(X))^2 + P_2 (X_2 - E(X))^2 + \cdots + P_n (X_n - E(X))^2 \quad (3\text{-}22)$$

其中,$P_i (i = 1, 2, \cdots, n)$ 表示结果 X_i 发生的概率。

用方差或标准差来衡量风险,则方差或标准差越大,风险越大。

二、风险偏好

1.风险与效用

消费者的选择建立在效用的基础上。在无风险的情况下,任一种商品对消费者的效用取决于消费者所消费的数量。但面对不确定性,消费者是如何衡量自己的效用呢?

为简单起见,假定消费者的效用只与他获得的收入有关,即效用只由收入决定。我们用图 3-16 来考察消费者在面对风险时的效用情况。如图所示,横轴表示消费者的收入 X,纵轴表示消费者的效用 U。图中的效用曲线 U 表示消费者在没有风险的情况下对应每一种确定的收入水平所获得的效用。例如,当收入为 1000 元时,消费者的效用为 3;当消费者的收入为 2000 元时,消费者的效用为 6;当消费者的收入为 3000 元时,消费者的效用为 8;等等。该效用曲线与以前所讲的效用曲线一样,总效用以递减的速率增加,表明边际效用是递减的。

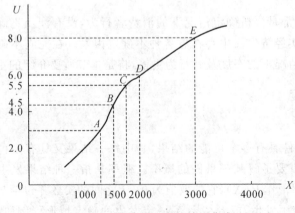

图 3-16　风险规避者的效用曲线

现在,我们假定消费者所获得的收入是不确定的。例如,某消费者当前的收入为1500元,对应的效用水平是4.5。此时,有一个新工作机会摆在他面前,这个新工作机会有一半的可能性(0.5的概率)使该消费者的收入增至3000元,同时也有一半的可能性(0.5的概率)使该消费者的收入降至1000元,此时,该如何评价新工作呢? 消费者如何选择呢? 我们用期望效用$E(U)$来表示消费者在风险条件下期望收入所获得的效用。期望效用的一般表达式如下:

$$E(U) = \sum_{i=1}^{n} P_i U(X_i) = P_1 U(X_1) + P_2 U(X_2) + \cdots + P_n U(X_n) \quad (3-23)$$

其中,$P_i(i=1,2,\cdots,n)$表示某种收入的概率。在本例中,消费者的期望收入为:

$$E(X) = 0.5 \times 3000 + 0.5 \times 1000 = 2000$$

消费者的期望效用为:

$$E(U) = 0.5 \times 8 + 0.5 \times 3 = 5.5$$

同当前工作的效用水平4.5相比,新工作的期望效用水平更高,该消费者为了增加自己的效用,必然会选择这份新工作。但是,并非所有的消费者都具有上述形状的效用曲线。由于对风险持有不同的态度,相同的事件结果和概率带给人们的效用并不一样,从而他们的决策也不相同。

2. 不同的风险偏好

如同人们对不同商品的偏好存在差异一样,人们对风险的态度(或者说是风险偏好)也迥然不同。我们根据个人承担风险意愿的差别把人们对风险的态度分为三类:**风险规避者、风险爱好者与风险中立者。**

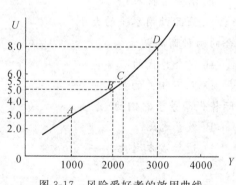

图 3-17 风险爱好者的效用曲线

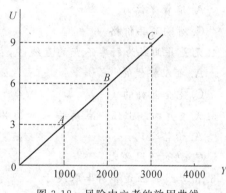

图 3-18 风险中立者的效用曲线

假定无风险条件下的确定性收入,与有风险条件下的期望收入值相等,那么,如果消费者对于确定性收入的偏好大于对有风险条件下期望收入的偏好,则该消费者是风险规避者,如图 3-16;如果消费者对有风险条件下期望收入的偏好大于对确定性收入的偏好,则该消费者是风险爱好者,如图 3-17;如果消费者对有风险条件下期望收入的偏好与对确定性收入的偏好无差异,则该消费者是风险中立者,如图 3-18。

在现实生活中,大多数人在多数情况下是风险规避者,他们会以各种方式去规避风险,但是某些人在某种情况下却喜欢冒险,如赌博、买彩票等。而真正的风险中立者可能并不多见。

3.如何应付风险

(1)**多样化**。多样化是指在所从事的活动将要面临风险的情况下,人们可以采取多样化的行动以降低风险。现实生活中,人们的很多做法都用到了以多样化达到规避风险的原理,如"不要把所有的鸡蛋放在一个篮子里"。多样化原则具有普遍意义,不仅适用于个人投资,公司的各项决策都应注意多样化原则。

(2)**购买保险**。在现实生活中,消费者总面临着风险条件下的选择,而在一般情况下,消费者都是风险规避者。在面临风险的情况下,作为风险规避者的消费者愿意放弃一部分收入去购买保险,以消除风险,从而使自己处于一种稳妥可靠的状态。

(3)**获取更多信息**。之所以存在不确定性,是因为消费者的信息不完全。如果拥有更多的信息,消费者就能够进行更好的预测,以达到降低风险的目的。

选择题

一、单项选择题

1.一个消费者想要一单位 X 商品的心情甚于想要一单位 Y 商品,原因是　　　　　(　　)

A.商品 X 有更多的效用　　　　　　　　B.商品 X 的价格较低

C.商品 X 紧缺　　　　　　　　　　　　D.商品 X 是满足精神需要的

2.总效用曲线达到顶点时　　　　　　　　　　　　　　　　　　　　　　(　　)

A.边际效用曲线达到最大值　　　　　　B.边际效用为零

C.边际效用为正　　　　　　　　　　　　D.边际效用为负

3.无差异曲线的形状取决于　　　　　　　　　　　　　　　　　　　　　(　　)

A.消费者偏好　　　　　　　　　　　　　B.消费者收入

C.所购商品价格　　　　　　　　　　　　D.商品效用水平的大小

4.无差异曲线为斜率不变的直线时,表示相结合的两种商品是　　　　　(　　)

A.可以替代的　　　　　　　　　　　　　B.完全替代的

C.完全互补的　　　　　　　　　　　　　D.互不相关的

5.无差异曲线上任一点商品 X 和商品 Y 的边际替代率等于它们的　　　(　　)

A.价格之比　　　　　　　　　　　　　　B.数量之比

C.边际效用之比　　　　　　　　　　　　D.边际成本之比

6.预算线的位置和斜率取决于　　　　　　　　　　　　　　　　　　　(　　)

A.消费者的收入　　　　　　　　　　　　B.消费者的收入和商品的价格

C.消费者的偏好,收入和商品价格　　　　D.以上三者都不是

7.商品 X 和 Y 的价格按相同的比率上升,而收入不变,预算线　　　　　(　　)

A.向左下方平行移动　　　　　　　　　　B.向右上方平行移动

C.不变动　　　　　　　　　　　　　　　D.向左下方或右上方移动

8.预算线绕着它与横轴的交点逆时针方向转动是因为(假定以横轴度量 X 的量,以纵轴度量 Y 的量)　　　　　　　　　　　　　　　　　　　　　　　　　　(　　)

A.商品 X 的价格上升　　　　　　　　　　B.商品 Y 的价格上升

C.消费者收入下降

D.商品 X 的价格不变,商品 Y 的价格上升

9. 假定 X、Y 的价格 P_X、P_Y 已定，当 $MRS_{XY} > \dfrac{P_X}{P_Y}$ 时，消费者为达到最大满足，他将（　　　）

    A. 增购 X,减少 Y　　　　　　　　　　B. 减少 X,增购 Y

    C. 同时增购 X、Y　　　　　　　　　　D. 同时减少 X、Y

10. 当消费者的偏好保持不变时,消费者（　　　）也将保持不变。

    A. 均衡点　　　　　　　　　　　　　　B. 满足

    C. 所喜爱的两种商品的无差异曲线图　　D. 购买的商品数量

11. 商品的需求价格由（　　　）决定的。

    A. 消费者的收入　　　　　　　　　　　B. 消费偏好

    C. 该商品对消费者的边际效用　　　　　D. 该商品的生产成本

12. 缘于一种商品相对价格变化导致该商品消费量的变化叫做　　　　　　　（　　　）

    A. 收入效应　　　　　　　　　　　　　B. 溢出效应

    C. 价格效应　　　　　　　　　　　　　D. 替代效应

13. 某低档商品的价格下降,在其他条件不变时　　　　　　　　　　　　　（　　　）

    A. 替代效应和收入效应相互加强导致该商品需求量增加

    B. 替代效应和收入效应相互加强导致该商品需求量减少

    C. 替代效应倾向于增加该商品的需求量,而收入效应倾向于减少其需求量

    D. 替代效应倾向于减少该商品的需求量,而收入效应倾向于增加其需求量

14. 低档商品的需求收入弹性　　　　　　　　　　　　　　　　　　　　　（　　　）

    A. 小于 0　　　　　　　　　　　　　　B. 0 与 1 之间

    C. 0　　　　　　　　　　　　　　　　　D. 1 和无穷大之间

15. 下列哪种情况不属于消费者均衡的条件　　　　　　　　　　　　　　　（　　　）

    A. $\dfrac{MU_1}{P_1} = \dfrac{MU_2}{P_2} = \cdots = \lambda$　　　　B. 货币在每种用途上的边际效用相等

    C. $MU = \lambda P$　　　　　　　　　　D. 各种商品的效用相等

16. 消费品价格变化时,连接消费者诸均衡点的线称为　　　　　　　　　　（　　　）

    A. 收入—消费曲线　　　　　　　　　　B. 需求曲线

    C. 价格—消费曲线　　　　　　　　　　D. 恩格尔曲线

17. 恩格尔曲线是从（　　　）导出的。

    A. 价格—消费曲线　　　　　　　　　　B. 收入—消费曲线

    C. 需求曲线　　　　　　　　　　　　　D. 无差异曲线

18. 需求曲线是从（　　　）导出的。

    A. 价格—消费曲线　　　　　　　　　　B. 收入—消费曲线

    C. 无差异曲线　　　　　　　　　　　　D. 预算线

19. 你为某物品付多少钱和你愿意为之付多少钱之间的区别叫　　　　　　（　　　）

    A. 总效用　　　　B. 边际效用　　　　C. 消费者需求　　　　D. 消费者剩余

20. 消费者剩余是消费者的　　　　　　　　　　　　　　　　　　　　　　（　　　）

    A. 实际所得　　　　　　　　　　　　　B. 主观感受

    C. 没有购买的部分　　　　　　　　　　D. 消费剩余部分

二、计算题

1. 若某消费者的效用函数为 $U = X^{0.4}Y^{0.6}$，$P_X = 2$，$P_Y = 3$。试求：

(1) X、Y 的均衡消费量；

(2) 效用等于 9 时的最小支出。

2. 已知某居民每月收入中的 120 元花费在 X 和 Y 两种商品上，他的效用函数为 $U = XY$，X 的价格是 2 元，Y 的价格是 3 元。试求：

(1) 为使获得的效用最大，他购买的 X 和 Y 各为多少？

(2) 假如 X 的价格提高 44%，Y 的价格不变，为使他保持原有的效用水平，收入必须增加多少？

3. 已知某居民消费的两种商品 X 和 Y 的效用函数为 $U = XY$，商品价格分别为 P_X 和 P_Y，收入为 M，请推导出该居民对 X 和 Y 的需求方程。

4. 设某消费者的效用函数为 $U = x^\alpha y^\beta$，商品 x 和商品 y 的价格分别为 P_x 和 P_y，消费者的收入为 M、α、β 为常数，且 $\alpha + \beta = 1$。

(1) 求该消费者关于商品 x 和商品 y 的需求方程；

(2) 证明当商品 x 和商品 y 的价格以及消费者的收入同时变动一个比例时，消费者对两种商品的需求维持不变；

(3) 证明消费者收入中的参数 α、β 分别为商品 x 和商品 y 的消费支出占消费者收入的份额。

5. 假定某消费者的效用函数为 $U = q^{0.5} + 3M$，其中，q 为某商品的消费量，M 为收入。试求：

(1) 该消费者的需求函数；

(2) 该消费者的反需求函数；

(3) 当 $p = \dfrac{1}{12}$，$q = 4$ 时的消费者剩余。

三、分析讨论题

1. 如果你有一辆需要四个轮子才能开动的车子有了三个轮子，那么当你有第四个轮子时，这第四个轮子的边际效用似乎超过第三个轮子的边际效用，这是不是违反了边际效用递减规律？

2. 消费品的边际替代率(MRS)的含义是什么？为什么它是递减的(其理论基础是什么)？

3. 分别用图分析正常商品、低档商品和吉芬商品的替代效应和收入效应，并进一步说明这三类商品的需求曲线特征。

4. 钻石用处较小而价格昂贵，生命必不可少的水却非常之便宜。为什么？

5. 免费发给消费者一定量的实物(如食品)与发给消费者按市场价格计算的这些实物折算的现金，哪种方法能给消费者带来更高的满足？为什么？试用无差异曲线图来说明。

6. 我国许多大城市，自来水供应紧张，请设计一种方案供政府来缓解或消除这个问题。并请回答这种措施：

(1) 对消费者剩余有何影响？

(2) 对资源的配置有何有利或不利的效应？

(3) 对于城市居民的收入分配有何影响？能否有什么补救的办法？

第四章
厂商行为理论:生产理论

【教学目的和要求】

理解生产函数的定义和要点,掌握边际技术替代率递减规律和规模报酬的内容,了解平均产出和边际产出之间的关系、平均成本与边际成本之间的关系。

【关键概念】

生产函数;生产技术;技术系数;总产量;平均产量;边际产量;等产量线;规模报酬

在对消费者的选择行为进行详细分析之后,从本章开始,我们把注意力转向生产者的行为。生产者亦称厂商,是指能够做出统一生产决策的单个经济单位。我们将要揭示供给曲线背后所隐藏的生产者行为的一般规律。

第一节 生产技术

尽管不同的厂商所采用的生产技术有很大的不同,但它们有一个共同的特征,那就是把投入转化为产出。因此,生产是把各种投入转换为产出的过程。把投入和产出联系在一起的是生产技术。例如,一个面包房,在工人的操作下,通过一定的烤制技术把一定数量的面粉和其他辅料烤制成面包。

一、生产要素

通常,经济学中把生产过程中的投入称为生产要素。生产要素一般可以划分为劳动、资本、土地和企业家才能四种类型。

(1)劳动指人们在生产过程中以体力和脑力的形式提供的各种劳务。

(2)资本指生产过程中投入的物品和货币资金等,比如厂房、机器设备、动力燃料和流动资金等。

（3）土地不仅指土地本身，还包括地上的河流、森林，地下的矿藏等，即土地泛指一切自然资源。

（4）企业家才能指建立、组织和经营企业的人员表现出来的才能。

厂商通过把这些要素组合在一起，生产出有形或无形的产品。

二、生产函数

通常，生产一种产品的生产技术方式不止一种，比如面包房可以采用劳动密集型或资本密集型的生产技术烤制面包。但对应于一个特定的生产技术而言，把投入转化为产出的过程表现为生产过程中的生产要素投入量与产出量之间的数量关系。这种数量关系可以由生产函数加以表示。

生产函数表示，在技术水平不变的情况下，一定时期内厂商生产过程中所使用的各种生产要素的数量与它们所能生产的最大产量之间的关系。生产函数反映了厂商所使用的生产技术，因而它是以一定时期内生产技术水平保持不变为条件的。同时，为了防止一定的投入数量可能对应不同的产量数值，生产函数中的函数值是现有技术条件下这些投入所能生产的最大产量，以便一个生产技术唯一地由一个生产函数加以表示。

假定生产过程中投入的劳动、资本、土地等生产要素的数量分别由 L、K、N 等符号所表示，而这些要素组合在一起所能生产的最大产出数量为 Q，那么相应的生产函数可以写成为：

$$Q = f(L, K, N, \cdots) \tag{4-1}$$

经济学分析中通常假定生产过程中只使用劳动和资本两种生产要素，因而一个特定的生产函数可以表示为：

$$Q = f(L, K) \tag{4-2}$$

对于一个特定的生产厂商而言，尽管精确地写出投入与产出的数量关系可能是困难的，有时甚至是不可能的，但生产函数关系却是普遍存在的。生产函数不仅存在于工厂中，也存在于商店或学校中。它反映的只是一个特定的生产过程中投入与产出之间的技术关系。

估算和研究生产函数，对于经济理论研究和生产实践都具有一定意义。这也是很多经济学家和统计学家对生产函数感兴趣的原因。

三、技术系数

为了生产某一单位产品，需要把各种生产要素按照一定的比例投入到生产过程中去，这种不同生产要素的组合比例，叫做技术系数。技术系数可以分为固定技术系数和可变技术系数。

所谓固定技术系数，是指在生产中各种生产要素不能互相替代，它们只能按照一个固定的比例投入到生产中去，超过这个比例的那部分生产要素不能在生产中发挥作用。例如，制衣厂的缝纫工人和缝纫机的配合比例是一比一的，20 个缝纫工人和 20 台缝纫机相结合，才能使工人和机器都得到利用。如果把 20 个缝纫工人和 30 台缝纫机投入生产，其效果与 20 个缝纫工人和 20 台缝纫机并没有什么不同。当生产中生产要素的配合比例是固定的，这种生产函数被称为固定比例生产函数。

所谓可变技术系数，是指生产中各种生产要素是可以相互替代的，生产同一数量的产品可以采用不同的生产要素比例。以生产植物油为例，它可以用劳动密集型方法去生产，采取人工压榨花生、油菜籽、大豆等；也可以用资本密集型方法去生产，使用机器压榨。这表明劳动和资本这两种生产要素可以相互替代。在大多数生产活动中，生产要素的配合比例都是可变的。

第二节　短期生产

在生产技术水平不变的条件下，既定生产要素投入的数量组合所能生产的产出量与考察时间的长短有直接的关系。这主要是因为，在不同时间范围厂商调整生产要素的数量会受到不同的限制。例如，如果我们在某一特定年份的 1 月到 6 月间考察某地种植农作物的生产活动，那么种植面积恐怕就不在农民的调整范围内；但如果我们是在一年或更长的时间范围内考察农民的生产决策，那么农作物的种植面积就是可以变动的数量。正是基于这种考虑，经济学中把生产理论区分为短期生产理论和长期生产理论。

一、短期生产的定义

经济学中所说的短期，是指生产者来不及调整全部生产要素的数量、至少有一种生产要素的数量固定不变的时期；相应于短期，生产要素可以划分为固定要素投入和可变要素投入。在短期内生产者无法调整的那些生产要素投入是不变要素投入，如机器设备、厂房以及具有特殊技能的工人或管理者等；而短期内可以调整的那些生产要素投入就是可变要素投入，如劳动、原材料等。

为了简单起见，假定厂商只使用劳动和资本这两种投入，劳动的投入量是可变的，即厂商可以根据生产的需要随时调整劳动的投入数量，但该时期内资本的投入数量无法调整，因而生产过程中的资本投入量保持不变。这时，厂商的生产函数反映了既定资本投入量下，劳动投入量与其所能生产的最大产量之间的对应关系。

假定生产过程中资本的投入量保持不变，比如 $K = \overline{K}$，则给出的生产函数可以一般地表示为：

$$Q = f(L, \overline{K}) \tag{4-3}$$

上式即为只有一种可变生产要素投入变动的短期生产函数。

二、总产量、平均产量和边际产量

根据一个可变投入与相应的产出量之间的对应关系，经济学给出了总产量、平均产量和边际产量概念。我们以劳动为例说明这些概念。

劳动的总产量是指一定的劳动投入量可以产出的最大产量，以 TP_L 表示。如果把劳动理解为生产过程中唯一的变动投入，则总产量是给出的生产函数：

$$TP_L = f(L) \tag{4-4}$$

劳动的平均产量是每单位劳动所生产出来的产量，通常记成 AP_L。用公式表示为：

$$AP_L = \frac{TP_L}{L} \tag{4-5}$$

劳动的边际产量是指增加一单位劳动投入量所增加的产量，记成 MP_L。边际产量也可以用公式表示为：

$$MP_L = \frac{\Delta TP_L}{\Delta L} \tag{4-6}$$

需要指出，上述定义并不局限于劳动。事实上，可以对任意要素投入量定义总产量、平均产量和边际产量。比如资本的总产量 TP_K、平均产量 AP_K 和边际产量 MP_K 等。这里不再重述，请读者自行给出有关它们定义的具体公式。

作为一个例子，我们考虑一小型面包作坊的生产，其劳动投入量与产出之间的关系在表4-1的第一和第二列中给出。很容易计算出相应的平均产量和边际产量，如表中的第三和第四列。

表 4-1　一种可变投入（劳动）的生产

劳动投入量(L)	总产量(Q)	平均产量(AP_L)	边际产量(MP_L)
0	0	—	—
1	10	10.0	10
2	25	12.5	15
3	35	11.7	10
4	40	10.0	5
5	42	8.4	2
6	42	7.0	0
7	41	5.9	−1

三、边际产量递减规律

在其他要素投入数量不变，只有一种生产要素变动的生产中，边际产量递减是一条重要的规律。边际产量递减规律又称为边际报酬递减规律，是指在技术水平保持不变的条件下，当把一种可变的生产要素连同其他一种或几种不变的生产要素投入到生产过程之中，随着这种可变的生产要素投入量的增加，最初每增加一单位该要素所带来的产量增加量是递增的；但当这种可变要素的投入量增加到一定程度之后，增加一单位该要素的投入数量所带来的产量增加量是递减的，即在投入增加到一定程度之后，边际产量是递减的。

理解边际收益递减规律需要注意以下三点：

（1）边际报酬递减规律发挥作用的条件是生产技术水平保持不变。技术水平不变要求生产过程中所使用的技术没有发生重大的变革。在当今实际经济中，技术进步速度很快，但就理论分析的范围而论，当厂商选择一个特定生产技术之后，如果只有一种生产要素数量可以调整，那么意味着生产处于短期，这时生产技术水平不变的假设是能够成立的。

（2）边际报酬递减规律只有在其他生产要素投入数量保持不变的条件下才可能成立。如果连同可变的生产要素一起增加其他生产要素，那么这一规律就不成立。

（3）边际产量递减发生在可变要素投入增加到一定程度之后。这就是说，最初可变投入的边际产量很可能是递增的，只有当这种投入超过一定幅度之后才有边际产量递减。对应于不同的生产，出现边际产量递减倾向时可变投入的数量也可能不一样。

在上述限制条件下,边际产量递减规律是很容易理解的。任何产品的生产需要把可变生产要素与固定不变的生产要素组合在一起。在可变要素数量很小时,相对于不变的生产要素而言,可变的生产要素投入量不足,增加一单位可变投入可以使得固定不变的要素更好地发挥作用,因而随可变要素投入量的增加,产量也会增加。但随着这种可变投入要素的不断增加,这时不变的生产要素相对不足,从而对发挥可变要素的作用形成制约。这时,增加一单位可变要素的投入量所增加的产量就会越来越小,因此出现边际产量递减趋势。

在上述条件得到满足时,边际报酬递减规律就会发挥作用,这将迫使厂商寻求可变投入要素的合理范围。

四、总产量、平均产量和边际产量曲线

边际报酬递减规律决定了总产量、平均产量和边际产量随着可变投入增加而变动的趋势。如表 4-1 所示,在边际收益递减规律的作用下,面包作坊的总产量、平均产量和边际产量呈现出一定的变动趋势。根据相关数据,我们可以把总产量、平均产量和边际产量曲线绘制在图 4-1 之中。

考察这三条曲线不难发现,它们都具有先增加后递减的趋势。出现这种趋势的原因是边际产量递减规律在发挥作用。同时,这三条曲线之间也存在密切的联系。

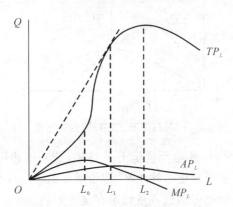

图 4-1　总产量、平均产量和边际产量曲线

(1)在边际收益递减规律作用下,劳动的边际产量曲线呈现先增加后递减的趋势。在图 4-1中,当劳动的投入数量超过 L_0 之后,劳动的边际产量呈递减趋势;当劳动增加到 L_2 时,边际产量为 0;这之后,劳动的边际产量为负数,这时增加 1 单位劳动不仅不能增加总产量,反而还会使得总产量下降。

(2)相应于先增加后递减的边际产量,总产量曲线也呈现出先增加后递减的趋势。这是因为,在边际产量大于 0 时,增加 1 单位劳动使得产量增加,因而总产量会随着这一单位劳动加入生产而增加;相反,若边际产量小于 0,增加 1 单位的劳动将使得总产量减少。这样,在劳动投入从 0 到 L_2 之间,边际产量大于 0,因而在这段区间内,劳动的总产量递增;当劳动投入量超过 L_2 之后,总产量曲线向右下方倾斜。由此可知,边际产量等于 0 的点对应的总产量为最大。另一方面,边际产量也反映了总产量变动的速度。在边际产量为正并且递增的阶段,随着劳动投入量的增加,总产量增加的速度越来越快;当边际产量递减时,总产量增

加的速度越来越慢。图 4-1 中,劳动投入量 L_0 为其分界点。

(3)对应于先增加后递减的边际产量曲线,劳动的平均产量曲线也是先增加后递减的。当边际产量大于平均产量时,增加一单位劳动所增加的产量超过平均水平,因而增加该单位劳动将使得平均产量增加;相反,如果边际产量小于平均产量,增加一单位劳动将使得平均产量趋于减少。因此,平均产量曲线与边际产量曲线一定相交于平均产量曲线的最大值点上,如图 4-1 中劳动量 L_1 的对应点。

五、生产要素的合理投入区

纵观总产量曲线、平均产量曲线和边际产量曲线及其相互关系,可以确定劳动这一可变要素投入量的合理区域。

如图 4-2 所示。在图中,劳动投入量 L_1 对应着边际产量与平均产量曲线的交点,L_2 对应着边际产量等于 0 或者说是总产量最大的点。这样,劳动的投入量被分成为三个区域:从 0 到 L_1 为第一阶段;L_1 到 L_2 为第二阶段;超过 L_2 之后为第三阶段。

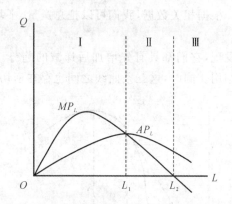

图 4-2 一种可变要素(劳动)的合理投入区

在劳动投入的第一阶段内,平均产量呈上升趋势,劳动的边际产量大于劳动的平均产量。这意味着,劳动的边际水平超过平均水平,即新增加的 1 单位劳动比现有劳动的平均水平要高,因而理性的厂商不会把劳动投入量确定在这一领域。

在劳动投入的第三阶段内,可变投入劳动的边际产量小于零,即增加投入不仅不增加产量,反而会促使产量下降,因而理性的厂商也不会把劳动投入量确定在这一阶段上。

理性的生产者只会把劳动投入量选择在第二阶段上。在劳动投入的第二阶段,劳动的投入大于平均产量与边际产量曲线的交点所对应的劳动量 L_1,但又没有到达边际产量等于 0 时对应的劳动投入量 L_2,这一区域被称为可变生产要素的合理投入区。

需要说明,生产要素的合理投入区只给出了可变要素的投入范围,但并没有确定可变要素的投入数量。事实上,可变要素投入数量的确定还与要素的价格等因素有关。直观上,劳动的工资越低,劳动投入量就越可能接近于 L_2,但不会超过这一点。

第三节　长期生产

一、等产量线

为简化起见,微观经济学通常以具有两种可变投入要素只生产一种产品的生产函数为代表来进行研究。这两种可变投入要素通常被假定为资本和劳动,并且,这两种生产要素可以互相替代,它的一般形式为:

$$Q = f(L,K) \tag{4-7}$$

（一）等产量线的定义和特征

考察长期生产函数的一种便捷的方式是用等产量曲线把生产函数转化为特定产出所需要的投入组合。

等产量曲线表示在技术水平不变的条件下,可以生产相同产量的两种生产要素不同组合所描述出来的轨迹。假定某些生产要素的组合(L,K)可以生产既定的产量Q_0,则与这一产量相对应的等产量曲线可以表示为:

$$f(L,K) = Q_0 \tag{4-8}$$

举例来说,假设有一个雇用劳动使用简单机器进行生产的制衣公司,它计划每天生产50件成衣。为了完成生产计划,该厂商可以选择雇用较多的工人,也可以选择用较少的雇员来操作较多的机器。具体数字如表4-2。

对应于表4-2,在劳动(L)和资本(K)所构成的坐标平面中,把A、B、C和D点连成一条曲线,该曲线表示了可以生产50件成衣的等产量曲线,如图4-3中Q_0所示。

表 4-2　某制衣公司生产 50 件成衣的要素投入

要素组合	劳动投入量（L）	资本投入量（K）	总产量（Q）
A	1	4.0	50
B	2	2.2	50
C	3	1.8	50
D	4	1.2	50

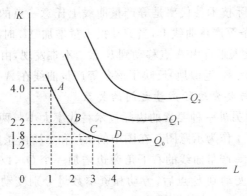

图 4-3　等产量曲线

如果厂商计划生产其他的产量比如 Q_1，那么类似于上述生产 Q_0 的情况，我们可以得出另一条等产量曲线。不难发现，等产量曲线通常具有下列特征：

(1)等产量曲线有无数条，其中每一条代表着一个产量值，并且离原点越远，等产量曲线代表的产量就越大；

(2)任意两条等产量曲线不相交；

(3)等产量曲线向右下方倾斜；

(4)等产量曲线凸向原点。

特征(1)表明，在投入组合可以任意改变的条件下，可以画出无数条等产量曲线。如图4-3中的 Q_0、Q_1 和 Q_2 等。在这些等产量曲线中，离原点越远，生产过程中所投入的劳动和资本的数量越多，从而它们所能生产的产量也就越大。

特征(2)表明，在生产技术水平既定的条件下，一个特定的生产要素组合点所生产的最大产量只能有一个数值，因而过这一点的等产量曲线也只能有一条。

特征(3)显示，随着一种生产要素投入数量的增加，另外一种生产要素投入量减少。这意味着，两种要素之间存在着替代的关系。至于特征(4)，则涉及等产量曲线的斜率。

(二)边际技术替代率

1.边际技术替代率的含义

即使假设要素投入处于合理区域之中，即等产量曲线向右下方倾斜，也不能保证等产量曲线的特征(4)得到满足，这需要借助于等产量曲线的斜率来说明。经济学中，等产量曲线的斜率对应着边际技术替代率概念。

边际技术替代率表示，在保持产量水平不变的条件下，增加一个单位的某种要素投入量可以代替的另一种生产要素的投入数量，用 $MRTS_{LK}$ 表示。例如，劳动 L 对于资本 K 的边际技术替代率表示，在生产相同产量的前提下，增加一单位劳动可以代替的资本数量，用公式表示为：

$$MRTS_{LK} = -\frac{\Delta K}{\Delta L}\Big|_{Q不变} \tag{4-9}$$

式中，ΔL 表示劳动投入的改变量，ΔK 表示相应于劳动的改变，在产量保持不变的条件下资本的改变量。通常，生产要素的投入位于合理区域之中，从而随着劳动数量的增加，资本数量会减少，即 ΔL 和 ΔK 的符号相反，因此公式中加一负号是为了使得边际技术替代率 $MRTS$ 为正值。

从几何意义上看，边际技术替代率是等产量曲线上任意一点的斜率的绝对值，如图4-4所示。在图4-4中，在一条等产量曲线上，当劳动投入量增加 ΔL 时，资本的数量相应地减少 ΔK。此时，生产要素的投入组合由 A 点移动到 B 点。不难发现，由于 A 和 B 位于同一条等产量曲线上，边际技术替代率(近似地)反映了该条等产量曲线在 A 点附近斜率的绝对值。

2.边际技术替代率与要素边际产量之间的关系

一种生产要素投入对另外一种要素的边际技术替代率大小与两种要素的边际产量存在密切的关系。继续以图4-4作为示意图。在图中的 ΔL 和 ΔK 两条虚线的交点处，增加一个字母 C。在 AB 线表示的等产量曲线的右下角旁边增加一个 Q_0，以表示一条特定的等产量曲线，当投入组合由 A 点变动到 B 点后，劳动和资本数量分别变动 ΔL 和 ΔK。设想，厂商把投入组合由 A 点调整到 B 点的过程是先从 A 到 C，再由 C 调整到 B。投入组合由 A 变动

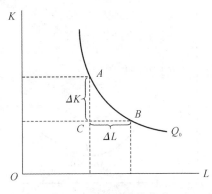

图 4-4　边际技术替代率

到 C 表明,劳动的投入量保持不变,而资本的投入量变动 ΔK。由于每单位资本的改变量对产量的影响由资本的边际产量表示,则资本投入改变 ΔK 对总产量的影响为 $MP_K \cdot \Delta K$。同样,当投入组合由 C 变动到 B 时,资本的投入量保持不变,劳动的投入量变动 ΔL。劳动改变量 ΔL 对总产量产生的影响为 $MP_L \cdot \Delta L$。另一方面,投入组合由 A 点变动到 C 点最终变动到 B 点,总产量并没有变动,这意味着劳动投入的变动对产量的影响由资本变动对产量产生的影响所抵消,即:

$$MP_L \cdot \Delta L + MP_K \cdot \Delta K = 0 \qquad (4\text{-}10)$$

从而得到:

$$MRTS_{LK} = -\frac{\Delta K}{\Delta L} = \frac{MP_L}{MP_K} \qquad (4\text{-}11)$$

式(4-11)表明,一种生产要素对另外一种生产要素的边际替代率与其本身的边际产量成正比,而与另外一种生产要素的边际产量成反比。在上述例子中,劳动对资本的边际技术替代率与劳动的边际产量成正比,劳动的边际产量越大,劳动对资本的替代能力就越大,增加一单位劳动代替的资本数量就越多;劳动对资本的边际技术替代率与资本的边际产量成反比,资本的边际产量越大,劳动就越难以替代资本,增加一单位劳动所代替的资本数量就越少。

通过边际技术替代率与要素的边际产量之间的关系式(4-11)也可以进一步加深对两种生产要素合理投入区的理解,如图 4-5 所示。事实上,在等产量曲线斜率为 0 时,劳动的边际产量为 0,如图中的 A 点。这恰好是单一要素变动时,合理的劳动投入量的最大值点。超过这一点之后,随着劳动投入量的增加,劳动的边际产量为负数,因而为了生产与 A 点相同的产量,就需要进一步增加资本的投入量,以便弥补这一产量上的损失,从而超过这一点之后,等产量曲线开始向右上方倾斜。同样,对应于等产量曲线斜率为无穷大的点,比如图 4-5 中的 B 点,资本投入量使得资本的边际产量为 0,资本的投入量超过这一点,资本的边际产量为负数。由此可见,两种生产要素的合理投入区只是把那些边际产量为负数的要素组合点排除在外。

3.边际技术替代率递减规律

边际技术替代率递减规律,是指在保持产量不变的条件下,随着一种生产要素数量的增加,每增加一单位该要素所替代的另外一种生产要素的数量是逐渐减少的,即一种要素对另

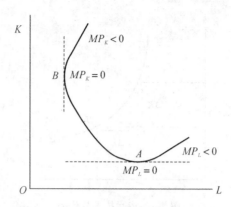

图 4-5　要素的边际产量与合理投入区

外一种要素的边际技术替代率随着该要素增加而递减。

边际技术替代率与两种生产要素边际产量之间的关系式(4-11)给出了边际技术替代率递减的解释。假定厂商处于生产要素的合理投入区内,则等产量曲线向右下方倾斜,从而随着劳动投入量的增加,在保持相同产量的条件下,资本的投入量随之减少。但另一方面,由于要素的边际产量服从递减规律,因而随着劳动投入量的增加,劳动的边际产量是递减的,即式(4-11)中的分子是递减;同时,随着这一过程中资本投入量的逐渐减少,资本的边际产量递增,即式(4-11)的分母是递增的。也就是说,随着劳动投入量增加,每增加一单位劳动所增加的边际产量越来越小,从而它所代替的资本的数量就会越来越少;同时,随着劳动对资本的替代,资本投入量越来越少,其边际产量越来越大,从而越不容易被劳动所替代。因此,劳动对资本的边际技术替代率随着劳动投入量的增加而递减。

由于边际技术替代率为等产量曲线斜率的绝对值,因而边际技术替代率递减规律决定了等产量曲线凸向原点。

最后需要指出的是,边际技术替代率递减规律发生在两种生产要素之间存在替代而且不完全替代的情形中。如果两种生产要素按相同的比例相互替代,则等产量曲线是一条向右下方倾斜的直线,如图 4-6(a)所示,此时两种要素的边际技术替代率保持不变;如果两种生产要素不能相互替代,则等产量曲线要么平行于横轴,要么平行于纵轴,如图 4-6(b)所示,此时边际技术替代率为 0 或者是无穷大。不过,这些情况通常被看作是等产量曲线的特例。

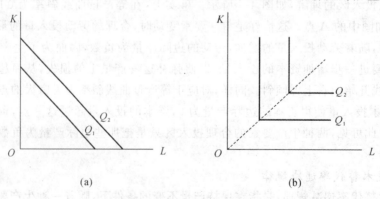

图 4-6　等产量曲线的特例

二、等成本线

厂商使用生产要素的数量与成本之间的关系可以由等成本方程加以表示。**等成本方程表示,在生产要素价格既定的条件下,厂商花费相同成本可以购买到的两种生产要素的不同数量组合。**

假定劳动和资本的价格分别为 P_L 和 P_K,则厂商购买劳动和资本两种生产要素花费的成本 C 用公式表示为:

$$C = P_L \cdot L + P_K \cdot K \qquad (4\text{-}12)$$

在式(4-12)中,厂商可以使用不同的要素投入组合,但花费的成本却是相同的,因而该式被称为厂商的等成本方程。

在劳动和资本构成的坐标平面上,等成本方程可以表示为等成本线,如图 4-7 所示。

首先,在成本和生产要素价格既定的条件下,等成本线是一条向右下方倾斜的直线。进一步观察这条直线可以发现,等成本线与横轴的交点 A 表示全部成本可以购买到的最大劳动投入量,其数值为 $\dfrac{C}{P_L}$;它与纵轴的交点 B 表示既定的成本全部用于购买资本的最大数量,其数值为 $\dfrac{C}{P_K}$;等成本线的斜率为 $\left(-\dfrac{P_L}{P_K}\right)$。

其次,如果厂商花费的成本总量或者生产要素的价格发生变动,那么等成本线也会相应地变动。具体地说,在要素价格不变的前提下,成本增加,厂商的等成本线向右上方平行移动;成本减少,等成本线向左下方平行移动。如果厂商使用的生产要素价格变动,厂商的等成本线将会发生旋转。例如,在成本和资本价格保持不变的条件下,劳动的价格下降,等成本线以 B 点为中心向右上方旋转;劳动的价格提高,等成本线以 B 点为中心向左下方旋转。

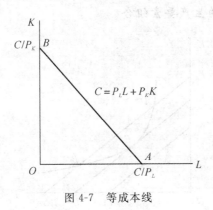

图 4-7　等成本线

三、最优投入要素组合的确定

一个经济上理性的厂商不仅要考虑生产要素对产量影响,而且要考虑使用生产要素的费用,厂商总试图把生产要素数量选择在最优的组合点上。

厂商寻求生产要素使用上的最优组合可能会遇到两种不同的约束:成本既定或者是生产的产量既定。在成本既定条件下,厂商试图寻求生产最大的产量;在生产产量既定条件下,厂商试图花费最小的成本。当厂商在成本既定约束条件下生产出最大的产量或者生产既定产量花费最小的成本时,厂商实现了生产者均衡。在生产者处于均衡状态时,厂商所使用的生产要素达到一种最优组合。所以,**生产要素最优组合是厂商使用既定的成本生产最大产量或者在产量既定条件下成本最小的生产要素组合点。**

根据上述定义,厂商对生产要素的最优选择可以通过既定成本下产量最大化和既定产量下成本最小化两种方式实现。下面我们分别考察这两种情况。

1.总成本既定产量最大的生产要素组合

在两种生产要素 K 和 L 的价格为已知的条件下,总成本既定,也就意味着只有一条等成本线 K_0L_0,如图 4-8 所示。

在总成本既定的条件下,等成本曲线与等产量曲线相切的点 E 所代表的产量最大。在 E 点,等成本线的斜率和等产量线的斜率相等,即:

$$\frac{P_L}{P_K} = \frac{\mathrm{d}K}{\mathrm{d}L} = \frac{MP_L}{MP_K} \tag{4-13}$$

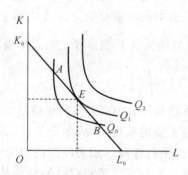

图 4-8　总成本既定产量最大的生产要素组合

2.产量既定成本最小的生产要素组合

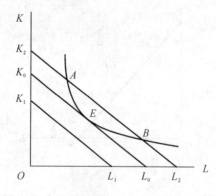

图 4-9　产量既定成本最小的生产要素组合

如果厂商要生产的产量为既定,也就意味着只有一条等产量曲线 Q_0,如图 4-9 所示。

只有当等成本线和等产量线相切的时候,即 E 点,才是以最小成本生产出既定产量 Q_0 的生产要素组合。也就是说,厂商在产量既定的情况下使成本最小的必要条件,还是等成本线的斜率和等产量线的斜率相等,即:

$$\frac{P_L}{P_K} = \frac{\mathrm{d}K}{\mathrm{d}L} = \frac{MP_L}{MP_K} \tag{4-14}$$

综合以上两种情况,不难看出,不论是总成本既定条件下产量最大,还是产量既定条件下总成本最小,生产要素投入量的最优组合的必要条件都是一样的,即:

$$\frac{MP_L}{P_L} = \frac{MP_K}{P_K} \tag{4-15}$$

$$C = P_L L + P_K K \tag{4-16}$$

四、生产要素价格变动对投入要素最优组合的影响

如果投入要素的价格比例发生变化,人们就会更多地使用比以前便宜的投入要素,少使用比以前贵的投入要素。在图 4-10 中,假定产量曲线为 Q,等成本曲线为 l、l',它的斜率代表投入要素的价格比例。如果劳动价格提高,或资本价格下降,那么生产要素投入量的最优组合将发生变化,劳动投入量减少,而资本投入量增加,图中均衡从 A 点到 B 点。

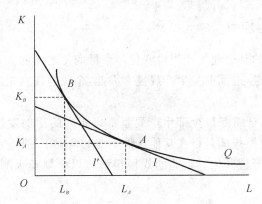

图 4-10   生产要素价格改变对厂商均衡的影响

五、生产扩展曲线

生产扩展曲线表示了厂商的生产扩展路径。生产扩展曲线简称为生产扩展线,它表示在生产要素价格和其他条件不变的情况下,随着厂商成本或者产量的增加,生产要素最优组合点的连线。生产扩展线由所有等产量曲线与等成本线的切点所构成,如图 4-11 所示。

在生产要素价格和其他条件不变时,如果厂商的成本或者产量改变,比如厂商的成本增加,厂商的等成本线就会向右上方平行移动,比如从 A_1B_1 平行移动到 A_2B_2,则厂商的生产要素最优组合点也会发生变动。对应于既定的成本线 A_1B_1,生产要素最优组合点位于这一等成本线与等产量曲线 Q_1 的切点 E_1 处。当成本增加后,厂商将在等成本线 A_2B_2 与等产量曲线 Q_2 的切点 E_2 处选择要素投入组合点。连接所有的生产要素最优组合点 E_1、E_2 等,即得到厂商的生产扩展曲线,如图 4-11 中的 OR。

厂商的生产扩展曲线表示,在生产要素价格和其他条件不变的情况下,厂商实现既定成本下的产量最大或者既定产量下成本最小所遵循的扩展路径。

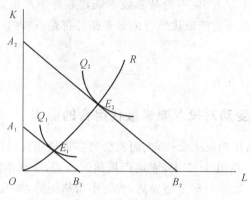

图 4-11　生产扩展曲线

六、规模报酬变动规律

规模报酬分析涉及的是企业生产规模变化与产量变化之间的关系。企业只有在长期内才可能变动全部生产要素，进而改变生产规模。因此，企业的规模报酬分析属于长期生产理论问题。

在长期生产理论中，通常是以全部生产要素都以相同的比例发生变化来定义企业生产规模的变化。相应地，规模报酬是指在其他条件不变的情况下，企业内部各种生产要素按相同比例变化时所带来的产量变化。企业的规模报酬可以分规模报酬递增、规模报酬不变和规模报酬递减三种情况。

1. 规模报酬递增

产量增加的比例大于各种生产要素增加的比例，称之为规模报酬递增。例如，当全部的生产要素（劳动和资本）都增加 100％时，产量的增加大于 100％。产生规模报酬递增的主要原因是由于企业生产规模扩大所带来的生产效率的提高。它可以表现为：生产规模扩大以后，企业能够利用更先进的技术和机器设备等生产要素，而较小规模的企业可能无法利用这样的技术和生产要素。随着对较多的人力和机器的使用，企业内部的生产分工能够更合理和专业化。此外，人数较多的技术培训和具有一定规模的生产经营管理，也都可以提高生产效率。

2. 规模报酬不变

产量增加的比例等于各种生产要素增加的比例，称之为规模报酬不变。例如，当全部的生产要素（劳动和资本）都增加 100％时，产量也增加 100％。一般可以预计两个相同的工人使用两台相同的机器所生产的产量，是一个这样的工人使用一台同样的机器所生产的产量的两倍。这就是规模报酬不变的情况。

3. 规模报酬递减

产量增加的比例小于各种生产要素增加的比例，称之为规模报酬递减。例如，当全部生产要素（劳动和资本）都增加 100％时，产量的增加小于 100％。产生规模报酬递减的主要原因是由于企业生产规模过大，使得生产的各个方面难以得到协调，从而降低了生产效率。它可以表现为企业内部合理分工的破坏，生产有效运行的障碍，获取生产决策所需的各种信息的不易等等。

我们也可以用以下的数学公式来定义规模报酬的三种情况:

令生产函数 $Q=f(L,K)$。

如果 $f(\lambda L,\lambda K)>\lambda f(L,K)$,其中,常数 $\lambda>1$,则生产函数 $Q=f(L,K)$ 具有规模报酬递增的性质。

如果 $f(\lambda L,\lambda K)=\lambda f(L,K)$,其中,常数 $\lambda>1$,则生产函数 $Q=f(L,K)$ 具有规模报酬不变的性质。

如果 $f(\lambda L,\lambda K)<\lambda f(L,K)$,其中,常数 $\lambda>1$,则生产函数 $Q=f(L,K)$ 具有规模报酬递减的性质。

一般说来,在长期生产过程中,企业的规模报酬呈现出如下的规律:当企业从最初很小的生产规模开始逐步扩大的时候,企业面临的是规模报酬递增的阶段。在企业得到了由生产规模扩大所带来的产量递增的全部好处以后,一般会继续扩大生产规模,将生产保持在规模报酬不变的阶段,这个阶段有可能比较长。在这以后,企业若继续扩大生产规模,就会进入一个规模报酬递减的阶段。

选择题

一、单项选择题

1. 当平均产量 AP_L 为正且递减时,MP_L 是 （　）

A. 递减且为正　　　　　　　　　B. 递减且为负

C. 零　　　　　　　　　　　　　D. 上述任何一种情况

2. 下列说法中错误的一种说法是 （　）

A. 只要总产量减少,边际产量一定是负的

B. 只要边际产量减少,总产量也一定减少

C. 随着某种生产要素投入量的增加,边际产量和平均产量增加到一定程度趋于下降,其中边际产量的下降一定先于平均产量

D. 边际产量曲线一定在平均产量曲线的最高点与之相交

3. 下列说法中正确的是 （　）

A. 生产要素的边际技术替代率递减是规模报酬递减造成的

B. 边际收益递减是规模报酬递减造成的

C. 规模报酬递减是边际收益递减规律造成的

D. 生产要素的边际技术替代率递减是边际收益递减规律造成的

4. 等产量曲线上的各点表明 （　）

A. 为生产同等产量投入要素的各种组合比例是不能变化的

B. 为生产同等产量投入要素的价格是不变的

C. 不管投入各种要素量如何,产量总是相等的

D. 投入要素的各种组合所能生产的产量是相等的

5. 等成本线平行向外移动表明 （　）

A. 产量提高了　　　　　　　　　B. 成本增加了

C. 生产要素的价格按相同比例提高了　　　D. 生产要素的价格按不同比例提高了

6.在生产者均衡点上 （ ）

A. $MRTS_{LK}=\dfrac{P_L}{P_K}$ B. $\dfrac{MP_L}{P_L}=\dfrac{MP_K}{P_K}$

C. 等产量曲线与等成本线相切 D. 上述都正确

7.如果等成本曲线与等产量曲线没有交点,那么要生产等产量曲线所表示的产量,应该

（ ）

A. 增加投入 B. 保持原投入不变

C. 减少投入 D. 上述三者都不正确

8.当某厂商以最小成本生产出既定产量时,那他 （ ）

A. 总收益为零 B. 一定获得最大利润

C. 一定未获得最大利润 D. 无法确定是否获得最大利润

9.当 MP_L 为负时,我们是处于 （ ）

A. 对 L 的第一阶段 B. 对 L 的第三阶段

C. 对 L 的第二阶段 D. 上述都不正确

10.生产函数的斜率是 （ ）

A. 总产量 B. 平均产量 C. 边际产量

11.规模收益递增是指 （ ）

A. 生产一系列的产品比单独生产它们更昂贵

B. 大量生产更昂贵

C. 产量大时,生产的平均成本低

D. 产出量增加超过投入品数额的增加

12.如果规模报酬不变,单位时间里增加了20%的劳动使用量;但保持资本量不变,则产
出将 （ ）

A. 增加20% B. 减少20%

C. 增加大于20% D. 增加小于20%

13.等成本线围绕着它与纵轴(表示 Y 生产要素)的交点逆时针移动表明 （ ）

A. 生产要素 Y 的价格上升了 B. 生产要素 X 的价格上升了

C. 生产要素 X 的价格下降了 D. 生产要素 Y 的价格下降了

14.一个国家不同行业之间资本密集程度不同的主要原因是 （ ）

A. 劳动价格的差别 B. 等成本线斜率的差别

C. 生产函数的差别 D. 技术的可获得性

15.如果某厂商增加1单位劳动使用量能够减少4单位资本,而仍生产同样的产出量,
则 $MRTS_{LK}$ 为 （ ）

A. -0.25 B. -4 C. -1 D. -5

二、计算题

1.已知生产函数为 $Q=f(K,L)=KL-0.5L^2-0.32K^2$,$Q$ 表示产量;K 表示资本;L 表
示劳动,令上式的 $K=10$。试求:

(1)写出劳动的平均产量函数(AP_L)和边际产量函数(MP_L);

(2)计算当总产量达到最大值时,厂商雇佣的劳动;

（3）证明当平均产量达到最大时，$AP_L = MP_L = 2$。

2.假设某厂商的生产函数为 $Q = 1.4L^{0.7}K^{0.35}$，问：

（1）此生产函数是否为规模收益不变？

（2）劳动和资本的产出弹性分别是多少？

（3）如果劳动 L 增加 3％、资本 K 减少 10％，产量 Q 将如何变化？

3.已知生产函数为 $Q = \min(L, 2K)$，问：

（1）如果产量 $Q = 20$ 单位，则 L 和 K 分别为多少？

（2）如果价格为 $(1,1)$，则生产 10 单位产量的最小成本是多少？

4.已知生产函数为 $Q = f(K, L) = \dfrac{10KL}{K+L}$。

（1）求劳动的边际产量及平均产量函数；

（2）讨论边际技术替代率函数的增减性；

（3）讨论边际产量函数的增减性。

5.已知生产函数为 $Q = L^{0.5}K^{0.5}$，试证明：

（1）在长期生产中，该生产过程是规模报酬不变的；

（2）在短期生产中，该生产过程受边际报酬递减规律的支配。

三、分析讨论题

1.试比较边际报酬递减与规模报酬递减之间的区别。

2.利用图形说明厂商在既定条件下是如何实现最大产量的最优要素组合的。

3.利用图形说明厂商在既定产量条件下是如何实现最小成本的最优要素组合的。

4.一种投入要素价格的变化是如何引起企业长期扩张路径变化的？

第五章
厂商行为理论:成本理论

【教学目的和要求】

理解成本函数的定义和要点,掌握平均成本与边际成本之间的关系,了解短期成本与长期成本之间的关系。

【关键概念】

机会成本;显性成本;隐性成本;经济成本;固定成本;可变成本;短期成本函数;长期成本函数;规模经济;范围经济;学习效应

在上一章生产论中涉及了成本方程,本章的成本论将进一步考察厂商的生产成本与产量之间的关系。和上一章一样,本章仍假定生产要素的价格是给定的。

第一节　成本和成本函数

一、各种成本概念

企业的生产成本通常被看成是企业对所购买的生产要素的货币支出。然而,在经济学分析中,仅从这样的角度来理解成本概念是不够的。为此,提出了机会成本以及显性成本和隐性成本概念。

1.机会成本与沉没成本

生产一单位的某种商品的机会成本是指生产者所放弃的使用相同生产要素在其他生产用途中所能得到的最高收入。经济学是要研究一个经济社会如何对稀缺的经济资源进行合理配置的问题,从经济资源的稀缺性这一前提出发,当一个社会或一个企业用一定的经济资源生产一定数量的一种或者几种产品时,这些经济资源就不能同时被使用在其他的生产用途方面。这就是说,这个社会或这个企业所获得的一定数量的产品收入,是以放弃用同样的经济资源来生产其他产品时所能获得的收入作为代价的。由此,便产生了机会成本的概念。例如,当一个厂商决定利用自己所拥有的经济资源生产一辆汽车时,这就意味着该厂商不可能再利用相同的经济资源来生产200辆自行车。于是,可以说,生产一辆汽车的机会成本是所放弃生产的200辆自行车。如果用货币数量来代替对实物商品数量的表述,且假定200辆自行车的价值为10万元,则可以说,一辆汽车的机会成本是价值为10万元的其他商品。一般地,生产一单位的某种商品的机会成本是指生产者所放弃的使用相同的生产要素在其他生产用途中所能得到的最高收入,企业的生产成本应该从机会成本的角度来理解。

沉没成本(Sunk Cost)或称沉淀成本,指已经付出且不可收回的成本。一旦一种经济资源业已付出而又无法收回成为沉没成本时,其机会成本就为零。比如,有一项目A,项目上马需要添置设备B,购置成本20000元,而决策者目前已经拥有闲置的设备C,其成本为30000元,并在主要性能上与设备B相同,但要完全满足项目A的需要,还必须对其进行改造,改造成本5000元。这样就出现了两个方案,购置方案和改造方案。对购置方案而言,设备成本为20000元,而对改造方案则为35000元(30000+5000),如果以两方案的设备成本进行比较,那么购置方案的设备成本更低,减少了15000元(35000-20000),这样一比较,好像应该选择购置方案。那么,是否意味着真的应当做出如此的决策呢?答案是否定的。因为在购置方案中,设备成本20000元在决策时尚未实际发生,如果决策采用该方案时,新增成本也为20000元;而在改造方案中,由于设备C的成本在决策前已经实际支出,假设该设备无转让价值,即其机会成本为零,如果不用于A项目,那么该设备成本30000元即为沉没成本。这时,我们在进行决策方案比较时,就不应该把沉没成本考虑在内(从这个意义上看,人们常说沉没成本不影响人们的决策)。比较两个方案,改造成本5000元,而购置成本20000元,购置方案在新增成本上要比改造方案高15000元,所以,在不考虑其他因素的条件下,应当选择改造方案,而不是购置方案。

如果一种经济资源只有唯一的用途,那么其机会成本为零。也就是说,如果不沿着原有的用途加以利用,该资源就会"沉没",为此发生的支付不能通过对该资源的运用得到回收,而成为沉没成本。沉没成本是影响企业在不同经营领域转换的重要壁垒,如果经营某个行业的固定投资很高,企业一旦进入,想要退出的话,就会形成巨大的沉没成本,这势必使得企业进入这种行业会非常谨慎。与此同时,也会形成所谓的"路径依赖"。对于沉没成本的考量不只限于企业的经营决策,也是我们每一个人在日常工作、生活中必须面对的。

2.显性成本和隐性成本

企业的生产成本可以分为显性成本和隐性成本两个部分。

企业生产的显性成本是指厂商在生产要素市场上购买或租用他人所拥有的生产要素的实际支出。 例如,某厂商雇用了一定数量的工人,从银行取得了一定数量的贷款,并租用了一定数量的土地,为此,这个厂商就需要向工人支付工资,向银行支付利息,向土地出租者支付地租,这些支出便构成了该厂商生产的显性成本。从机会成本角度讲,这笔支出的总价格必须等于这些生产要素的所有者将相同的生产要素使用在其他用途时所能得到的最高收入。否则,这个企业就不能购买或租用到这些生产要素,并保持对它们的使用权。

企业生产的隐性成本是指厂商本身所拥有的且被用于该企业生产过程的那些生产要素的总价格。 例如,为了进行生产,一个厂商除了雇用一定数量的工人、从银行取得一定数量的贷款和租用一定数量的土地之外(这些均属于显性成本支出),还动用了自己的资金和土地,并亲自管理企业。西方经济学家指出,既然借用了他人的资本需付利息,租用了他人的土地需付地租,聘用他人来管理企业需付薪金,那么,同样道理,在这个例子中,当厂商使用自有生产要素时,也是有代价的,也应该计算成本。由于这笔成本支出不如显性成本那么明显,故被称为隐性成本。隐性成本也必须从机会成本的角度按照企业自有生产要素在其他用途中所能得到的最高收入来支付,否则,厂商会把自有生产要素转移出本企业,以获得更高的报酬。

二、成本函数形式

成本函数是成本与产量之间关系的总称。我们知道生产函数 $Q=f(X_1,X_2,\cdots,X_n)$ 表示在某一技术条件下,生产要素的投入与它所能生产出来的最大产量之间的一种函数关系。将这种投入产出关系同投入要素的价格结合起来,就决定了产品成本与产品数量之间的关系:

$$C = C(Q) \tag{5-1}$$

式中,C 为成本,Q 为产量。

生产函数有短期和长期之分,相应地,成本函数也有短期成本函数和长期成本函数之分。

第二节　短期成本分析

在短期,厂商的成本有不变成本和可变成本之分。具体地讲,厂商的短期成本有以下七种:总固定成本、总可变成本、总成本、平均不变成本、平均可变成本、平均总成本和边际成本。它们的英文缩写顺次为:TFC、TVC、TC、AFC、AVC、AC 和 MC。

一、总成本的细分

1.总成本

总成本(TC)是厂商在短期内为生产一定数量的产品对全部生产要素所支出的总成本。它是总固定成本和总可变成本之和。如图 5-1(a)所示,图中的横轴 Q 表示产量,纵轴 C 表示成本。总成本 TC 曲线是从纵轴上相当于总固定成本(TFC)高度的点出发的一条向右上方倾斜的曲线。TC 曲线表示,在每一个产量上的总成本由总固定成本和总可变成本共同构成。总成本用公式表示为:

$$TC(Q) = TFC + TVC(Q) \tag{5-2}$$

2.总固定成本

总固定成本(TFC)是厂商在短期内为生产一定数量的产品对不变生产要素所支付的总成本。例如,建筑物和机器设备的折旧费等。由于在短期内不管企业的产量为多少,这部分要素的投入量都是不变的,所以,总固定成本是一个常数,它不随产量的变化而变化。即使产量为零时,总不变成本也仍然存在。如图 5-1(a)所示,总不变成本 TFC 曲线是一条水平线。它表示在短期内,无论产量如何变化,总不变成本 TFC 是固定不变的。

3.总可变成本

总可变成本(TVC)是厂商在短期内生产一定数量的产品对可变生产要素支付的总成本。例如,厂商对原材料、燃料动力和工人工资的支付等。总可变成本 TVC 曲线如图 5-1(a)所示,它是一条由原点出发向右上方倾斜的曲线。

TVC 曲线表示,由于在短期内厂商是根据产量的变化不断地调整可变要素的投入量,所以,总可变成本 TVC 随产量的变动而变动。当产量为零时,总可变成本也为零,在这以后,总可变成本随着产量的增加而增加。

二、平均成本的细分

平均成本可以细分为平均不变成本(AFC)和平均可变成本(AVC)两部分。平均不变成本是厂商在短期内平均每生产一单位产品所消耗的不变成本。平均不变成本 AFC 曲线如图 5-1(b)所示,它是一条向两轴渐近的双曲线。AFC 曲线表示,在总不变成本固定的前提下,随着产量的增加,平均不变成本是越来越小的。用公式表示为:

$$AFC(Q) = \frac{TFC}{Q} \tag{5-3}$$

平均可变成本 AVC 是厂商在短期内平均每生产一单位产品所消耗的可变成本。用公式表示为:

$$AVC(Q) = \frac{TVC(Q)}{Q} \tag{5-4}$$

平均成本 AC 是厂商在短期内平均每生产一单位产品所消耗的全部成本,它等于平均不变成本和平均可变成本之和。用公式表示为:

$$AC(Q) = \frac{TC(Q)}{Q} = AFC(Q) + AVC(Q) \tag{5-5}$$

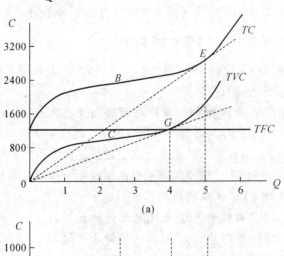

(a)

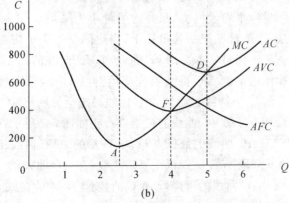

(b)

图 5-1　短期成本曲线

三、边际成本

边际成本(MC)是厂商在短期内增加一单位产量时所增加的成本。用公式表示为：

$$MC(Q) = \frac{\Delta TC(Q)}{\Delta Q} \tag{5-6}$$

由上式可知,在每一个产量水平上的边际成本 MC 值就是相应的成本 TC 曲线的斜率。

四、短期成本变动的决定因素：边际报酬递减规律

边际报酬递减规律是短期生产的一条基本规律,它决定了短期成本曲线的特征。

边际报酬递减规律是指在短期生产过程中,在其他条件不变的前提下,随着一种可变要素投入量的连续增加,它所带来的边际产量先是递增的,达到最大值以后再递减。关于这一规律,我们也可以从产量变化所引起的边际成本变化的角度来理解。假定生产要素的价格是固定不变的,在起初的边际报酬递增阶段,增加一单位可变要素投入所产生的边际产量递增,这意味着,在这一阶段增加一单位产量所需要的边际成本是递减的。在以后的边际报酬递减阶段,增加一单位可变要素投入所产生的边际产量递减,这意味着,在这一阶段增加一单位产量所需要的边际成本是递增的。显然,边际报酬递减规律作用下的短期边际产量和短期边际成本之间存在着一定的对应关系。这种对应关系可以简单地表为：在短期生产中,边际产量的递增阶段对应着边际成本的递减阶段,边际产量的递减阶段对应着边际成本的递增阶段,与边际产量的最大值相对应的是边际成本的最小值。正因为如此,在边际报酬递减规律作用下的边际成本 MC 曲线表现出先降后升的 U 形特征。

五、总成本、边际成本和平均成本的关系

从边际报酬递减规律所决定的 U 形的 MC 曲线出发,可以解释其他短期成本曲线的特征以及短期成本曲线相互之间的关系。

1. 关于 TC 曲线、TVC 曲线和 MC 曲线之间的相互关系

由于在每一个产量水平上的 MC 值就是相应的 TC 曲线和 TVC 曲线的斜率。于是,在图 5-1 中的 TC 曲线、TVC 曲线和 MC 曲线之间表现出这样的相互关系：与 MC 曲线先降后升的特征相对应,TC 曲线和 TVC 曲线的斜率也由递减变为递增。而且,MC 曲线的最低点 A 与 TC 曲线的拐点 B 和 TVC 曲线的拐点 C 相对应。

2. 关于 AC 曲线、AVC 曲线和 MC 曲线之间的相互关系

对于任何一对边际量和平均量而言,只要边际量小于平均量,边际量就把平均量拉下；只要边际量大于平均量,边际量就把平均量拉上；当边际量等于平均量时,平均量必达本身的极值点。将这种关系具体到 AC 曲线、AVC 曲线和 MC 曲线的相互关系上,可以推知,由于在边际报酬递减规律作用下的 MC 曲线有先降后升的 U 形特征,所以,AC 曲线和 AVC 曲线也必定是先降后升的 U 形特征。而且,MC 曲线必定会分别与 AC 曲线相交于 AC 曲线的最低点,与 AVC 曲线相交于 AVC 曲线的最低点。正如图 5-1 所示：U 形的 MC 曲线分别与 U 形的 AC 曲线相交于 AC 曲线的最低点 D,与 U 形的 AVC 曲线相交于 AVC 曲线的最低点 F。在 AC 曲线的下降段,MC 曲线低于 AC 曲线；在 AC 曲线的上升段,MC 曲线高于 AC 曲线。相类似地,在 AVC 曲线的下降段,MC 曲线低于 AVC 曲线；在 AVC 曲线的上升段,MC 曲线高于 AVC 曲线。

此外，对于产量变化的反应，边际成本 MC 要比平均成本 AC 和平均可变成本 AVC 敏感得多。反映在图 5-1(b)中，不管是下降还是上升，MC 曲线的变动都快于 AC 曲线和 AVC 曲线。

最后，比较图中 AC 曲线和 MC 曲线的交点 D 与 AVC 曲线和 MC 曲线的交点 F，可以发现，前者的出现慢于后者，并且前者的位置高于后者。也就是说，AVC 曲线降到最低点 F 时，AC 曲线还没有降到最低点 D。这是因为：在平均总成本中不仅包括平均可变成本，还包括平均不变成本。正是由于平均不变成本的作用，才使得 AC 曲线的最低点 D 的出现既慢于、又高于 AVC 曲线的最低点 F。

六、短期产量曲线与短期成本曲线之间的关系

前面已经指出，短期生产的边际报酬递减规律决定了短期成本曲线的特征。在此，将进一步分析短期生产条件下的生产函数和成本函数之间的对应关系，或者说，分析短期产量曲线和短期成本曲线之间的关系。

假定短期生产函数为：

$$Q = f(L, \overline{K}) \tag{5-7}$$

短期成本函数为：

$$TC(Q) = TVC(Q) + TFC \tag{5-8}$$

$$TVC(Q) = wL(Q) \tag{5-9}$$

且假定生产要素劳动的价格 w 是给定的。

1. 边际产量和边际成本之间的关系

根据式(5-8)和式(5-9)有：

$$TC(Q) = TVC(Q) + TFC = wL(Q) + TFC \tag{5-10}$$

式(5-10)中，TFC 为常数。

由上式可得：$MC = \dfrac{\mathrm{d}TC}{\mathrm{d}Q} = w\dfrac{\mathrm{d}L}{\mathrm{d}Q} + 0 \tag{5-11}$

即：$MC = w\dfrac{1}{MP_L} \tag{5-12}$

由此可得以下两点结论：

式(5-12)表明边际成本 MC 和边际产量两者的变动方向是相反的。具体地讲，由于边际报酬递减规律的作用，可变要素的边际产量是先上升，达到一个最高点以后再下降，所以，边际成本 MC 是先下降，达到一个最低点以后再上升。这种对应关系为：MP_L 曲线的上升段对应 MC 曲线的下降段；MP_L 曲线的下降段对应 MC 曲线的上升段；MP_L 曲线的最高点对应 MC 曲线的最低点。

由以上的边际产量和边际成本的对应关系可以推知，总产量和总成本之间也存在着对应关系。当总产量 TP_L 曲线下凸时，总成本 TC 曲线和总可变成本 TVC 曲线是下凹的；当总产量 TP_L 曲线下凹时，总成本 TC 曲线和总可变成本 TVC 曲线是下凸的；当总产量 TP_L 曲线存在一个拐点时，总成本 TC 曲线和总可变成本 TVC 曲线也各存在一个拐点。

2. 平均产量和平均可变成本之间的关系

根据式(5-9)有：

$$AVC = \frac{TVC(Q)}{Q} = w\frac{L(Q)}{Q} = w\frac{1}{AP_L} \tag{5-13}$$

由此可得以下两点结论：

（1）上式表明平均可变成本 AVC 和平均产量 AP_L，两者的变动方向是相反的。前者呈递增时，后者呈递减；前者呈递减时，后者呈递增；前者的最高点对应后者的最低点。

（2）由于 MC 曲线与 AVC 曲线交于 AVC 曲线的最低点，MP_L 曲线与 AP_L 曲线交于 AP_L 曲线的最高点，所以，MC 曲线和 AVC 曲线的交点与 MP_L 曲线和 AP_L 曲线的交点是对应的。

第三节　长期成本分析

在长期中，厂商可以对所有的生产要素进行调整，因而所有生产要素都是可变投入，长期内没有不变成本和可变成本的区分。因此，有关长期成本的讨论只涉及长期总成本、长期平均成本和长期边际成本。

一、长期总成本

长期总成本（LTC）是指厂商在长期中生产一定产量水平通过改变生产规模所能达到的最低总成本。 为了区别于短期总成本，通常把长期总成本表示为 LTC。

厂商的长期成本与短期成本会有所不同，但两者之间又存在密切的关系。我们用扩展线的图形加以说明。如图 5-2(a)所示，扩展线是指当生产要素的价格不变时，随着成本的增加，等成本线不断向右上方移动，新的等成本线与更高水平的等产量线相切，各个均衡点连接起来的轨迹。扩展线上的点是生产由等产量线所代表的产量水平的最优要素组合（也即最小成本支付），因此，扩展线就在产量——最优要素组合——最小成本之间建立起相应的联系。把扩展线上每一点所对应着的产量与成本，表示到纵轴为成本，横轴为产量的图形中，就得到了长期成本曲线，如图 5-2(b)所示。假定只有劳动与资本两种投入，E_1、E_2、E_3 分别代表当产量水平为 Q_1、Q_2、Q_3 时的最优投入组合，他们都在扩展线上。从 E_1 点可以得到对应于产量 Q_1 的总成本 $C_1 = P_L \cdot L_1 + P_K \cdot K_1$，类似地可以得到产量 Q_2、Q_3 的总成本 TC_2、TC_3。计算每一产量水平下的总成本，就可以推导出长期成本是如何随产量的变化而变化的，从而得出厂商的长期总成本曲线。

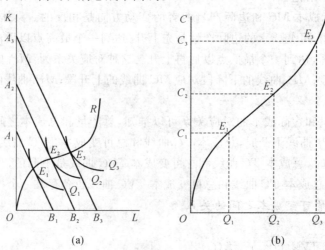

图 5-2　扩展线与长期总成本曲线

由上可知,厂商的长期总成本与短期总成本存在密切关系,那么其长期总成本曲线与短期总成本曲线又有怎样的关联呢? 下面我们集中考察这个问题。

假设长期中只有三种可供选择的生产规模,分别由三条 STC 曲线表示,如图 5-3 所示。三条 STC 曲线截距不同,生产规模由小到大依次为 STC_1、STC_2、STC_3。假定厂商生产的产量为 Q_2,那么应该如何调整生产规模以降低总成本呢? 在短期,厂商可能面临 STC_1 曲线所代表的过小生产规模,总成本在 d 点;也可能面临 STC_3 曲线所代表的过大生产规模,总成本在 e 点。但在长期,厂商可以调整选择最优规模,以最低总成本生产。于是,厂商必然选择在 STC_2 生产 Q_2 的产量,最低总成本在 b 点。类似地,在长期内,厂商会选择 STC_1 所代表的生产规模,在 a 点生产 Q_1 的产量;选择 STC_3 代表的生产规模,在 c 点生产 Q_3 的产量。这样,厂商就以最低总成本生产每一既定产量。

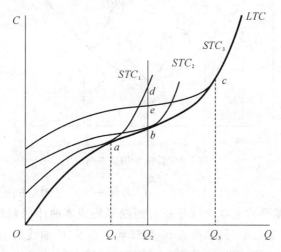

图 5-3 最优规模选择与长期总成本曲线

虽然在图中只有三条短期总成本线,但在理论分析上可以假定有无数条短期总成本曲线。这样一来,厂商可以在任何一个产量水平上,都找到相应的一个最优的生产规模,都可以把总成本降到最低水平。也就是说,可以找到无数个类似于 a、b 和 c 的点,这些点的轨迹就形成了图中的长期总成本 LTC 曲线。显然,**长期总成本曲线是无数条短期总成本曲线的包络线**。在这条包络线上,在连续变化的每一个产量水平上,都存在着 LTC 曲线和一条 STC 曲线的相切点,该 STC 曲线所代表的生产规模就是生产该产量的最优生产规模,该切点所对应的总成本就是生产该产量的最低总成本。所以,LTC 曲线表示长期内厂商在每一产量水平上由最优生产规模所带来的最小生产总成本。

二、长期平均成本

长期平均成本(LAC)是指从长期中厂商平均每单位产量所花费的总成本,记成 LAC。用公式表示,长期平均成本定义为:

$$LAC = \frac{LTC}{Q} \tag{5-14}$$

根据式(5-14)便可以推知:厂商在长期实现每一产量水平的最小总成本时,必然也就实现了相应的最小平均成本,长期平均成本曲线也可以根据式(5-14)经由长期总成本曲线画出。

但是,在这里,我们集中考察长期平均成本曲线与短期平均成本曲线之间的关系。以只有三种生产规模的情形为例,厂商代表性的三种短期生产规模的平均成本曲线分别为 SAC_1、SAC_2 和 SAC_3。如果厂商计划生产的产量为 Q_1,这时在三个可供选择的短期生产规模中,使用生产规模 1,其平均成本最低;同样地,如果厂商的计划产量为 Q_2,则能使平均成本最低的是生产规模 2;当计划生产的产量为 Q_3 时,SAC_3 曲线代表的生产规模 3 为最优。随着厂商不断地变动其生产量,所有的这些平均成本点就连成为厂商的长期平均成本曲线,如图 5-4 中的 LAC。

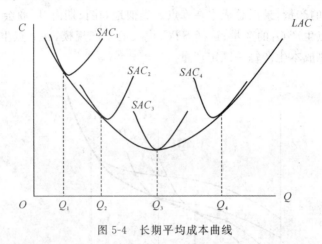

图 5-4　长期平均成本曲线

由此可见,厂商的长期平均成本曲线 LAC 由每一个产量对应的所有生产规模中最低的平均成本所构成。**长期平均成本曲线是所有短期平均成本曲线的包络线。**在这条 LAC 曲线上,对应于每一个产量水平,都存在 LAC 曲线和一条 SAC 曲线的相切点,该 SAC 曲线所代表的生产规模就是生产该产量的最优生产规模,该切点所对应的平均成本就是相应的长期平均成本。

需要指出,不能把长期平均成本曲线说成是所有短期平均成本曲线最低点的连线。事实上,尽管长期平均成本曲线包含着厂商寻求成本最低的行为,但其中最低的含义是就既定的产量而论的,即生产每一个特定的产量时,厂商都试图调整生产规模以便使得成本为最低,而不是寻求每一个特定生产规模下的最低。例如,若生产规模 1 在生产一个特定产量时恰好处于平均成本曲线的最低点,但生产规模 2 生产这一产量时花费的成本更低,那么生产规模 1 对应的平均成本曲线的最低点不可能位于长期平均成本曲线上。长期平均成本曲线是一条 U 形曲线,那么,在长期平均成本曲线的下降阶段,LAC 曲线相切于所有相应的 SAC 曲线最低点的左边;在长期平均成本曲线的上升段,LAC 曲线相切于所有相应的 SAC 曲线最低点的右边。只有在 LAC 曲线的最低点上,LAC 曲线才相切于相应的 SAC 曲线的最低点。这是因为,在生产某一产量时,长期平均成本曲线一定存在着与生产这一产量相对应的短期平均成本,并且两者在这一点相切。如果长期平均成本曲线向右下方倾斜时,与其相切的短期平均成本曲线在这一点上也一定是向右下方倾斜,从而不可能是最低点。

三、长期边际成本

长期边际成本(LMC)是指从长期中厂商每增加一单位产量所增加的总成本,记成

LMC。用公式表示,长期边际成本定义为:

$$LMC = \frac{\Delta LTC}{\Delta Q} \tag{5-15}$$

根据式(5-15),通过长期总成本曲线也可以得到厂商的长期边际成本曲线。由于边际成本反映了总成本的变动率,即总成本曲线的斜率,把每一个产量上对应的长期总成本曲线的斜率值描绘在平面坐标中,就可以得到长期边际成本曲线 *LMC*。那么,长期边际成本曲线与短期边际成本曲线的关系又怎样呢?

因为 *LTC* 是 *STC* 的包络线,在每个产量水平,*LTC* 都与代表最优生产规模的 *STC* 相切,在切点的斜率相同,其斜率分别是 *LMC* 和 *SMC*,这意味着,在切点上,*LMC*=*SMC*。根据这种关系,便可以推导出 *LMC* 曲线与 *SMC* 曲线的关系,如图5-5所示。

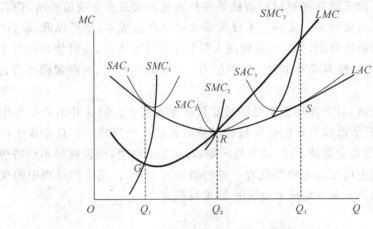

图 5-5　长期边际成本曲线

在图5-5中,在每一个产量水平,代表最优生产规模的 *SAC* 曲线都有一条相应的 *SMC* 曲线,每一条 *SMC* 曲线都过相应的 *SAC* 曲线的最低点。在 Q_1 的产量上,生产该产量的最优生产规模由 SAC_1 曲线和 SMC_1 曲线所代表,相应的短期边际成本由 *G* 点给出,GQ_1 既是最优的短期边际成本,又是长期边际成本,即有 $LMC=SMC_1=GQ_1$。或者说,在 Q_1 的产量上,长期边际成本 *LMC* 等于最优生产规模的短期边际成本 SMC_1;同理,在 Q_2 的产量上,有 $LMC=SMC_2=RQ_2$;在 Q_3 的产量上,有 $LMC=SMC_3=SQ_3$。在生产规模可以无限细分的条件下,可以得到无数个类似于 *G*、*R* 和 *S* 的点,将这些点连接起来便得到一条光滑的长期边际成本 *LMC* 曲线。

如图5-5所示,长期边际成本曲线也呈 U 形,长期边际成本曲线与长期平均成本曲线相交于长期平均成本曲线的最低点。其原因在于,根据边际量和平均量之间的关系,当 *LAC* 曲线处于下降段时,*LMC* 曲线一定处于 *LAC* 曲线的下方,也就是说,此时 *LMC*<*LAC*,*LMC* 将 *LAC* 拉下;相反,当 *LAC* 曲线处于上升段时,*LMC* 曲线一定位于 *LAC* 曲线的上方,也就是说,此时 *LMC*>*LAC*,*LMC* 将 *LAC* 拉上。根据 *LMC* 曲线的形状特征,可以解释 *LTC* 曲线的形状特征。因为 *LMC* 曲线呈先降后升的 U 形,且 *LMC* 值又是 *LTC* 曲线上相应点的斜率,所以,*LTC* 曲线的斜率必定要随着产量的增加表现出先递减达到拐点以后再递增的特征。

四、影响长期平均成本变化的因素

影响长期平均成本变化的因素很多,其中主要的是规模经济与规模不经济、范围经济和学习效应等。

1. 规模经济与规模不经济

规模经济(Economies of scale)是指随着产量的增加和生产规模的扩大,长期平均总成本下降的情况。

通常,规模经济分为两类:一是从设备、生产线、工艺过程等角度提出的,称为工厂规模经济。其形成的原因有:(1)采用先进工艺,设备大型化、专业化,实行大批量生产,可降低单位产品成本;(2)实行大批量生产方式,有利于实现产品标准化、专业化和通用化,促进技术进步,提高产品质量,降低能耗和原材料消耗等各种物耗。二是企业规模经济,指若干工厂通过水平和垂直联合组成的经营实体。不仅可带来单位产品成本、物耗降低,取得"全产品生产线"的效益,降低销售费用,节省大量管理人员和工程技术人员,还可使企业有更多的资金用于产品研制与开发,使其具有更强的竞争能力。在实际生产中,两种规模经济具有同等重要意义。

充分利用规模经济,对于提高企业经济效益具有重大意义。但这并不意味着生产规模越大越好,因为规模经济追求的是能获取最佳经济效益的生产规模。一旦企业生产规模扩大到一定程度,边际收益会逐渐下降,甚至趋向零,乃至变成负值,引发规模不经济现象。规模不经济意味着长期平均总成本曲线随着产量的增加而上升,长期生产过程中的规模经济和规模不经济就体现为长期平均成本曲线的 U 形特征。

2. 范围经济

范围经济(Economies of scope)是指把两种或更多的产品合并在一起生产比分开来生产的成本低。我们可以用式(5-16)表示范围经济。

$$TC(Q_X, Q_Y) < TC(Q_X) + TC(Q_Y) \tag{5-16}$$

与规模经济不同,它通常是企业或生产单位从生产或提供某种系列产品(与大量生产同一产品不同)的单位成本中获得节省。而这种节约来自分销、研究与开发和服务中心(像财会、公关)等部门。范围经济一般成为企业采取多样化经营战略的理论依据。

3. 学习效应

学习效应是指在长期生产过程中,企业的工人、技术人员和管理人员等可以积累起产品生产、产品设计、生产工艺和管理方面的经验,从而导致长期平均成本的下降。学习效应通常被描述为学习曲线。学习曲线所描述的是企业累积性产品产量与每一单位产量所需要投入要素数量之间的关系。

图 5-6 描述的是某工厂累积性加工的产品批量(比如每一批产品都是 1000 件)与每一批产品所需的劳动投入量之间的关系。横坐标 OQ 表示累积性加工的产品批量,纵坐标 OL 表示每一批产品所需劳动投入量。图 5-6 中向右下方倾斜的曲线是学习曲线,随着产品生产批量的累积性增加,每批产品所需的劳动投入量在相当大的范围内呈下降趋势。

由于学习效应而导致的单位产品劳动投入量下降必然导致产品长期平均成本的下降,使企业能够用较低的劳动力成本生产较多的产品。

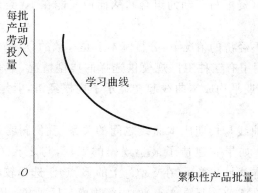

图 5-6　学习曲线

五、生产规模的选择

长期决策与短期决策的一个重要区别就是长期内厂商可以选择生产规模而短期内则不行。

假定企业在对其产品的未来市场需求不确定的情况下考虑三个不同的企业规模。如图 5-7 所示,三个企业的短期成本曲线由 SAC_1、SAC_2、SAC_3 给出。这项决策十分重要,因为一旦企业建成后,在一段时间内企业是无法改变其规模的。

图 5-7 表明了长期中规模收益不变的情形。如果企业打算生产 Q_1 的产出,它就应该建造最小规模的工厂。企业的平均生产成本就是 10 美元,这是企业的最小成本,因为短期边际成本曲线(SMC)与短期平均成本曲线(SAC)在 10 美元处相交。如果企业打算生产 Q_2 的产出,中等规模的工厂就是最优选择,而且平均生产成本也是 10 美元。如果企业打算生产 Q_3 的产出,企业就应该选择第三种规模的工厂。除此之外,在企业只有三种规模可选择的情况下,介于 Q_1-Q_2 之间或 Q_2-Q_3 之间的任何产量的平均成本都大于 10 美元。长期平均成本曲线由短期平均成本曲线的虚线部分给出。

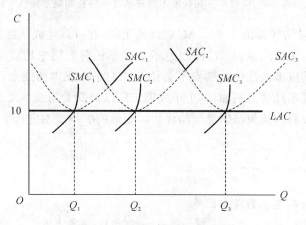

图 5-7　规模报酬不变的长期成本

如果,长期中,企业有连续的无穷多个生产规模可以选择,那么,每个产量水平所对应的生产规模的短期平均成本将均为 10 美元,由短期平均成本曲线的虚线部分给出的长期平均成本曲线就会拉伸为一条光滑的直线 LAC,如图 5-7 所示。也就是说,不管企业生产多少产品,它可以选择工厂规模(资本与劳动的组合),从而使其能在10美元的最低平均成本下进行生产。

在规模经济或规模不经济的情况下,分析基本上是一致的,但是长期平均成本不再是一条水平直线。图 5-8 表明了有三种工厂规模供选择的典型情况,中等规模工厂的最低平均成本是最小的。因此,长期平均成本曲线起初显示了规模经济,但是当产出水平提高时,就显示出规模不经济。

要弄清楚短期成本曲线与长期成本曲线之间的关系,我们得考察一下图 5-8 所示的打算生产 Q_1 产出的企业。如果它建造了最小规模的工厂,与之相关的短期平均成本曲线 SAC_1,从而平均生产成本就是 8 美元(在 SAC_1 上的 B 点)。选择较小规模的工厂比选择平均生产成本为 10 美元(在 SAC_2 上的 A 点)的中等规模工厂要好。因此,B 点就成为仅有三种工厂规模可供选择情况下长期成本函数上的一个点。如果能够建成其他规模大小的工厂,其中至少有一个规模可以是企业能以低于每单位 8 美元的成本生产 Q_1 的产出,那么 B 点就不再是长期成本曲线上的点了。

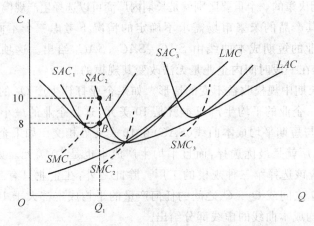

图 5-8　规模经济和规模不经济情况下的长期成本曲线

如图 5-8 所示,包络线是由 U 形 LAC 曲线给出的,在可以建成任意规模工厂的情况下,它会逐渐上升。值得注意的是,LAC 曲线绝不会位于任何短期平均成本曲线之上,最小和最大规模工厂的平均成本曲线的最低点不会位于长期平均成本曲线上,这是因为长期中存在着规模经济和规模不经济。例如,一个小规模工厂以最低平均成本经营是低效率的,因为规模较大的工厂可以利用规模报酬递增的优势以更低的平均成本进行生产。

选择题

一、单项选择题

1. 不随产量变动而变动的成本称为　　　　　　　　　　　　　　　　　　　　(　　)

　　A. 平均成本　　　　　　　　　　　　　　B. 固定成本

　　C. 长期成本　　　　　　　　　　　　　　D. 总成本

2. 在长期中下列哪项是不存在的　　　　　　　　　　　　　　　　　　　　　(　　)

　　A. 固定成本　　　　　　　　　　　　　　B. 平均成本

　　C. 机会成本　　　　　　　　　　　　　　D. 隐性成本

3. 使用自有资金也应计算利息收入,这种利息从成本角度看是 （　　）

    A. 固定成本 　　　　　　　　　　　B. 隐性成本

    C. 会计成本 　　　　　　　　　　　D. 生产成本

4. 下列说法正确的是 （　　）

    A. 厂房设备投资的利息是可变成本

    B. 货款利息的支出是可变成本

    C. 总成本在长期内可以划分为固定成本和可变成本

    D. 补偿固定资本无形损耗的折旧费是固定成本

5. 利息支付,财产税和折旧都属于 （　　）

    A. 可变成本 　　　　　　　　　　　B. 固定成本

    C. 沉没成本 　　　　　　　　　　　D. 以上都正确

6. 长期总成本曲线是各种产量的 （　　）

    A. 最低成本点的轨迹 　　　　　　　B. 最低平均成本点的轨迹

    C. 最低边际成本点的轨迹 　　　　　D. 平均成本变动的轨迹

7. 从原点出发的直线(射线)与 TC 曲线上某一点的切线重合,则该点的 AC （　　）

    A. 是最小的 　　　　　　　　　　　B. 等于 MC

    C. 等于 $AVC+AFC$ 　　　　　　　D. 上述都正确

8. 劳动的边际产量和产量的边际成本的关系是 （　　）

    A. 边际成本是边际产量的倒数

    B. 边际成本等于工资除以边际产量

    C. 当边际产量向下倾斜时,边际成本向下倾斜

    D. 边际成本保持不变,但边际产量遵循收益递减原则

9. 当一个行业中有较少厂商时,意味着 （　　）

    A. 不变成本和可变成本差不多相等 　　B. 不变成本相对可变成本很大

    C. 不变成本相对可变成本很小 　　　　D. 不存在不变成本

10. 下面哪种农场投入对农夫而言最可能是不变成本 （　　）

    A. 财产的保险费　　　B. 化肥　　　　　　C. 用于灌溉的水　　　　D. 种子

二、计算题

1. 已知生产函数为 $Q=\min(L,K/2)$,劳动力价格为 3,资本价格为 1,在短时间内资本投入固定为 200 单位。求该生产过程的短期成本函数与长期成本函数。

2. 假定某厂商短期生产的边际成本函数 $SMC(Q)=3Q^2-8Q+100$,且已知当产量 $Q=10$ 时的总成本 $STC=2400$,求相应的 STC 函数、SAC 函数和 AVC 函数。

3. 已知某企业的短期总成本函数是 $STC(Q)=0.04Q^3-0.8Q^2+10Q+5$。求最小的平均可变成本值。

4. 已知某企业的生产函数为 $Q=0.5L^{\frac{1}{3}}K^{\frac{2}{3}}$;当资本投入量 $K=50$ 时,资本的总价格为 500;劳动的价格 $P_L=5$。求:

    (1) 劳动的投入函数 $L=L(Q)$。

    (2) 总成本函数、平均成本函数和边际成本函数

三、分析讨论题

1. 试用图形说明短期成本曲线之间的关系。

2. 试用图形从短期总成本曲线推导长期总成本曲线,并说明长期总成本曲线的经济含义。

3. 试用图形从短期平均成本曲线推导长期平均成本曲线,并说明长期平均成本曲线的经济含义。

4. 试用图形从短期边际成本曲线推导长期边际成本曲线,并说明长期边际成本曲线的经济含义。

5. 说明影响长期平均成本变化的主要因素。

第六章
完全竞争市场

【教学目的和要求】

本章分析厂商在完全竞争市场上的行为,即厂商在既定价格条件下,如何通过产量的决定来实现利润最大化,并从中推导出厂商和行业的短期供给曲线和长期供给曲线。要求掌握市场的分类;利润最大化的基本原则;完全竞争市场上短期均衡和长期均衡的条件;短期供给曲线和生产者剩余。

【关键概念】

完全竞争市场;边际收益;产品的同质性;信息完全;短期均衡;厂商短期供给曲线;生产者剩余;长期均衡

通过前两章生产理论和成本理论的分析,我们知道,厂商的生产目标是追求利润最大化。然而,这一目标的实现必须借助市场才能完成。

什么是市场?经济学中研究的市场,不仅仅是指买卖双方进行商品交易的场所,**它是指影响商品交易价格和交易数量的各种经济关系的总和**。比如卖方之间、买方之间、买卖双方之间的关系,或者卖方与潜在供给者之间的关系等。在经济分析中,我们将这些经济关系概括为四个主要方面,即**市场上买者和卖者的数量、产品是否有差异、信息是否完全以及生产要素是否可自由流动**。

根据上述四个方面,我们将市场划分为**完全竞争市场、垄断竞争市场、寡头市场和完全垄断市场**四种类型(具体见表 6-1)。我们将分别讨论这四种市场类型,本章首先分析完全竞争市场。

表 6-1　四种市场类型的区分

市场类型	买者和卖者的数量	产品	信息	生产要素
完全竞争	大量买者和卖者	无差异	完全	可完全自由流动
垄断竞争	相当数量的买者和卖者	有差异	不完全	能比较自由地流动
寡头垄断	少数几个买者或卖者	稍有差异或无差异	不完全	不可自由流动
完全垄断	只有一个买者或卖者	唯一	不完全	完全不能流动

第一节 完全竞争市场的含义和特点

一、完全竞争市场的条件

完全竞争市场必须具备以下四个条件：

第一，市场上有无数的买者和卖者。这种市场类型也被称为"原子市场结构"，因为买卖双方就像物质中原子那样为数众多，无以计数。在这种市场上，各个买者或卖者的规模很小，以致于没有力量影响产品的现行市场价格。就买方来说，任何一个消费者不过是为数众多的消费者中的一个，无法引起卖者对他的特殊考虑；就卖方而言，任何一个厂商的规模相对总体规模都很小，无法用变动其产量的办法影响市场价格。因此，每个人都是既定价格的接受者（pricetaker），而不是价格的决定者（pricemaker）。

第二，产品的同质性。即生产某种产品的全部厂商所供给的商品都是同质的，买方对任何一家厂商出售的商品都看成一样而无偏好的差异。这样，厂商就无法通过商品的差别来控制和影响市场价格。这一条进一步强化了完全竞争市场上每一个买者和卖者都是既定价格的接受者。

第三，资源具有完全的流动性。这意味着厂商进入或退出一个行业是完全自由和毫无困难的。所有资源可以在各厂商之间和各行业之间完全自由地流动，不存在任何障碍。自由进入使利润机制发挥作用。如果需求增加，引起产品价格的上升，盈利的可能性就会吸引其他厂商进入这个行业。同样，如果需求下降，某些厂商遭到损失，就会促使他们离开这个行业。这样，任何一种资源都可以及时地投向能获得最大利润的生产，并及时从亏损的生产中退出。

第四，信息完全。即市场上的每一个买者与卖者都掌握与自己的经济决策有关的一切信息。这样，每一个消费者和每一个厂商都可以根据自己所掌握的完全信息，做出自己的最优经济决策，从而获得最大的经济利益。

只有同时具备了以上四个条件，才构成完全竞争市场。完全竞争市场只不过是一种理论上的虚构或假定，现实市场很难具备这四个条件。但是，为什么微观经济学中要以完全竞争市场作为分析的起点呢？这是因为，建立理论模型必须从一种简单情况开始。从这一点出发，可以对原先的假设不断地做出修改，使理论模型更接近于实际生活。分析完全竞争条件下众多厂商的活动，为完全竞争条件逐渐放宽后，分析更复杂的情况提供了一个参照系。从对完全竞争市场模型的分析中，我们可以得到关于市场机制及其资源配置的一些基本原理，也可以为其他类型市场的经济效率分析和评价提供一个基准。

二、单个厂商所面临的需求曲线

在完全竞争市场上，由于厂商是既定价格的接受者，所以，单个厂商所面临的需求曲线是一条由既定市场价格水平所决定的水平线，如图 6-1 所示。在图 6-1（a）中，市场的需求曲线 D 与供给曲线 S 相交的均衡点 E 所决定的市场均衡价格为 P_E。相应地，在图 6-1（b）中，由给定的价格水平 P_E 出发的水平线 d 就是单个厂商面临的需求曲线。由于图 6-1（a）表示市场的供求状况，图 6-1（b）表示一个厂商所面临的需求，消费者对他的需求量仅占市场需求量中极小一个份额，所以，两幅图的横坐标所采取的计量单位不同，图 6-1（a）的数量轴以亿计,而图 6-1(b)的数量轴以万计。在以后类似的图中,均作如此处理。

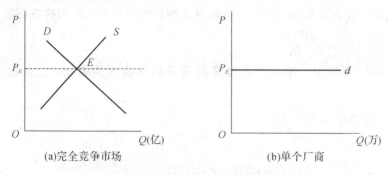

图 6-1　完全竞争市场中厂商面临的需求曲线

需要提请注意的是,在完全竞争市场中,单个消费者和单个厂商无力影向市场价格,他们中的每一个人都是被动地接受既定的市场价格,但这些并不意味着完全竞争市场的价格是固定不变的。在其他因素的影响下,如消费者收入水平的普遍提高,先进技术的推广,或者政府有关政策的作用,等等,使得众多消费者的需求量和众多生产者的供给量发生变化时,供求曲线的位置就有可能发生移动,从而形成新的均衡价格。在这种情况下,我们就会得到由新的均衡价格水平出发的一条水平线,如图 6-2 所示。在图中,开始时的市场需求曲线为 D_1,市场供给曲线为 S_1,市场的均衡价格为 P_1,相应厂商所面临的需求曲线是价格水平 P_1 出发的一条水平线 d_1。以后,当需求曲线的位置由 D_1 移至 D_2,同时供给曲线的位置由 S_1 移至 S_2 时,市场均衡价格上升为 P_2,于是该厂商所面对的需求曲线是由新的价格水平 P_2 出发的另一条水平线 d_2。不难看出,单个厂商所面临的需求曲线可以出自各个不同的市场均衡价格水平,但它们总是呈水平线的形状。

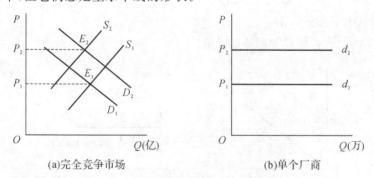

图 6-2　完全竞争市场价格的变动和厂商所面临的需求曲线

三、完全竞争厂商的收益

接下来,我们将介绍厂商的收益概念,以及完全竞争厂商收益曲线的特征。

1. 厂商的收益概念

厂商的收益就是厂商的销售收入。厂商的收益可以分为总收益、平均收益和边际收益,它们的英文简写分别为 TR、AR 和 MR。

总收益指厂商按一定价格出售一定量产品时所获得的全部收入。以 P 表示既定的市场价格,以 Q 表示销售总量,总收益的定义公式为:

$$TR(Q) = P \cdot Q \tag{6-1}$$

平均收益指厂商在平均每一单位产品销售上所获得的收入。平均收益的定义公式为：

$$AR(Q) = \frac{TR(Q)}{Q} \tag{6-2}$$

边际收益指厂商增加一单位产品销售所获得的总收入的增量。边际收益的定义公式为：

$$MR(Q) = \frac{\Delta TR(Q)}{\Delta Q} \tag{6-3}$$

或者

$$MR(Q) = \lim_{\Delta Q \to 0} \frac{\Delta TR(Q)}{\Delta Q} = \frac{dTR(Q)}{d(Q)} \tag{6-4}$$

由式(6-4)可知,每一销售水平上的边际收益值就是相应的总收益曲线的斜率。

2. 完全竞争厂商的收益曲线

我们假定厂商的销售量等于厂商所面临的需求量(在以后的分析中,均如此假定)。由于在每一个销售量上,厂商的销售价格是固定不变的,因而,每一单位产品的平均收益等于既定价格;同时,不管销售量怎样增加,单位产品的售卖价格始终不变,因而每一单位产品的边际收益始终等于既定价格,从而,边际收益又等于平均收益,即 $AR = MR = P$。这一点,我们可以推导如下:

$$TP = P \cdot Q$$

$$AR = \frac{TR}{Q} = \frac{P \cdot Q}{Q} = P$$

$$MR = \lim_{\Delta Q \to 0} \frac{\Delta TR}{\Delta Q} = \frac{d(P \cdot Q)}{dQ} = \frac{Pd(Q)}{dQ} = P$$

综上可得: $AR = MR = P$

完全竞争厂商的收益曲线如图 6-3 所示。

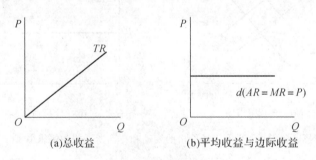

图 6-3 完全竞争厂商的收益曲线

图 6-3(a)中,完全竞争厂商的总收益 TR 曲线是一条由原点出发的斜率不变的上升直线。其理由在于,在每一个销售量水平,MR 值是 TR 曲线的斜率,且 MR 值等于既定价格水平。图 6-3(b)中,厂商所面临的需求曲线既代表平均收益曲线也代表边际收益曲线。其平均收益曲线 AR、边际收益曲线 MR 和所面临的需求曲线 d 三条线重叠,用同一条由既定价格水平决定的、平行于横轴的水平线来表示。

第二节　完全竞争厂商的短期均衡

所谓短期,是指厂商的生产规模不变,但可以调整可变要素的使用量来改变其产量。从整个行业来看,在短期内,不仅该行业现有厂商的生产规模固定不变,其厂商数目也是固定不变的。

厂商的生产目标是追求利润最大化,在完全竞争市场上,厂商是既定价格的接受者,他只能按既定价格出售其产品。由此,厂商面对的决策问题是:生产多少产量能够实现利润最大化。也就是说,厂商必须在完全竞争市场条件和短期约束下,结合产品生产成本,决定一个能够实现利润最大化的产量。所谓完全竞争市场条件下厂商的短期均衡就是指在上述约束条件下,厂商处于利润最大化的产量点上,即均衡产量点上。

一、厂商实现利润最大化的条件

我们先来寻找厂商实现最大利润的均衡产量点。图 6-4 中,有某完全竞争厂商的一条短期生产的边际成本曲线 SMC 和一条由既定价格水平 P_E 出发的水平需求曲线 d,这两条线相交于 E 点。

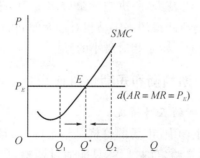

图 6-4　利润最大化的均衡产量

我们说,E 点就是厂商实现最大利润的生产均衡点,相应的产量 Q^* 就是厂商实现最大利润时的均衡产量。这是因为,具体地看,当产量小于均衡产量 Q^*,例如为 Q_1 时,厂商的边际收益大于边际成本,即有 $MR>SMC$。这表明厂商增加一单位产量所带来总收益的增加量大于所付出的总成本的增加量,也就是说,厂商增加产量是有利的,可以使利润得到增加。所以,如图 6-4 中指向右方的箭头所示,只要 $MR>SMC$,厂商就会增加产量。同时,随着产量的增加,厂商的边际收益 MR 保持不变而厂商的边际成本 SMC 是逐步增加的。最后,$MR>SMC$ 的状况会逐步变化成 $MR=SMC$ 的状况。在这一过程中,厂商得到了扩大产量所带来的全部好处,获得了他所能得到的最大利润。相反,当产量大于均衡产量 Q^*,例如为 Q_2 时,厂商的边际收益小于边际成本,即有 $MR<SMC$。这表明厂商增加一单位产量所带来的总收益的增加量小于所付出的总成本的增加量,也就是说,厂商增加产量是不利的,会使利润减少。所以,如图 6-4 中指向左方的箭头所示,只要 $MR<SMC$,厂商就会减少产量。同时,随着产量的减少,厂商的边际收益仍保持不变,而厂商的边际成本 SMC 是逐步下降的。最后 $MR<SMC$ 的状况会逐步变为 $MR=SMC$ 的状况。在这一过程中,厂商所获得的利润逐步达到最高的水平。

由此可见,不管是增加产量,还是减少产量,厂商都是在寻找能够带来最大利润的均衡产量,而这个均衡产量就是使得 $MR=SMC$ 的产量。所以,**我们说,边际收益 MR 等于边际成本 MC 是厂商实现利润最大化的均衡条件。**

在此需要指出一点,虽然以上是以完全竞争厂商的短期生产为例推导利润最大化均衡条件的,但是,这一均衡条件对于非完全竞争市场的厂商,对于长期生产也都是适用的。

$MR=MC$ 的利润最大化均衡条件,也可以用数学方法证明如下。

令厂商的利润等式为:

$$\pi(Q) = TR(Q) - TC(Q)$$

满足上式利润最大化的一阶条件为:

$$\frac{\mathrm{d}\pi(Q)}{\mathrm{d}Q} = \frac{\mathrm{d}TR(Q)}{\mathrm{d}Q} - \frac{\mathrm{d}TC(Q)}{\mathrm{d}Q} = MR(Q) - MC(Q) = 0$$

即　　$MR(Q) = MC(Q)$

所以,厂商应该根据 $MR=MC$ 的原则来确定最优产量,以实现最大的利润。最后,需要说明的是,$MR=MC$ 的均衡条件,有时也被称为亏损最小的均衡条件。这是因为,当厂商实现 $MR=MC$ 的均衡条件时,并不意味着厂商一定能获得利润。从更广泛的意义上讲,实现 $MR=MC$ 的均衡条件,能保证厂商处于由既定的成本状况(由给定的成本曲线表示)和既定的收益状况(由给定的收益曲线表示)所决定的最好境况中。这就是说,如果在 $MR=MC$ 时,厂商是获得利润的,则厂商所获得的一定是相对最大的利润;相反,如果在 $MR=MC$ 时,厂商是亏损的,则厂商所遭受的一定是相对最小的亏损。

二、完全竞争厂商的短期均衡和短期供给曲线

1. 完全竞争厂商短期均衡的五种情况

在完全竞争厂商的短期生产中,市场的价格是给定的,而且,生产中不变要素的投入量是无法变动的,即生产规模也是给定的,厂商只能通过调整可变要素的使用量来改变其产量,以实现 $MR=MC$ 的利润最大化均衡条件。

我们知道,当厂商实现 $MR=MC$ 时,有可能获得利润,也可能亏损,把各种可能的情况都考虑在内,完全竞争厂商的短期均衡可以具体表现为图 6-5 中的五种情况。

在图 6-5(a)中,根据 $MR=MC$ 的利润最大化均衡条件,厂商利润最大化的均衡点为 MR 曲线和 SMC 曲线的交点 E,相应的均衡产量为 Q^*。在 Q^* 的产量上,平均收益为 EQ^*,平均成本为 FQ^*。由于平均收益大于平均成本,厂商获得利润。在图 6-5(a)中,厂商单位产品的利润为 EF,产量为 OQ^*,两者的乘积 $EF \times OQ^*$ 等于总利润量,它相当于图中阴影部分的面积。

在图 6-5(b)中,厂商的需求曲线 d 相切于 SAC 曲线的最低点 E,这一点是 SAC 曲线和 SMC 曲线的交点。这一点恰好也是 $MR=SMC$,为利润最大化的均衡点。在均衡产量 Q^* 上,平均收益等于平均成本,都为 EQ^*,厂商的经济利润为零,但厂商获得了正常利润。由于在这一均衡点 E 上,厂商既无利润,也无亏损,所以,该均衡点也被称为厂商的收支相抵点。

在图 6-5(c)中,由均衡点和均衡产量 Q^* 可知,厂商的平均收益小于平均成本,厂商是亏损的,其亏损量相当于图 6-5(c)中的阴影部分面积。但由于在 Q^* 的产量上,厂商的平均收

益 AR 大于平均可变成本 AVC，所以，厂商虽然亏损，但仍继续生产。因为，厂商在用全部收益弥补全部可变成本以后还有剩余，可以弥补不变成本的一部分。所以，在这种亏损情况下，生产要比不生产强。

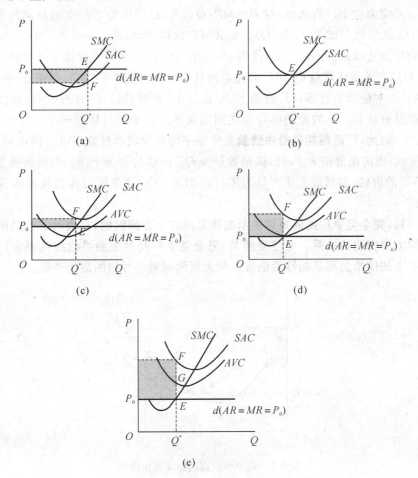

图 6-5　完全竞争厂商短期均衡的各种情况

在图 6-5(d)中，厂商的需求曲线 d 相切于 AVC 曲线的最低点 E，这一点是 AVC 曲线和 SMC 曲线的交点。这一点恰好也是 $MR=SMC$ 的利润最大化均衡点。在均衡产量上，厂商是亏损的，其亏损相当于图中的阴影部分面积。此时，厂商的平均收益 AR 等于平均可变成本 AVC，厂商可以继续生产，也可以不生产，也就是说，厂商生产或不生产的结果都是一样的。这是因为，如果厂商生产的话，则全部收益只能弥补全部的可变成本，不变成本得不到任何补偿。如果厂商不生产的话，厂商虽然不必支付可变成本，但是全部不变成本仍然存在。由于在这一均衡点上，厂商处于关闭企业的临界点，所以，该均衡点也被称作停止营业点。

图 6-5(e)中，在均衡产量 Q^* 上，厂商的亏损量相当于阴影部分的面积。此时，厂商的平均收益 AR 小于平均可变成本 AVC，厂商将停止生产。因为，在这种亏损情况下，如果厂商还继续生产，则全部收益连可变成本都无法全部弥补，就更谈不上对不变成本的补偿了。而事实上只要厂商停止生产，可变成本就可以降为零。显然，此时不生产要比生产强。

综上所述,在短期均衡时,厂商的利润可以大于零,也可以等于零,或者小于零。

2. 完全竞争厂商的短期供给曲线

回忆一下,所谓供给曲线,是用来表示在每一个价格水平上厂商愿意而且能够提供的产品数量的。对完全竞争厂商来说,有 $P = MR(Q)$,所以,完全竞争厂商的短期均衡条件 $MR(Q) = MC(Q)$ 又可以写成 $P = MC(Q)$。此式可以这样理解:在每一个给定的价格水平 P,完全竞争厂商应该选择最优的产量 Q,使得 $P = MC(Q)$ 成立,从而实现最大的利润。这意味着在价格 P 和厂商的最优产量 Q(即厂商愿意而且能够提供的产量)之间存在着一一对应的关系,而这些一一对应点恰好落在厂商的 SMC 曲线上,也就是说,厂商的 SMC 曲线恰好准确地表明了商品价格和厂商的短期供给量之间的关系。但如果价格低于平均可变成本,厂商将停止生产。因此,**厂商短期供给曲线就是位于平均可变成本最低点以上的边际成本曲线**。如图 6-6 所示,当市场价格为 P_1 时,供给数量为 Q_1,市场价格为 P_2 时,供给数量为 Q_2,对小于最低 AVC 的价格,利润最大化产量为零。在图 6-6 中,这条供给曲线就是画线部分的边际成本曲线。

由此可见,**完全竞争厂商的短期供给曲线是向右上方倾斜的,它表示了商品的价格和供给量之间同方向变化的关系。更重要的是,完全竞争厂商的短期供给曲线表示厂商在每一个价格水平上的供给量都是能够给他带来最大利润或最小亏损的最优产量。**

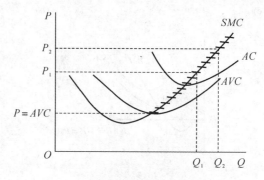

图 6-6 竞争性厂商的短期供给曲线

至此,我们便完成了厂商行为的理论分析,从厂商追求利润最大化的行为考察中推导出完全竞争厂商的短期供给曲线。

三、生产者剩余

生产者剩余(PS)指厂商在提供一定数量的某种产品时实际接受的总支付和愿意接受的最小总支付之间的差额,是生产者的所得大于其边际成本的部分。因为生产者按照最后一个商品的边际成本确定所有商品的价格,在这最后一个商品以前的商品的边际成本都低于最后一个商品,此低于部分就是生产者的额外收入。从几何的角度看,它通常用市场价格线以下、厂商供给曲线(即 SMC 曲线的相应部分)以上的面积来表示,如图 6-7 中的阴影部分面积所示。

生产者剩余也可以用数学公式定义。令反供给函数 $P^s = f(Q)$,且价格为 P_0 时的厂商供给量为 Q_0,则生产者剩余为:

$$PS = P_0 Q_0 - \int_0^{Q_0} f(Q)\,\mathrm{d}Q \qquad (6\text{-}5)$$

式(6-5)右边的第一项表示总收益,即厂商实际接受的总支付,第二项表示厂商愿意接受的最小总支付。

此外,还应该看到,在短期内,由于固定成本是无法改变的,如果不考虑初始的固定成本,那么,所有产量的边际成本之和就等于总可变成本。这样一来,生产者剩余也可以用厂商的总收益与总可变成本的差额来定义。在图 6-7 中,生产者剩余也可以由矩形 GP_0EF 给出,它等于总收益 OP_0EQ_0 减去总可变成本 $OGFQ_0$。其实,从本质上讲,在短期中,由于固定成本不变,所以,只要总收益大于总可变成本,厂商进行生产就是有利的,就能得到生产者剩余。

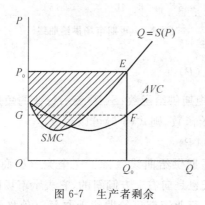

图 6-7　生产者剩余

生产者剩余和我们在效用论中所分析的消费者剩余这两个概念通常被结合在一起使用,它们被广泛地运用于有关经济效率和社会福利问题的分析之中。

四、完全竞争行业的短期供给曲线

在任何价格水平上,一个行业的供给量等于行业内所有厂商的供给量之和。据此,假定生产要素的价格不变,则一个行业的短期供给曲线由该行业内所有厂商的短期供给曲线的水平加总得到。图 6-8 显示了短期生产成本各不相同的三个厂商的短期供给曲线如何被加总而成为市场供给曲线的。

每个厂商的边际成本只画出位于其平均可变成本曲线之上的那一部分(只分析三个厂商是为了作图的方便,这一分析同样适用于有很多厂商的情形)。在图 6-8 中,假定某完全竞争行业中有 A、B 和 C 三个厂商。在低于 P_1 的价位上,行业将不生产,因为 P_1 是成本最低的厂商的最小平均可变成本。在 P_1 和 P_2 间的价格上,只有厂商 C 生产,所以行业供给曲线等于厂商 C 在这一价格段中的供给曲线 $S_C(P)$。在价格 P_2 上,行业供给将等于所有三个厂商供给量的总和,此时,厂商 A、B 和 C 供给的产量分别为 2 个单位、5 个单位和 8 个单位。因此,行业供给量为 15 个单位。在价格 P_3 上,厂商 A、B 和 C 分别供给 4 个单位、7 个单位和 10 个单位,整个行业总供给 21 个单位。在此需要指出的是,市场供给曲线向右上倾斜,但在价格 P_2 和 P_3 处有折点。但是,当市场上有无数厂商时,折线将变化为一条光滑的向右上倾斜的曲线。

我们可以将厂商的短期供给函数和行业的短期供给函数之间的关系用公式表示为:

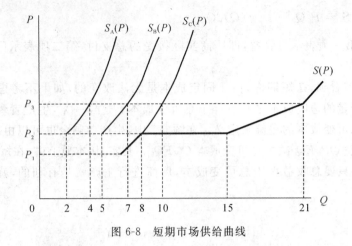

图 6-8　短期市场供给曲线

$$S(P) = \sum_{i=1}^{n} S_i(P) \tag{6-6}$$

式中，$S_i(P)$ 为第 i 个厂商的短期供给函数；$S(P)$ 表示行业的短期供给函数。如果行业内的 n 个厂商具有相同的短期供给函数，则式(6-6)可以写成：

$$S(P) = n \cdot S_i(P) \tag{6-7}$$

　　显然，完全竞争行业的短期供给曲线保持了完全竞争厂商短期供给曲线的基本特征。这就是，行业的短期供给曲线也是向右上方倾斜的，它表示市场的产品价格和市场的短期供给量成同方向的变动。而且，**行业短期供给曲线上与每一价格水平相对应的供给量都是可以使全体厂商在该价格水平获得最大利润或最小亏损的最优产量。**

第三节　完全竞争厂商的长期均衡

一、完全竞争厂商的长期均衡

　　在完全竞争厂商的长期生产中，所有的生产要素都是可变的，厂商是通过对全部生产要素的调整，来实现 $MR = LMC$ 的利润最大化均衡条件的。在完全竞争市场价格给定的条件下，厂商在长期生产中对全部生产要素的调整可以表现为两个方面：一方面表现为对最优生产规模的选择，另一方面表现为进入或退出一个行业的决策。

　　1. 厂商对最优生产规模的选择

　　首先，我们分析厂商在长期生产中对最优生产规模的选择。下面利用图 6-9 加以说明。在图 6-9 中，假定完全竞争市场的价格为 P_0。在 P_0 的价格水平上，厂商应该选择哪一个生产规模，才能获得最大利润呢？在短期内，假定厂商已拥有的生产规模以 SAC_1 和 SAC_2 曲线表示。由于在短期内生产规模是给定的，所以，厂商只能在既定的生产规模下进行生产。根据 $MR = SMC$ 的短期利润最大化均衡条件，厂商选择的最优产量为 Q_1，所获得的利润为图中较小的那一块阴影部分面积 FP_0E_1G。而在长期内，情况就不同了。长期内，根据 $MR = LMC$ 的长期利润最大化均衡条件，厂商会达到长期均衡点 E_2，并且选择 SAC_2 曲线和 SMC_2 曲线所代表的最优生产规模进行生产，相应的最优产量 Q_2，所获得的利润为图中较大的那

一块阴影部分面积 HP_0E_2I。很清楚,在长期,厂商通过对最优生产规模的选择,使自己的状况得到改善,从而获得了比在短期内所能获得的更大利润。

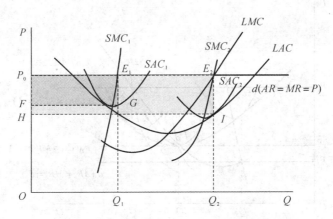

图 6-9　长期生产中厂商对最优生产规模的选择

2.厂商进出一个行业

接下来,我们分析厂商在长期生产中进入或退出一个行业及其对单个厂商利润的影响。厂商在长期生产中进入或退出一个行业,实际上是生产要素在各个行业之间的调整,生产要素总是会流向能获得更大利润的行业,也总是会从亏损的行业退出。正是行业之间生产要素的这种调整,使得完全竞争厂商长期均衡时的利润为零。具体如图 6-10 所示。如果最初的市场价格较高为 P_1,根据 $MR=LMC$ 的利润最大化条件,厂商选择的产量为 Q_1,相应的最优生产规模由 SAC_1 曲线和 SMC_1 曲线所代表。此时,厂商获得利润,这便会吸引一部分厂商进入到该行业生产中来。随着行业内厂商数量的逐步增加,市场上的产品供给就会增加,市场价格就会逐步下降,相应地,单个厂商的利润就会逐步减少。只有当市场价格水平下降到使单个厂商的利润为零时,新厂商的进入才会停止。相反,如果市场价格较低为 P_3 时,则厂商根据 $MR=LMC$ 的利润最大化条件,选择产量 Q_3,相应的最优生产规模由 SAC_3 曲线和 SMC_3 曲线所代表。此时,厂商是亏损的,这使得行业内原有厂商中的一部分退出该行业的生产。随着行业内厂商数量的逐步减少,市场的产品供给就会减少,市场价格就会逐步上升。相应地,单个厂商的亏损就会减少。只有当市场价格水平上升到使单个厂商的亏损消失即利润为零时,原有厂商的退出才会停止。总之,不管是新厂商的进入,还是原有厂商的退出,最后,这种调整一定会使市场价格达到长期平均成本的最低水平,即图中的价格水平 P_2。在这一价格水平,行业内的每个厂商既无利润,也不亏损,但都实现了正常利润。于是,厂商失去了进入或退出该行业的动力,行业内的每个厂商都实现了长期均衡。

图 6-10 中的 E_2 点是完全竞争厂商的长期均衡点,在这一点,长期平均成本最低。相应的 LMC 曲线在该点与 LAC 曲线相交;厂商所面临的需求曲线 d_2 与 LAC 曲线相切于该点;代表最优生产规模的 SAC_2 曲线也相切于该点,相应的 SMC_2 曲线经过该点。总之,**完全竞争厂商的长期均衡出现在 LAC 曲线的最低点**。这时,生产的平均成本降到长期平均成本的最低点,商品的价格也等于最低的长期平均成本。

最后,我们得到完全竞争厂商的长期均衡条件为:

$$MR = LMC = SMC = LAC = SAC \qquad (6-8)$$

而 $MR = AR = P$,此时,单个厂商的利润为零。

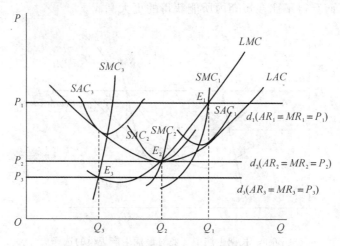

图 6-10　厂商进入或退出行业及其长期均衡

二、完全竞争行业的长期供给曲线

上述分析中,始终隐含一个假定,即生产要素的价格是不变的。也正是在这个假定下,我们在前一节直接由厂商短期供给曲线的水平加总而得到了行业的短期供给曲线。然而,当我们分析行业的长期供给曲线时,这个假定显然是很不合理的。因为,当厂商进入或退出一个行业时,整个行业产量的变化有可能对生产要素市场的需求产生影响,从而影响生产要素的价格。根据行业产量变化对生产要素价格所可能产生的影响,我们将完全竞争行业区分为成本不变行业、成本递增行业和成本递减行业。这三类行业的长期供给曲线各具有自身的特征。

1. 成本不变行业的长期供给曲线

成本不变行业是这样一种行业,该行业产量变化所引起的生产要素需求的变化,不对生产要素的价格发生影响。这可能是因为这个行业对生产要素的需求量,只占生产要素市场需求量的很小一部分。在这种情况下,行业的长期供给曲线是一条水平线,如图 6-11 所示。

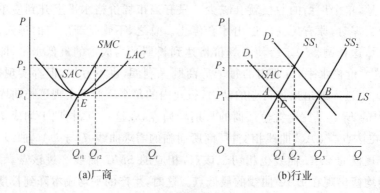

图 6-11　成本不变行业的长期供给曲线

在图 6-11 中,由市场需求曲线 D_1 和市场短期供给曲线 SS_1 的交点 A 所决定的市场均衡

价格为 P_1。在价格水平 P_1 上,完全竞争厂商在 LAC 曲线的最低点 E 实现长期均衡,每个厂商的利润均为零。由于行业内不再有厂商的进入和退出,故称 A 点为行业的一个长期均衡点。此时,厂商的均衡产量为 Q_{i1},行业均衡产量为 Q_1,且有 $Q_1 = \sum_{i=1}^{n} Q_{i1}$。

假定外生因素影响使市场需求增加,D_1 曲线向右移至 D_2 曲线的位置,且与 SS_1 曲线相交,相应的市场价格水平由 P_1 上升到 P_2。在新的价格 P_2,厂商在短期内沿着既定生产规模的 SMC 曲线,将产量由 Q_{i1} 提高到 Q_{i2},并获得利润。

从长期看,由于单个厂商获得利润,便吸引新厂商加入到该行业中来,导致行业供给增加。行业供给增加会产生两方面的影响。一方面,它会增加对生产要素的需求,但由于是成本不变行业,所以,生产要素的价格不发生变化,企业成本曲线的位置不变。另一方面,行业供给增加会使 SS_1 曲线不断向右平移,随之,市场价格逐步下降,单个厂商的利润也逐步下降。这个过程一直要持续到单个厂商的利润消失为止,即 SS_1 曲线一直要移动到 SS_2 曲线的位置,从而使得市场价格又回到了原来的长期均衡价格水平 P_1,单个厂商又在原来的 LAC 曲线的最低点 E 实现长期均衡。所以,D_2 曲线和 SS_2 曲线的交点 B 是行业的又一个长期均衡点。此时有 $Q_3 = \sum_{i=1}^{m} Q_{i1}$,市场均衡产量的增加量为 Q_1Q_3,它是由新加入的厂商提供的,但行业内每个厂商的均衡产量仍为 Q_{i1}。

连接 A、B 这两个长期均衡点的直线 LS 就是该行业的长期供给曲线。成本不变行业的长期供给曲线是一条水平线。它表示成本不变行业是在不变的均衡价格水平提供产量,该均衡价格水平等于厂商不变的长期平均成本的最低点。市场需求变化,会引起行业长期均衡产量的同方向变化,但长期均衡价格不会发生变化。

2. 成本递增行业的长期供给曲线

成本递增行业是这样一种行业,该行业产量增加所引起的生产要素需求的增加,会导致生产要素价格的上升。 成本递增行业是较为普遍的。成本递增行业的长期供给曲线是一条向右上方倾斜的曲线,如图 6-12 所示。

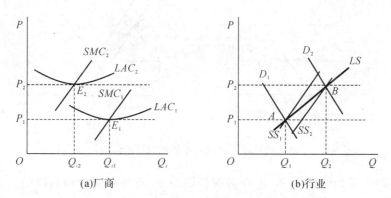

图 6-12　成本递增行业的长期供给曲线

在图 6-12 中,开始时单个厂商的长期均衡点 E_1 和行业的一个长期均衡点 A 是相互对应的。它们表示:在市场均衡价格水平 P_1,厂商在 LAC_1 曲线的最低点实现长期均衡,且每个厂商的利润为零。

假定市场需求增加使市场需求曲线向右移至 D_2 曲线的位置,并与原市场短期供给曲线 SS_1 相交形成新的更高价格水平。在此价格水平,厂商在短期内将仍以 SMC_1 曲线所代表的既定生产规模进行生产,并由此获得利润。

在长期,新厂商会由于利润的吸引而进入到该行业的生产中来,整个行业供给增加。一方面,行业供给增加,会增加对生产要素的需求。与成本不变行业不同,在成本递增行业,生产要素需求的增加使得生产要素的市场价格上升,从而使得厂商的成本上升,其成本曲线的位置上移,即图 6-12(a)中的 LAC_1 曲线和 SMC_1 曲线的位置向上移动。另一方面,行业供给增加直接表现为市场的 SS_1 曲线向右平移。这种 LAC_1 曲线和 SMC_1 曲线位置的上移和 SS_1 曲线位置的右移过程,一直要持续到什么水平才会停止呢?如图 6-12 所示,它们分别达到 LAC_2 和 SMC_2 曲线的位置及 SS_2 曲线的位置,从而分别在 E_2 点和 B 点实现厂商的长期均衡和行业的长期均衡。此时,由 D_2 曲线和 SS_2 曲线所决定的新的市场均衡价格水平为 P_2,厂商在 LAC_2 曲线的最低点实现长期均衡,每个厂商的利润都为零,且 $Q_2 = \sum_{i=1}^{m} Q_{i1}$。

连接 A、B 这两个长期均衡点的 LS 线就是行业的长期供给曲线。成本递增行业的长期供给曲线是向右上方倾斜的。它表示:在长期,行业的产品价格和供给量呈同方向变动。市场需求的变动不仅会引起行业长期均衡价格的同方向变动,还引起行业长期均衡产量的同方向变动。

3.成本递减行业的长期供给曲线

成本递减行业是这样一种行业,该行业产量增加所引起的生产要素需求增加,反而使生产要素的价格下降了。行业成本递减的原因是外部经济的作用。这是因为生产要素行业的产量增加,使得生产要素行业内单个企业的生产效率提高,从而使得生产要素价格下降。成本递减行业的长期供给曲线是向右下方倾斜的。具体如图 6-13 所示。

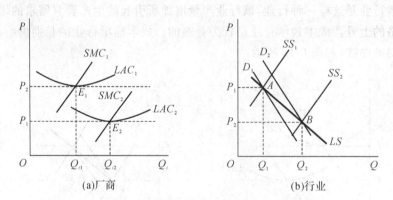

(a)厂商   (b)行业

图 6-13　成本递减行业的长期供给曲线

在图 6-13 中,开始时,厂商在 E_1 点实现长期均衡,行业在与之相对应的点 A 实现长期均衡。当市场价格上升,新厂商由于利润吸引而加入到该行业中来的时候,一方面,在成本递减行业前提下,行业供给增加所导致的对生产要素需求的增加,却使得生产要素的市场价格下降了,它使得图 6-13 中原来的 LAC_1 曲线和 SMC_1 曲线的位置向下移动;另一方面,行业供给增加仍旧直接表现为 SS_1 曲线的位置向右移动。这两种变动一直要持续到厂商在 E_2 点实现长期均衡和行业在 B 点实现长期均衡为止。此时,D_2 曲线和 SS_2 曲线所决定的新的价格

水平为 P_2，厂商在 LAC_2 曲线的最低点实现长期均衡，每个厂商的利润又恢复为零，且 $Q_2 = \sum_{i=1}^{m} Q_{i1}$。

连接 A、B 这两个长期均衡点的 LS 线就是行业的长期供给曲线。成本递减行业的长期供给曲线是向右下方倾斜的。它表示：在长期，行业的产品价格和供给量呈反方向变动。市场需求的增加会引起行业长期均衡价格的反方向变动，还会引起行业长期均衡产量的同方向变动。

选择题

一、单项选择题

1. 在完全竞争市场上，厂商短期均衡的条件是 （　　）

   A. $P=AR$　　　　　B. $P=MR$　　　　　C. $P=MC$　　　　　D. $P=AC$

2. 在一般情况下，厂商得到的价格若低于以下哪种成本就会停止营业 （　　）

   A. 平均成本　　　　B. 平均可变成本　　　C. 平均固定成本　　　D. 边际成本

3. 假定在某一产量水平上，某厂商的平均成本达到了最小值，这意味着 （　　）

   A. 边际成本等于平均成本　　　　　　B. 厂商获得了最大利润

   C. 厂商获得了最小利润　　　　　　　D. 厂商的超额利润为零

4. 在完全竞争条件下，如果厂商把产量调整到平均成本曲线最低点所对应的水平 （　　）

   A. 他将取得最大利润　　　　　　　　B. 他没能获得最大利润

   C. 他是否获得最大利润仍无法确定　　D. 他一定亏损

5. 在完全竞争市场上，已知某厂商的产量是 500 单位，总收益是 500 美元，总成本是 800 美元，总不变成本是 200 美元，边际成本是 1 美元，按照利润最大化原则，他应该 （　　）

   A. 增加产量　　　　　　　　　　　　B. 停止生产

   C. 减少产量　　　　　　　　　　　　D. 以上任何一个措施都采取

6. 完全竞争市场中的厂商总收益曲线的斜率为 （　　）

   A. 固定不变　　　　B. 经常变动　　　　　C. 1　　　　　　　　D. 0

7. 完全竞争市场的厂商短期供给曲线是 （　　）

   A. $AVC>MC$ 中的那部分 AVC 曲线　　B. $AC>MC$ 中的那部分 AC 曲线

   C. $MC\geq AVC$ 中的那部分 MC 曲线　　D. $MC\geq AC$ 中的那部分 MC 曲线

8. 在最优短期产出水平上，厂商将 （　　）

   A. 取得最大利润　　　　　　　　　　B. 使总损失最小

   C. 使总损失最小；或使总盈利最大　　D. 使单位产品中所获利润最大

9. 在厂商停止营业点 （　　）

   A. $P=AVC$　　　　　　　　　　　　B. $TR=TVC$

   C. 企业总损失等于 TFC　　　　　　D. 以上都对

10. 在完全竞争的情况下，需求曲线与平均成本曲线相切是 （　　）

   A. 厂商在短期内要得到最大利润的充分条件

   B. 某行业内厂商数目不再变化的条件

   C. 厂商在长期上要得到最大利润的条件

D. 厂商在长期上亏损最小的条件

11. 当完全竞争厂商(并非整个行业)处于长期均衡时 （　　）

A. $P=MR=SMC=SAC$

B. $P=MR=LMC=LAC$

C. $P=MR=SMC=LMC$, $SAC=LAC$; 但前后两等式并不相等, 即 $P\neq SAC$

D. $P=MR=SMC=SAC=LMC=LAC$

12. 当完全竞争厂商和行业都处于长期均衡时 （　　）

A. $P=MR=SMC=LMC$ 　　　　　B. $P=MR=SAC=LAC$

C. $P=MR=LAC$ 的最低点 　　　　D. 以上都对

13. 在完全竞争市场中,行业的长期供给曲线取决于 （　　）

A. SAC 曲线最低点的轨迹 　　　　B. SMC 曲线最低点的轨迹

C. LAC 曲线最低点的轨迹 　　　　D. LMC 最低点的轨迹

14. 在完全竞争行业中,成本递增行业的长期供给曲线是 （　　）

A. 水平直线 　　　　　　　　　B. 自左向右上倾斜

C. 垂直于横轴 　　　　　　　　D. 自左向右下倾斜

15. 若生产要素的价格与数量变化方向相同,则该行业是 （　　）

A. 成本不变行业 　　　　　　　B. 成本递减行业

C. 成本递增行业 　　　　　　　D. 以上任何一个

二、计算题

1. 已知某完全竞争行业中的单个厂商的短期成本函数为 $STC=0.1Q^3-2Q^2+15Q+10$。试求:

(1)当市场上产品价格为 $P=55$ 美元时,厂商的短期均衡产量和利润。

(2)当市场价格下降为多少时,厂商必须停产?

(3)厂商的短期供给函数。

2. 假设某完全竞争厂商使用劳动和资本从事生产,短期内资本数量不变而劳动数量可变,其成本曲线为:

$LTC=\frac{2}{3}Q^3-16Q^2+180Q$;

$STC=2Q^3-24Q^2+120Q+400$;

试求:(1)厂商预期的长期最低产品价格是多少?

(2)如果要素价格不变,短期厂商将继续经营的最低产品价格是多少?

(3)如果产品价格为 120 元,那么短期内厂商将生产多少产品?

3. 在一个完全竞争的成本不变行业中,单个厂商的长期成本函数为 $LTC=Q^3-40Q^2+600Q$,该市场的需求函数为 $Q^d=13000-5P$。试求:

(1)该行业的长期供给曲线。

(2)该行业实现长期均衡时的厂商数量。

4. 已知完全竞争市场上单个厂商的长期成本函数为 $LTC=Q^3-20Q^2+200Q$,市场的产品价格为 $P=600$。试求:

(1)该厂商实现利润最大化时的产量、平均成本和利润各是多少?

(2)该行业是否处于长期均衡？为什么？

(3)该行业处于长期均衡时,每个厂商的产量、平均成本和利润各是多少？

(4)判断(1)中的厂商是处于规模经济阶段,还是处于规模不经济阶段？

5.某完全竞争厂商的短期边际成本函数为$SMC=0.6Q-10$,总收益函数$TR=38Q$,且已知产量$Q=20$时的总成本$STC=260$。

试求该厂商利润最大化时的产量和利润。

三、分析讨论题

1.有人认为,完全竞争市场在现实中很难存在,也就没有什么实际意义。对此,你是怎么认为的？

2.用图说明完全竞争厂商短期均衡的形成及其条件。

3.经济利润与生产者剩余有什么不同？

4.由于长期内经济利润为零,厂商在完全竞争市场中无利可图,他们为什么还要继续进行生产和销售？

5.用图说明完全竞争市场长期均衡的实现过程和特点。

第七章
完全垄断市场

第一节　垄断的含义与成因

一、垄断的含义

　　垄断(Monopoly)与完全竞争一样,也是市场结构的一种,如果市场上只有一家厂商控制了一个行业的全部供给或只有一个消费者购买全部该种商品,我们就称之为完全垄断[①]。

　　和完全竞争市场一样,完全垄断也是一种假设的市场结构,在现实的经济生活中几乎不存在。与完全竞争市场相对的是,完全垄断最不具有经济效率。

二、垄断形成的原因

　　垄断作为一种由于对资源的独占性而产生的经济现象,其产生的根本原因是为了建立和维护一个合法的经济壁垒,控制市场某一种产品的数量及其市场价格,阻止其他厂商进入该市场,进而持续地获得垄断利润。具体地说,垄断市场形成的主要原因有以下几个方面:

　　1. 对特种资源的控制

　　由于某种原因,某个厂商单独控制了生产一种商品的全部资源,排除了其他厂商生产同

---

　　① 在本书中,在提到完全垄断时,我们一般指垄断供给。

种产品的可能性。最常见的是通过对原料的垄断来限制竞争。例如,在非洲以及其他地区,大多数的钻石矿都被南非的德比尔斯公司控制。

2.专利权

厂商拥有独家生产某种商品的专利权,并在专利保护的有效期内形成了对这种产品、技术和劳务的垄断。例如可口可乐的配方在很长时间里使其独占市场。

3.政府特许

政府往往在某些行业实行垄断的政策,这主要是基于三个方面的考虑:一是基于某种公共福利需要的考虑,例如某些必须进行严格控制的药品的生产;二是基于保证国家安全的考虑,例如各种武器、弹药的生产;三是基于国家财政和税收收入的考虑,例如国家对某些进口商品进行垄断经营。

4.自然垄断

对于那些具有规模经济和范围经济要求的行业来说,厂商必须在一个相当高的产能水平上生产出大量的产品。在此类市场中,一个生产者比大量生产者更有效,以至于只要有一个厂商就可以满足人们对整个行业的需求,往往是最早一个凭借其雄厚的经济实力进入该行业的厂商能够获得垄断地位,例如自来水、电信等行业就是典型的自然垄断。

三、垄断市场上的决策

与完全竞争由供需双方共同决定价格不同,在完全垄断的情况下,由于行业内只有一个厂商在市场上出售商品,它所面临的需求曲线就是市场的需求曲线。假设这是一种符合需求法则的商品,也就是说,需求曲线向右下方倾斜,这就表示:垄断厂商可以通过减少销售数量的办法来提高市场价格,反之则可以压低市场价格,因此完全垄断市场的定价取决于垄断厂商本身的决策。以直线型的需求曲线为例,设需求函数为:

$$P = a - bQ$$

其中,a、b 为参数,且 a、$b > 0$,则:

$$TR(Q) = PQ = aQ - bQ^2 \tag{7-1}$$

$$AR(Q) = \frac{PQ}{Q} = a - bQ = P \tag{7-2}$$

$$MR(Q) = \frac{\mathrm{d}TR(Q)}{\mathrm{d}Q} = a - 2bQ \tag{7-3}$$

完全垄断市场中的总收益曲线 TR、边际收益曲线 MR 和平均收益曲线 AR 如图 7-1 所示。

从图 7-1 可以得到以下结论:①垄断厂商的 AR 曲线和需求曲线重合,都是同一条向右下方倾斜的曲线。② 图中 MR 曲线位于 AR 曲线的左下方,说明垄断厂商的边际收益 MR 总是小于平均收益 AR,且 MR 曲线也向右下方倾斜。③ 由于每一销售量上的边际收益 MR 值就是相应的总收益 TR 曲线的斜率,所以在图中,当 $MR > 0$ 时,TR 曲线的斜率为正;当 $MR < 0$ 时,TR 曲线的斜率为负;当 $MR = 0$ 时,TR 曲线达最大值点。

四、垄断市场上的需求价格弹性

我们把式(7-3)作一简单变换,则 $MR(Q)$ 可以写成:

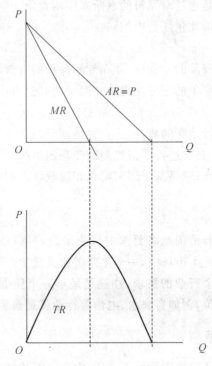

图 7-1　垄断厂商的收益曲线

$$MR(Q) = \frac{\mathrm{d}TR(Q)}{\mathrm{d}Q} = P + Q\frac{\mathrm{d}P}{\mathrm{d}Q} = P\left(1 + \frac{\mathrm{d}P}{\mathrm{d}Q}\frac{Q}{P}\right) = P\left(1 - \frac{1}{E_d}\right) \qquad (7\text{-}4)$$

式中，E_d 为需求的价格弹性，$E_d = -\dfrac{\mathrm{d}Q}{\mathrm{d}P}\dfrac{P}{Q}$。

式(7-4)就是用需求的价格弹性所表示的垄断厂商边际收益。由此可知以下结论：① 当 $E_d > 1$ 时，$MR > 0$，此时，TR 曲线的斜率为正，厂商总收益 TR 随销售量 Q 的增加而增加。② 当 $E_d < 1$ 时，$MR < 0$，TR 曲线的斜率为负，厂商总收益 TR 随销售量 Q 的增加而减少。③ 当 $E_d = 1$ 时，$MR = 0$，TR 曲线的斜率为 0，厂商总收益达到极大值点。

第二节　完全垄断厂商的短期均衡

一、垄断厂商的短期均衡

完全垄断厂商在短期内为获得最大利润必须遵循 $MR = MC$ 的原则。由于短期内无法改变其固定要素的投入量，因此完全垄断厂商的短期均衡如图 7-2 所示。

图中的 SMC 曲线和 SAC 曲线分别代表垄断厂商在短期内既定规模下的边际成本曲线和平均成本曲线，其中平均成本曲线 AR 和需求曲线 d 重合。

① 当 $MR > SMC$ 时，即 MR 曲线高于 SMC 曲线时，每增加一单位产量所得到的收益的增加量大于每增加一单位产量所付出的成本，这时，厂商不会停止生产，因为增加产量是有利可图的。由于 MR 曲线是向右下方倾斜的，而 SMC 曲线先减后增，因此，随着产量的增加，

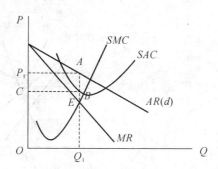

图 7-2　垄断厂商的短期均衡

两者之间的差额会逐步缩小,直至相等。

　　② 当 $MR < SMC$ 时,MR 曲线低于 SMC 曲线,每增加一单位产量所得到的收益的增加量是小于每增加一单位产量所付出的成本的,这就会出现与上面情况相反的结果,厂商为了尽可能多地获得利润,反而会缩减产量至 Q_1。

　　③ 当 $MR = SMC$ 时,垄断厂商既没有动力扩大生产,也不需要缩减产量,进而获得最大利润。此时,垄断厂商会在价格水平为 P_1、产量为 Q_1 的时候进行生产。它的平均收益为 AQ_1,平均成本为 BQ_1,每单位产品可获平均利润 AB,总利润为矩形 $ABCP_1$ 的面积。因此,$MR = SMC$ 就是垄断厂商在利润最大化原则下的短期均衡条件。

二、垄断厂商的利润

　　对比图 7-3 的(a)图和(b)图,我们发现如果垄断厂商根据自身情况和市场需求进行决策,将会获得高于其在完全竞争市场上所获得的利润,我们将这部分由于垄断力量而获得的利润称为"垄断利润"或超额利润,如图 7-3(b)阴影所示。

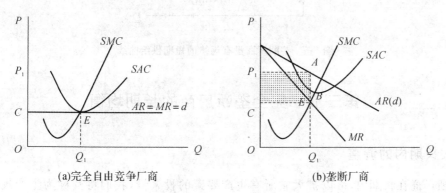

　　(a)完全自由竞争厂商　　　　　　(b)垄断厂商

图 7-3　厂商短期均衡时的利润

　　那是不是所有的垄断厂商都能获得垄断利润呢?图 7-4 给出了说明。(a)图中垄断厂商的短期均衡价格为 P_1,SAC 线低于 AR 线,因此每单位产品都能获得平均利润 AB。而在(b)图中,情况则发生了变化,由于 SAC 线高于 AR 线,这意味着单位产品的利润为负。因此,并不是所有垄断厂商都能获得高于完全自由竞争市场的超额利润的,这取决于垄断厂商本身的短期平均成本曲线和市场需求曲线的高低。

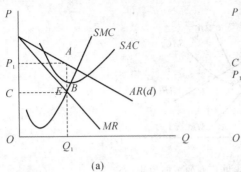
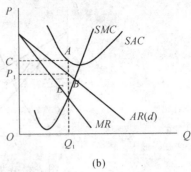

图 7-4　垄断厂商的利润

三、垄断厂商的短期供给曲线

与完全自由竞争市场不同,垄断市场上只有一家厂商,所以它的均衡产量和均衡价格并不是一一对应的。如图 7-5 所示,垄断厂商在市场需求发生变化的情况下,也有可能在市场上还是维持原有的价格。因此,我们并不能像完全自由竞争市场上那样得到具有规律性的价格和产量一一对应的短期供给曲线。

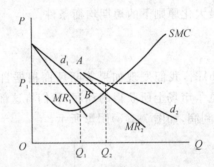

图 7-5　垄断厂商没有规律的短期供给曲线

第三节　完全垄断厂商的长期均衡

一、长期内的调整

垄断厂商在长期内,可以扩大它所有生产要素的投入量,我们将其称为生产规模的扩大,当然此时的厂商亦以利润最大化为生产的充分必要条件。但是不是所有的垄断厂商在长期都将获得经济利润呢?答案是不一定,这和我们上面分析的垄断厂商短期能否获得经济利润的过程是类似的。

(1)如果在短期内,垄断厂商是亏损的,在长期内也不存在一个不亏损的最优生产规模。这种情况下,厂商会退出市场,不再生产;

(2)如果在短期内,垄断厂商是亏损的,但是在长期内,却寻找到了一个可以使其摆脱亏损状况的最优生产规模,那么厂商就会在市场上继续经营下去,最终获得利润;

(3)如果在短期内,垄断厂商已经能够获得利润,那么在长期通过对生产规模的调整,其利润就会更大。

二、长期均衡的条件

如图 7-6 所示，垄断厂商在短期已获利的情况下，在长期仍能获得更大利润。这是因为厂商在市场上是唯一的供给者，其他厂商无法进入，因此厂商在长期内可以通过调整生产规模来获得更大利益。如果厂商一开始的短期边际成本曲线和短期平均成本曲线用 SMC_1 和 SAC_1 表示，那么为了获得更大的利润，厂商只能在 $SMC_1 = MR$ 处进行生产，此时市场的均衡价格为 P_1，产量为 Q_1，垄断厂商获得的利润是点状阴影部分。这时厂商一定会扩大生产规模，因为当生产规模扩大到 Q_2 的时候，垄断厂商的利润如图中线状阴影部分所示，它明显大于点状阴影部分。垄断厂商会不断尝试生产规模，直至其利润最大，此时 $SMC_2 = LMC = MR$，且 $LAC = SAC_2$，长期平均成本曲线与短期平均成本曲线相切。特别值得注意的是，与完全竞争厂商长期利润为零不同，在长期，垄断厂商能一直获得超额利润。

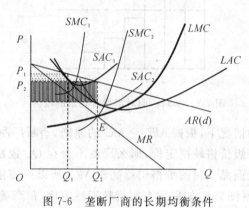

图 7-6 垄断厂商的长期均衡条件

第四节 完全垄断厂商的价格歧视

既然垄断厂商在市场上拥有通过改变自身供给数量而改变市场价格的能力，那么垄断厂商肯定要通过一些方法来实现垄断利益的最大化。我们说只要垄断厂商具备了以下两个条件，他就会实行歧视性定价，即以不同的价格销售同一件商品。这两个条件是：(1)市场可根据消费者的偏好不同而进行分割；(2)不同的市场之间是相互隔绝的，不存在中间商的利润空间。根据垄断厂商对消费者偏好情况的掌握程度，歧视性定价可以分成一级价格歧视、二级价格歧视和三级价格歧视。

一、一级价格歧视

如果厂商在市场上掌握的信息非常充分，那么他就能知道每个消费者对每一单位商品的保留价格[①]，因此可以对每个消费者的每单位产品都收取不同的价格，这样他就可以掌握所有的消费者剩余，交易的福利归他一人所有，此时资源配置是有效率的，只有福利的转移

---

① 保留价格指消费者对每一单位的商品愿意支付的最高价格。

而没有福利的损失。

我们先假设消费者只能按照整数倍购买商品，P_1 表示消费者愿意购买第 1 单位 X 商品的保留价格；P_2 表示消费者愿意购买第 2 单位 X 商品的保留价格，P_n 表示消费者愿意购买第 n 单位 X 商品的保留价格。如图 7-7，当 X 商品的价格为 0 时，$P_1 + P_2 + P_3 + \cdots + P_n$ 表示总共消费 n 单位 X 商品所带来的消费者剩余。当商品价格为 P 时，$P_1 + P_2 + P_3 + \cdots + P_m - P \cdot m$ 表示总共消费 m 单位 X 商品所带来的消费者剩余，即如图阴影部分所示。如果垄断厂商能确切知道消费者对每一单位商品的保留价格，那么它的收益就是阴影部分面积和 $P_m \cdot m$ 的和，消费者剩余将全部转化成为垄断厂商所得。

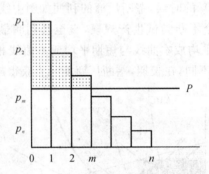

图 7-7　垄断厂商对消费者剩余的侵占

在需求函数为连续的情况下，根据 $MR = MC$ 的原则，垄断厂商所确定的价格为 p_m，均衡数量为 Q_m。如果实行一级价格歧视定价，那么厂商不会在 Q_m 数量就结束供给，因为这个时候消费者愿意为每单位商品支付的价格仍然高于 MC，所以厂商依然会扩大供给数量，直至 Q_c，此时 $P_c = MC$。观察图 7-8，如果没有实行歧视性定价，在产量为 Q_m 时，垄断厂商的收益为 AP_mOQ_m，实行了歧视性定价，其收益变成点状阴影部分，总的收益是点状阴影和密点状阴影部分之和，因为此时垄断厂商的产量为 Q_c，且占有所有的消费者剩余。

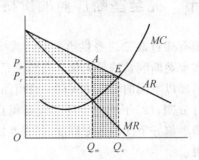

图 7-8　垄断厂商的一级价格歧视

二、二级价格歧视

二级价格歧视是根据不同的销售量所制定的歧视性定价策略。如图 7-9，厂商如果不采取价格歧视策略，则其收益为矩形 P_mEQ_mO 的面积，如图阴影部分所示。如果采取二级价格歧视策略，则可以将销售量分成若干个部分，针对不同销售量进行阶梯形收费。如图中将销售量分成三个部分 $O-Q_a$、Q_a-Q_b、Q_b-Q_c，市场销售数量在 $O-Q_a$ 时，价格为 P_a，销售数量在 Q_a

$-Q_b$ 时,价格为 P_b,Q_b-Q_c 时为 P_c。这样,垄断厂商的总收益就变成矩形 P_aAQ_aO、DBQ_bQ_a 和 FCQ_cQ_b 的和,远大于其没有进行歧视性定价时的收益,部分消费者剩余被垄断厂商占据。

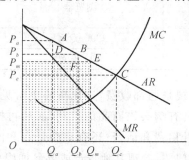

图 7-9 垄断厂商的二级价格歧视

三、三级价格歧视

和一级价格歧视和二级价格歧视不同,三级价格歧视对市场有一个"自我选择"机制,进而将消费层次进行分离,常见的方法有三种。一是根据时间区别定价,如春运车票浮动、峰谷电收费等。第二种是优惠券方式,再次消费的客人拥有较高的折扣或更好的服务。第三种是量大优惠策略,如超市的团购和零售价格是不同的。尽管在三级价格歧视市场上,垄断厂商对不同的人按不同的价格出售产品,可是卖给特定个人每单位产量却都按相同的价格出售。因此,如果分别用 x_1 和 x_2 表示不同消费层次的商品销售数量,则利润函数为:

$$\pi = P_1 x_1 + P_2 x_2 - c(x_1 + x_2)$$

其最大化的条件为 $MR_1 = MR_2 = MC$。当 $MR_1 > MR_2$ 时,厂商会减少 x_2 增加 x_1,以便获得更大的利益。这种调整一直会持续到 $MR_1 = MR_2$ 为止。此时,

$$MR_1 = P_1(1-1/E_{d1}) = MR_2 = P_2(1-1/E_{d2})$$

即:

$$P_1/P_2 = (1-1/E_{d2})/(1-1/E_{d1}) \tag{7-5}$$

由此可见,三级价格歧视要求在需求价格弹性很小的市场上提高价格,在需求价格弹性很大的市场上降低产品的价格,以获得更多利润。

四、其他形式的价格歧视

除以上三种价格歧视外,垄断厂商还经常使用搭售和两部收费法来获取更多的利润。

搭售是指将不同的产品用一个价格同时销售,有时也称捆绑销售。即如果不同的消费者对产品有着不同的需求,并且厂商不能实行常规的价格歧视定价法,则厂商可利用其垄断地位,制定一个价格,强迫消费者在购买一种产品的同时必须购买另一种产品,这样的捆绑销售往往能获得比单独销售每个商品更高的利润。如 IE 浏览器曾经和 windows 操作系统一起捆绑销售,假设两个消费者的消费意愿如表 7-1 所示,那么显然捆绑销售能比单独出售获利更多。

表 7-1　捆绑销售

消费者类型 ＼ 软件类型	浏览器	操作系统
A 类消费者	200 美元	100 美元
B 类消费者	100 美元	200 美元

第二种常见形式的价格歧视是两部收费,这比搭售更常见。它要求消费者购买产品之前先支付一定的费用,以宣示具有购买该商品的权利,而后再按照一定的价格购买该商品。典型的例子是电话的初装费、月租费和话费;还有旅游景点和游乐场的二级门票收取法,进入景点或游乐场的时候先支付门票,参观其他景点或要参加娱乐项目则要另行收费。

第五节　完全垄断厂商的福利损失与政府管制

一、寻租理论

寻租行为是指政府或个人运用行政权力干预经济,对经济活动设置人为障碍以获取超额收入的行为。常见的方式有:政府特许权、关税与配额、政府采购等。这些行为都会严重影响社会经济的正常运行,如在采购过程中常见的回扣、红包等都会对经济生活产生负面影响。但并非所有的寻租行为都是违法的,如企业通过自身条件向政府争取优惠政策,或利用特殊政策保护自己在市场上的既得地位就是合法的。但即使是合法的寻租行为,也会产生经济信号的扭曲,造成资源配置过程中的无谓浪费。

寻租活动一般有三个层次:

第一层次的寻租是直接获取执照的寻租。它是指为获得政府特许或者某种进入市场的资格而进行的寻租行为,如拍卖机动车牌照、购买排污许可证、竞争进出口配额等。

第二层次的寻租是指对授予执照的政府管理职位的寻租。因为排污权、进出口配额等是由政府特许颁发的,它并非是无限量供给的,所以管理这些许可证的政府部门就成了“肥缺”。

第三层次是对政府收入的寻租。虽然政府的特许权能帮助企业获得垄断利润,但是寻租并不会就此终止,公共财政的流向是第三层次寻租的主要目标。

二、对垄断的政府管制

因为垄断扰乱了竞争的经济秩序,往往导致资源配置的低效率,所以很多政府都同意对垄断进行管制。

1. 反托拉斯法

《谢尔曼反托拉斯法》(简称“反托拉斯法”)是美国国会制定的第一部反托拉斯法,也是历史上最著名的反垄断法案。该法旨在限定以托拉斯形式订立契约、实行合并或阴谋限制贸易的行为,它规定,凡垄断州际商业和贸易的任何一部分的垄断或试图垄断、联合或共谋的行为均属违法。历史上最著名的反垄断案例是各国政府对微软的轮番诉告,最终导致了微软帝国的瓦解。

2007 年,中国颁布了自己的《反垄断法》,该法共 8 章 57 条,在总体框架和主要内容上,和大多数国家的反垄断法基本一致,确立了禁止垄断协议、禁止滥用市场支配地位以及控制经营者集中三大制度。同时,中国反垄断法又立足于中国国情,每一项制度都体现了鲜明的中国特色,反映了中国目前经济发展阶段和发展水平、市场竞争状况、市场主体成熟程度等实际情况的要求,对反垄断法适用的范围、垄断协议、滥用市场地位、经营者集中、滥用行政权力限制竞争等内容进行了界定。

2. 价格管制

如果垄断厂商能够盈利,且对其进行管制的成本低于社会福利净损失,那么政府往往会对处于自然垄断地位的企业的价格实行管制,以防止它们为牟取暴利而危害公共利益。如中国政府要求电信和联通下调资费就是典型的价格管制案例。现实中,对于价格管制,最困难的事情是确定最优管制价格。即使政府能够限制价格,垄断者仍能获得高于正常水平的利润,且价格管制政策具有短期性,在长期内不一定有效和成功。

三、关于垄断和垄断管制的争论

正如大部分经济学家所认同的那样,政府也认为垄断会带来消费者福利的严重损失,因为私人经营的垄断企业为攫取垄断利润是不会自觉按照成本定价的。因此,政府不得不采取一定的手段来对私人垄断行为进行管制。但是由于私人企业和政府之间存在着严重的信息不对称问题,所以管制价格很难制定。同时,对利润的限制会导致私人垄断企业降低生产效率,削减其生产的动力,因此私人经营垄断企业最终将难以实现社会的最优目标,特别是难以保证社会分配目标。所以很多经济学家主张将自然垄断行业国有化,特别是像煤气、供水、供电等公共服务行业。

垄断管制带来的第二个问题是,即使自然垄断的条件消失了,管制有时甚至会带来永久性的垄断。例如,高铁的出现对民航形成了巨大的竞争压力,网络电视的出现使有线电视面临竞争。但是管制委员会往往经常使用阻止进入或扩大对竞争者的管制等方法,使得受管制行业处于永久性的垄断状态。

选择题

一、单项选择题

1. 假如某厂商的平均收益曲线从水平线变为向下倾斜的曲线,这说明 （　　）

    A. 既有厂商进入也有厂商退出该行业   B. 完全竞争被不完全竞争所取代

    C. 新的厂商进入该行业   D. 原有厂商退出了该行业

2. 对完全垄断厂商来说, （　　）

    A. 提高价格一定能够增加收益

    B. 降低价格一定会减少收益

    C. 提高价格未必能增加收益,降低价格未必会减少收益

    D. 以上都不对

3. 如果在需求曲线上有一点,$Ed = -2$,$P = 20$,则 MR 为 （　　）

    A. 30 元   B. 10 元   C. 60 元   D. −10 元

4. 完全垄断厂商实现长期均衡的条件是 （　　）

A. $MR=MC$ B. $MR=SMC=LMC$

C. $MR=SMC=LMC=SAC$ D. $MR=SMC=SAC=LAC$

5. 完全垄断厂商如果处于 （　　）

    A. 长期均衡时，一定处于短期均衡   B. 长期均衡时，不一定处于短期均衡

    C. 短期均衡时，一定处于长期均衡   D. 以上都不对

6. 一个垄断者是 （　　）

    A. 特定行业中最大的那个厂商

    B. 一种有很多完全替代品的产品的唯一卖方

    C. 只有少数几个厂商的行业中最大的那个厂商

    D. 一种没有替代品的产品的唯一卖方

7. 垄断厂商为了销售更多的数量，必须降低所有单位产品的价格，所以 （　　）

    A. 边际收益将等于价格

    B. 边际收益将小于价格

    C. 边际收益将大于价格

    D. 当垄断厂商降价时，它的收益一般会增加

8. 在垄断厂商最大化利润的产量水平下，额外一单位产品的边际成本 （　　）

    A. 大于与这一单位产品相伴随的边际收益

    B. 小于这一单位产品给消费者带来的边际利益

    C. 等于这一单位产品给消费者带来的边际利益

    D. 大于这一单位产品给消费者带来的边际利益

9. 对垄断厂商而言，在利润最大化之点，它会定一个大于边际成本的价格。下列哪种情况下，垄断厂商的边际成本与价格的差额越大？ （　　）

    A. 需求价格弹性越小   B. 需求价格弹性越大

    C. 供给价格弹性越小   D. 供给弹性越小

10. 当一个厂商的（　　）时，这个厂商被称为自然垄断厂商。

    A. 平均不变成本在超出市场可容纳的产量范围仍继续下降

    B. 总成本在超出市场可容纳的产量范围仍继续下降

    C. 平均生产成本在超出市场可容纳的产量范围仍继续下降

    D. 边际收益小于价格

11. 完全垄断厂商的平均收益曲线为直线时，边际收益曲线也是直线。边际收益曲线的斜率为平均收益曲线斜率的 （　　）

    A. 2 倍   B. $\frac{1}{2}$ 倍   C. 1 倍   D. 无法确定

12. 要有效地实施差别定价，下列哪一条以外都是必须具备的条件 （　　）

    A. 分割市场的能力

    B. 一个巨大的无弹性的总需求

    C. 每个分市场上不同的需求价格弹性

    D. 保持市场分割以防止商品被顾客转卖

13. 在短期,完全垄断厂商 （　　）

　　A. 无盈亏　　　　　　　　　　　　B. 取得最大利润

　　C. 发生亏损　　　　　　　　　　　D. 以上任何一种情况都可能出现

14. 垄断给社会造成的无谓损失是 （　　）

　　A. 在完全竞争条件下的产量与垄断条件下的产量的差额部分的消费者剩余和生产者剩余

　　B. 垄断产量下的消费者剩余

　　C. 垄断厂商享有的、完全竞争条件下所没有的额外利润

　　D. 完全竞争产量下的消费者剩余

15. 厂商通过阻止进入将资源用于获得或维持其垄断地位,这种做法称为 （　　）

　　A. 管理松懈　　　　B. 无谓损失　　　　C. 消费者剩余的损失　　D. 寻租行为

二、计算题

1. 已知某垄断厂商的短期总成本函数为 $STC = 0.6Q^2 + 4Q + 5$,反需求函数为 $P = 12 - 0.4Q$。

试求:该垄断厂商的短期均衡产量与均衡价格。

2. 已知某垄断厂商的短期成本总成本函数为 $STC = 0.1Q^3 - 6Q^2 + 140Q + 3000$,为使利润最大,他每月生产 40 吨,由此赚得利润为 1000 美元。

试计算满足上述条件的边际收益和销售价格。

3. 假定某垄断厂商的产品在两个分割的市场出售,产品成本函数和需求函数分别为: $TC = Q^2 + 10Q$,$Q_1 = 32 - 0.4P_1$,$Q_2 = 18 - 0.1P_2$。试求:

(1) 若两个市场实现差别价格,利润最大化时两个市场的售价、销售量和利润各为多少?

(2) 若两个市场只能卖同一价格,利润最大化时的售价、销售量和利润各为多少?

4. 假设某垄断厂商面临的反需求方程为 $P = 10 - 3Q$,成本函数为 $TC = Q^2 + 2Q$。

(1) 试求利润极大时的产量、价格和利润;

(2) 如果政府试图对该垄断厂商采取限价措施,迫使其达到完全竞争行业所能达到的产量水平,则限价应为多少?

5. 设某完全垄断厂商开办了两个工厂,各厂的边际成本函数分别为: $MC_A = 18 + 3Q_A$,$MC_B = 8 + 4Q_B$。假定厂商的目标是成本最小化,且在工厂 A 生产了 6 个单位的产品,试问工厂 B 应生产多少单位产品?

三、分析讨论题

1. 成为完全垄断者的厂商可以任意定价,这种说法对吗?

2. 用作图法表示追求最大利润的垄断者不会在其需求曲线的价格弹性小于 1 的部分进行生产。

3. "假定一个完全竞争行业的所有企业合并为一个垄断厂商,再假定合并前这个完全竞争行业产量的需求价格弹性为 0.5,那么,不管这种合并的规模经济如何,只要垄断者是追求利润极大的,则这种合并必然导致产量不足而价格上升。"你同意这一说法吗?

4. 试述形成垄断市场的条件和原因。

5. 试述垄断厂商实施价格歧视的条件、类型和均衡结果。

第八章
不完全竞争市场

【教学目的和要求】

　　理解不完全竞争市场的特点,掌握垄断竞争市场的短期均衡和长期均衡,理解博弈论的基本知识,掌握占优均衡和纳什均衡,了解寡头垄断市场特征及其理论。

【关键概念】

　　垄断竞争;博弈;占优均衡;纳什均衡;重复博弈;寡头垄断;卡特尔;交易成本

第一节　垄断竞争市场

一、垄断竞争市场的特点

　　垄断竞争是介于完全自由竞争和完全垄断之间,但又比较趋近于竞争的一种市场类型。其第一个典型特征是差异化产品,即一个市场中有许多厂商生产和销售有差别的同种产品。差异化主要表现在以下两个方面。一是多种有差别的同类产品,这些产品相互之间都具有很大的替代性。例如,檀香味的洗发水和草莓味的洗发水。主要体现在同一产品在包装、成分、服务、功效等方面的差别。二是由于品牌、广告、店铺装修等对消费者的想象产生影响,进而影响消费者的最终购买行为,特别是在电子商务日益普及以后。例如,虽然两家网上商店出售的是同一款服装,但由于网店风格的不同和对服装描述的方式不同,导致消费者心理上主观臆断其中一家网店的服装质量会高于另一家。

　　垄断竞争市场的第二个典型性特征是每个厂商在市场上都具有一定的垄断力量。由于市场上的每种产品与其他商品相比都具有一定的差异性,每种产品都存在着某些满足不同消费者偏好的特征。比如,同样是洗发水,有的消费者更愿意使用飘柔,而有的消费者则会选择海飞丝。这种产品的差异性使得每个厂商对自己产品的价格都具有一定的控制能力,从而使得整个市场带有垄断的因素。

垄断竞争市场的第三个典型性特征是市场的竞争程度仍然是相对较高的。因为差异化产品的相互替代性较大,如前文所讲的"飘柔"和"海飞丝",所以每一种产品都会和其他大量的相似产品进行竞争。于是,市场上充满了生产各种功能相近的同类产品,且这些产品只在外观、品牌、细分顾客等方面有细微的差异,因此生产这些产品的众多厂商就面临着激烈的竞争,以至于每个厂商对产品价格虽有影响,但都无法左右整个市场的价格水平,对竞争对手也不会造成任何毁灭性的威胁,因而竞争对手不会对厂商的行为作出相应的反应。也正因为如此,垄断竞争市场上的厂商规模都比较小,进入和退出行为都不会受到任何规定。

在现实生活中,垄断竞争市场是很普遍的,特别是在零售业和服务业中,如理发业、服装制造业、水果零售产业等都是垄断竞争市场,都以差异化产品、大量的买者和卖者作为最重要的特征。

二、垄断竞争厂商面临的需求曲线

在垄断竞争的市场模型中,我们总是假定市场上有典型性厂商,它们生产不同种类的产品,并具有相同的成本,面临相同的需求曲线。从垄断竞争的特点来看,其面对的需求曲线应该是比较平坦的向下倾斜的曲线,较接近于完全竞争市场厂商。

垄断竞争厂商所面临的需求曲线有两种情况,我们以图 8-1 来表示。d 表示的是厂商行动不会引致其他厂商反应情况下的需求曲线。所以当市场价格从 p' 下降到 p'' 时,厂商能成功地在市场上将销售量从 Q_3 扩大到 Q_5。但是,如果垄断竞争厂商降价,它往往会受到市场其他厂商的跟随行动,我们用 D 表示这种市场有所反应的情况下厂商面临的需求曲线。如果其他厂商对某一厂商的降价行为作出反应,那么当价格从 p' 下降到 p'' 时,厂商只能将其销售量从 Q_3 扩大到 Q_4,因为随着该厂商的降价行为,其他厂商会跟进。这样厂商所面临的需求曲线就从 d 平移到了 d',d'' 表示当价格上涨到 p 时厂商面临的需求曲线。所以,我们认为 D 需求曲线可以表示垄断竞争市场上厂商所面临的真正的需求曲线,每一价格水平对应的都是厂商在市场上的实际销售份额。如果市场上有 n 个厂商,那么不管市场上的价格会调整到哪个程度,每个厂商的实际销售份额都是需求曲线 D 的 $1/n$。

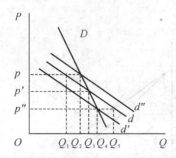

图 8-1　垄断竞争市场上厂商面临的需求曲线

三、垄断竞争厂商的短期均衡

在分析垄断竞争市场的短期均衡时,我们往往根据典型厂商的行为进行分析。根据以上对垄断竞争需求曲线的分析,我们可以知道在垄断竞争市场上,几乎所有的厂商都会有跟随行为,这种跟随行为会影响厂商的价格决定。

如图 8-2 所示,d_1、d_2 表示典型性厂商在没有受到他人行为影响时所面临的需求曲线,MR_1、MR_2 是相应的边际收益曲线,D 是他人行为有反应时其所面临的需求曲线,SMC 是短期边际成本曲线。为了实现利润最大化,典型性厂商都会在 $MR = SMC$ 处确定最优的产量,并根据需求曲线 d 来确定市场价格。但因为其他厂商的跟随行为,所以典型性厂商面临的需求曲线会逐渐地从 d_2 沿着 D 曲线不断平移,并在每个新的价格上与 D 曲线相交,直至价格变化的理由消失,其他厂商才会停止跟随行为。此时,恰好 $MR = SMC$,需求曲线 d_1 与 D 的交点与 MR 与 SMC 的交点在同一条垂直线上。

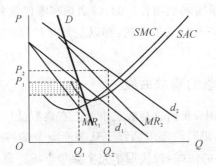

图 8-2　垄断竞争厂商的短期均衡

因此,垄断竞争厂商的短期均衡条件为 $MR = SMC$,厂商有可能盈利(如图中阴影所示),也可能亏损。

四、垄断竞争厂商的长期均衡

由于垄断竞争市场上厂商对他人的行为会采取跟进的策略,所以厂商在长期内不仅可以根据他人的降价行为,调整自己的价格和生产规模,而且可以自由选择进入有利润的市场,离开无利可图的市场。所以,当垄断竞争厂商达到长期均衡的时候,厂商所面临的需求曲线 d 和长期平均成本 LAC 必定相切,因为此时厂商刚好收支平衡,只有正常利润,这样既不会有新厂商进入,也不会有厂商退出市场。换句话说,垄断竞争厂商长期均衡时候的利润必定为零。如图 8-3 所示。

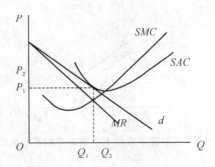

图 8-3　垄断竞争厂商的长期均衡

第二节　博弈论概述

一、博弈的基本概念

从第一节对垄断竞争市场上厂商的长期均衡分析中,我们不难发现,厂商在市场上的行为不仅仅是他个人的行为,还涉及别的厂商对他的行动的反应。因此,在经济生活中,各主体间能以各种不同的方式相互发生影响。对于这些互动(interaction)的影响就需要使用博弈论(game theory)作为工具来加以分析。

1.参与人

每个经济活动中相互影响的人都是参与人(player)。即作出某个选择以最大化自己利益的决策主体。

2.策略

每一个参与人的可能决定我们称为策略,即参与人选择行动的规则,在市场上厂商在什么情况下会降价,什么情况下会涨价,他的这些预先安排就是策略。

3.支付

为了使决策变得简单而易于分析,我们通常需要借助支付矩阵来表达每一个选择的收益。假设有两个国家因为领土发生了纠纷,那么这两个国家就是这个博弈中的参与人甲和乙,他们各自有两个策略:宣战和不宣战。我们假设他们都是独立作出决策的,那么他们最终能否在领土纠纷中得益取决于两个人的决策过程。如果甲做好了宣战的准备,而乙没有,显然甲会得到更好的收益;如果甲和乙都没有做好宣战准备,那么他们或许会重新回到谈判桌前,或许会重新考虑宣战或不宣战;如果甲和乙都做好了宣战的准备,那么两国的收益又会跟之前的情况不一样。我们把这些选择和对应的收益表示在下表中,就成了支付矩阵。

表 8-1　策略的支付矩阵

		甲国	
		宣战	不宣战
乙国	宣战	(−2, −2)	(−1, −5)
	不宣战	(−5, −1)	(−1, −1)

4.均衡

在上面那个支付矩阵的假设下,两个国家博弈的最终结果到底会是什么呢?对甲国而言,他发现如果他宣战那么他的收益是−2或者−1,这个结果比他不宣战时候的结果−5或−1至少是一样好的,所以他会选择“宣战”这一策略。同样的故事也会发生在乙身上,因此,最终双方博弈的结果就是(宣战,宣战),这一策略就是这个博弈过程中的均衡,即所有参与人的最优策略或行动的组合。

5.博弈的分类

根据参与人的多少,可将博弈分为两人博弈或多人博弈,在经济学的博弈分析中,为了简化问题,我们往往只设定两个参与者。

根据参与人是否合作,可将博弈分为合作博弈和非合作博弈。合作博弈是指博弈双方能够在接受对方的情况下作出自己的策略;而非合作博弈是指参与者不愿意达成具有约束力协议的博弈。

根据博弈结果的不同,又可分为零和博弈、常和博弈与变和博弈。零和博弈是指参与博弈的各方,在竞争条件下,一方的收益必然意味着另一方的损失,且收益和损失相加总和永远为零,显然,博弈双方最后无法达成协议,是不合作博弈中的一种。常和博弈是指所有参与人的总收益是一个非零的常数,也就是说某个人的所得与他人的所失的大小不等,所以博弈双方存在"双赢"的可能,进而合作。

从行动的先后次序来看,博弈可以分为静态博弈和动态博弈。静态博弈指在博弈中,参与人同时进行策略选择,或后行动的一方对先行动的一方的策略一无所知;动态博弈指的是参与人的行动有先后顺序,且后行动的一方能够知晓先行动的一方所作出的选择行动。

从参与人对其他参与人的各种特征、战略空间和支付函数是否有准确的知识来进行区分,博弈可分为完全信息博弈和不完全信息博弈。

后两种分法是现代博弈论理论中最主要的分类方法,我们将这种方法结合在一起就可以得到四种不同类型的博弈类型,完全信息静态博弈、不完全信息静态博弈、完全信息动态博弈、不完全信息动态博弈,对应的四种均衡就是纳什均衡、子博弈精炼纳什均衡、贝叶斯纳什均衡和精炼贝叶斯纳什均衡。本书中我们只介绍纳什均衡和扩展式表达博弈的纳什均衡。

二、占优均衡与纳什均衡

1.囚徒困境

"囚徒困境"是博弈论最著名的例子之一。故事讲的是,有两个共同作案的嫌疑犯被警察抓住后,分别关在两个单独的、不能互通讯息的房间里受审。警察告诉两个人:如果两人都不承认,就都会判1年;如果两人都承认罪行,那么,都会被判8年;如果一个抵赖一个坦白,那么坦白那个人会成为污点证人被无罪释放,而抵赖的那个人则会被判10年。支付矩阵如表8-2所示。

表8-2 囚徒困境

		犯人乙	
		坦白	抵赖
犯人甲	坦白	(−8, −8)	(0, −10)
	抵赖	(−10, 0)	(−1, −1)

由于两个嫌疑犯无法互通讯息实现串谋,对于犯人甲来说,如果犯人乙选择坦白(左上和左下),那么犯人甲就会选择"坦白";如果犯人乙选择抵赖(右上和右下),犯人甲同样会选择"坦白"。对于犯人乙来说,也会作出同样的选择。在这个支付矩阵中,"坦白"是他们的占优策略,(坦白,坦白)就是占优均衡。在这个博弈过程中,每个参与人都是理性的,但他们并不知道对方是否理性。换句话说,在"囚徒困境"的故事中,并不要求"理性"是共同知识。"囚徒困境"在很多情况下都会发生,比方,军备竞赛、公共产品的供给等。

同时我们也发现,囚徒困境反映了一个深刻的问题,那就是个人理性和集体理性会发生冲突。因为如果他们两个人都选择抵赖(抵赖,抵赖),这个策略只需各坐一年牢(−1,−1),

两个人共同抵赖显然好过两个人同时坦白。所以，万一在审讯前两个人已经达成了某种默契，一起抵赖罪行，那么，显然这个博弈就跟前面所讲的不一样了，从非合作博弈变成了合作博弈。

2. 占优与占优均衡

如果每个参与人都可以自由作出选择，且不管他人如何选择，该参与人的选择都是同一个策略的时候，我们就说这个策略是占优策略，如果所有参与人都存在一个占优策略，那么这个均衡就是占优均衡。因为理性人都会作出最有利于自己的选择。但绝大多数时候占优均衡是不存在的，但占优的逻辑却仍然可以帮助我们找出均衡，如著名的"智猪博弈"。

猪圈里有一只大猪和一只小猪，它们吃饭的时候需要在一头按按钮，然后去另一头的食槽吃饭。它们中的任何一只每按一次按钮，都会有 8 个单位的食物落入食槽，但按按钮又要费 2 个单位的成本，而且如果对方只是在等待自己去按的话，对方会比自己更早到食槽那里。现在假设，如果大猪先跑到食槽，那么大猪需要 7 个单位的食物才能吃饱，留给小猪的只有 1 个单位；如果小猪先跑到食槽，那它只需要 4 个单位的食物就能吃饱，大猪还是能吃到 4 个单位；如果两只猪同时跑到食槽，大猪身材高大能抢到 5 单位，小猪只能吃到 3 个单位。这样，当它们吃饭的时候，它们有两个策略"按按钮"或者"等待"。它们的支付如表 8-3 所示：如果大猪按按钮，小猪也按的话，它们会同时到食槽，这样，大猪就能得到 5 单位食物，小猪只能得到 3 单位食物，但是因为都按了按钮，所以每只猪都要付出 2 单位食物的成本，这样它们的支付水平就是 3 单位食物和 1 单位食物。

表 8-3　智猪博弈

		小猪	
		按按钮	等待
大猪	按按钮	(3, 1)	(2, 4)
	等待	(7, −1)	(0, 0)

通过"囚徒困境"的学习，我们已经可以分析出，在以上的支付矩阵中，并没有占优均衡。因为，对于小猪来说，不管大猪是选择"按按钮"还是"等待"，它都会选择"等待"，所以"等待"是它的占优策略。但对于大猪来说，如果小猪选择"按按钮"，它就会选择"等待"，但如果小猪选择"等待"，那么，大猪就会选择"按按钮"。所以，在这个支付矩阵中，大猪的策略取决于小猪的策略，我们没办法用占优策略找出均衡。

但是，这个例子中还是存在均衡解的，因为如果我们假定小猪是理性的，那么小猪一定会选择"等待"，再假设大猪知道小猪是理性的，大猪就肯定会选择"按按钮"，这样（按按钮，等待）就变成了这个博弈的唯一均衡，大猪和小猪各得 2 单位食物和 4 单位食物，这个结果就是"多劳不多得，少劳不少得"均衡，这种寻找到的均衡是"重复剔除的占优均衡"。

3. 纳什均衡

在重复剔除的占优均衡中，参与人必须彼此知道对方是否理性，但这不是这种方法的唯一缺陷，我们以"地产开发"模型来说明问题。假设两个地产商甲和乙，同时行动，他们面临的市场有两种情况，一种是低需求，一种是高需求，他们的策略有两种："开发"或者"不开发"，支付矩阵如表 8-4 所示。

表 8-4　地产开发

高需求市场
开发商乙

		开发	不开发
开发商甲	开发	(4000，4000)	(8000，0)
	不开发	(0，8000)	(0，0)

低需求市场
开发商乙

		开发	不开发
开发商甲	开发	(－3000，－3000)	(1000，0)
	不开发	(0，1000)	(0，0)

现在我们来分析低需求的市场,对于地产商来说,两者都不存在一个占优策略,每一个地产商的策略都依赖于另一个参与人的决策,如果甲选择了开发,那么乙就会选择不开发,如果甲选择了不开发,那么乙就会选择开发;反过来,如果乙选择了开发,甲同样会选择不开发,当乙选择了不开发,甲就选择开发。那么这个博弈中还存在均衡吗? 答案是,当然存在,但均衡解并不唯一,(开发,不开发)是一个均衡,(不开发,开发)同样是一个均衡,这种均衡我们称为纳什均衡。

所谓纳什均衡是指这样一种均衡,在这个均衡策略中,对于每一个参与人,他的策略都是在给定其他参与人选择下的最优选择。比方在囚徒困境中,(坦白,坦白)是纳什均衡,因为在甲选择坦白的时候,乙一定选择坦白;同样,当乙选择坦白的时候,甲也一定选择坦白。反过来,(抵赖,抵赖)就不是一个纳什均衡,因为当甲选择抵赖的时候,乙会选择坦白;同样,乙选择抵赖的时候,甲也会选择坦白。(坦白,抵赖)和(抵赖,坦白)同样不是纳什均衡。智猪博弈中,我们同样可以这样分析(按按钮,按按钮),(等待,等待),(按按钮,等待),(等待,按按钮),结果我们发现(按按钮,等待)是一个纳什均衡,其他三个都不是。

三、重复博弈

在之前博弈中,我们都只有一次博弈,也就是说,每个参与人在同一种结构的博弈中只作一次决策。**如果同样结构的博弈重复多次,其中的每次博弈都叫"阶段博弈",整个博弈过程就是重复博弈。**比方说,如果"囚徒困境"中的两人被放出来后,又重新作案,假设法律对再犯没有任何更为严厉的惩罚,那么他们两个就会再次被隔离审问,面临跟前一次一样的情形,这就是一个重复博弈。

所有的重复博弈都有以下三个特征:(1)在重复博弈中,各个阶段博弈之间都是独立的,前一个阶段博弈不会改变后一个阶段博弈的结构;(2)所有参与人都能观察到在前几个阶段博弈中所有人的决策;(3)参与人的总支付是所有阶段博弈支付的贴现值之和或加权平均值。以"囚徒困境"为例,如果两名嫌疑犯第二次面临"囚徒困境",那么他们就会根据对方前一次的表现来决定这一次的策略。比方如果甲知道乙上一次选择的是"坦白",那么他这次就可能同样选择"坦白",如果他知道乙上次选择的是"抵赖",那么他就会选择"抵赖",以减轻自己的罪行。所以,重复博弈的参与人面临比静态博弈多得多的选择,重复博弈中的决策远远大于而且复杂于静态博弈,计算表明,即使"囚徒困境"只重复五次,每个嫌疑人的单次策略数量就将大于 20 亿个,策略组合的数量则更多。影响重复博弈均衡结果的主要因素是博弈重复的次数以及信息的完备性。

1.有限次重复博弈

有限次重复博弈是指重复博弈的次数有限的一种形式。我们以一个"市场进入"博弈为例来说明问题,对于一个正在犹豫要不要进入市场的厂商而言,他有两种选择"进入"和"不进入",他的行为会对已经在这个市场中的厂商发生影响,在位厂商也有两种可供选择的策略"默许"和"斗争",他们的支付矩阵如表 8-5 所示,显然在这个博弈中(进入,默许)是一个纳什均衡。现在我们假设在位者有 20 家连锁店,这样新进者进入市场的时候相当于要进行20 次重复博弈。如果在位者只有一个店,那么也许他会采取"默许"的策略;但是现在他有20 个店需要维护,那么他很可能从一开始就不会采取"默许"的策略,因为一旦他采取"默许"策略,新进者观察到他的历史行为,就会重复"进入"策略。但是不是他从一开始就会选择"斗争"呢? 也不一定。

表 8-5　市场进入博弈

在位者

		默许	斗争
新进者	进入	(40, 50)	(−10, 0)
	不进入	(0, 300)	(0, 300)

在这个博弈中,一旦在位者采取了"斗争"策略,他更多的并不是考虑不让新进者进入,而是想形成某种威胁,使得新进者重新考虑要不要进入的问题。假设前 19 个市场都已经被进入了,那么在位者一定会在第 20 个市场放弃"斗争",因为"斗争"已不具有任何威慑作用,新进者已经获得了 20 个市场中的 19 个。我们倒回去观察第 19 个市场,而不改变假设前提,发现在位者还是一样会选择"默许",以此类推,我们发现,在位者无论是有 1 个市场还是20 个市场,最后结果都是一样的,他都会选择"默许"来对待新进者。这就是塞尔顿在 1978年提出的所谓"连锁店悖论"。当然这个博弈还有另一个纳什均衡,就是在位者一直选择"斗争",而进入者一直选择"不进入",但这个均衡显然不够有意义。"囚徒困境"问题也是一样,无论重复多少次,(坦白,坦白)都将是纳什均衡,因为"抵赖"这一策略不会出现。所以如果把得到均衡的方法总结出来,我们发现这是一种逆向归纳法。

2.无限次重复博弈

再次以"囚徒困境"为例,现在假设博弈会重复无穷多次,但是这时候嫌疑人会采取"冷酷战略":先采取"抵赖"策略;一直选择"抵赖"策略直到对方采取"坦白";然后也选择"坦白"。我们发现,在这个过程中有一个触发机制,就是一旦某个参与人在博弈中选择了一次不合作行为,那么将触发其他参与人永远的不合作。

四、序贯博弈

所谓序贯博弈是指,在一个博弈中,参与人在前一个阶段的行动会决定其他参与人的选择,后者的选择以前者的决策为基础,所以这是动态博弈的一种。比如在地产开发博弈中,在低市场需求的情况下,如果开发商甲选择了"开发",那么开发商乙就会选择"不开发"。这样的动态博弈我们称为"序贯博弈"。

1. 先行者优势

在序贯博弈中,先行者往往拥有优势,他可以通过考虑其他参与者可能的策略来制定自己的策略。比如在地产开发模型中,在低需求的市场上,先进行决策的那个厂商就可以选择"开发",把另一个厂商挤出市场。但先行者优势并不总是有效的,比如我们中国的寓言故事"田忌赛马",这种情况,我们叫先行者劣势。

2. 博弈的扩展形式

由于序贯博弈是动态的,所以情况将变得非常复杂,原先简单的博弈必须得到扩展才能完全表达出博弈的过程。我们还是拿地产开发为例来讨论这个博弈的扩展形式,并加入一个新的参与者"自然"来表示外生事件发生的概率。这样原先的博弈矩阵就难以表达这个新的动态博弈了,所以我们用博弈树来表示,它可以表示有 n 人参加的博弈。假设这个博弈的步骤是这样的:开发商甲先行动,他可以选择开发或不开发;然后"自然"发生了作用,他决定了这个市场的需求是高还是低,然后开发商乙在观察到甲的行动和市场需求后,再决定开发或者不开发。这整个过程通过博弈树描述如下:

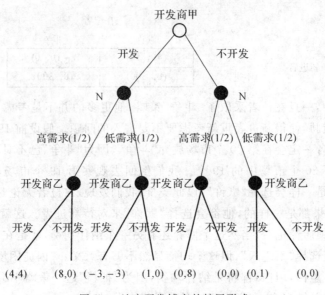

图 8-4 地产开发博弈的扩展形式

图 8-4 中,第一个空心圆表示开发商甲在此点进行决策,甲可以选择开发或者不开发,直线表示其可以选择的路径,以他选择开发为例,那么他就会进入表示"自然"的 N 实心圆,表示"自然"开始进入了这次博弈,"自然"有 1/2 的概率使市场成为低需求的,也有 1/2 的概率让市场成为高需求的,"自然"做完决策之后,开发商乙也开始进入到博弈中,他同样可以选择"开发"或者"不开发",他做完决策后,博弈就完成了。这样我们之前的"地产开发"模型就变成了如图 8-4 所示的一个树形模型。显然,博弈树简化了之前的支付矩阵,并显示了几乎所有的信息。

"自然"加入之后,博弈的过程变得更为清晰,我们可以用博弈树表示任何的博弈,这就是博弈的扩展形式。我们再以"囚徒困境"为例,将其以博弈树的形式表达出来。如图 8-5 所示,嫌疑人甲和乙的决策过程是这样的,对于甲来说,他可以选择坦白或者抵赖,但是对乙来说,甲作出的选择无法影响他的决策,因为他不知道甲的选择,他们是在无法通讯的房间中单独作出各自的决策的,所以我们在博弈树进入乙的时候使用了一条虚线,表示对于乙来说,他做决策的时候,并不知道甲的决策。乙的情况也是一样的,用虚线表示信息不对称的情况。

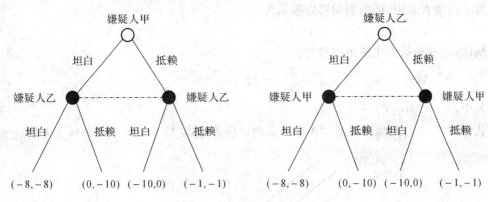

图 8-5 囚徒困境的扩展形式

第三节 寡头垄断市场

一、寡头垄断市场的特点

和垄断竞争市场一样,寡头垄断市场也一样是介于完全垄断和完全竞争之间的一种市场结构形式。但相比垄断竞争而言,寡头垄断市场上的厂商数量会更少一些,产品也不像垄断竞争市场那么多元化,所以**寡头垄断市场的显著特征是极少的厂商、较多的买者、部分公开获得的信息以及产品的同质化。**通常来说,我们往往假设寡头垄断市场只有两个厂商,而且一个厂商会对另一个厂商的行为作出相应的反应,因为他们的产品都是极其相似的,所以我们可以集中精力分析厂商如何作出决策,以及策略对他们的影响。

二、斯塔克尔博格模型

斯塔克尔博格(Stackelberg)模型是以德国经济学家斯塔克尔博格命名的,以纪念他第一个系统研究了市场上的领导者和追随者关系。斯塔克尔博格模型又叫**产量领导模型**,在这个市场上,有一个在市场上占支配地位的厂商,和另一个规模较小的厂商,大厂商在市场上是先行者,他会对他的产量先作出决策,然后小厂商再根据他的决策进行自己的决策,显然,这是一个序贯博弈,而且是一个信息对称的序贯博弈,因为双方都可以观察到对方决策的历史。

我们把大厂商叫做"产量领导者",而小厂商叫做"产量追随者"。现实生活中,这种市场的例子并不少,比方我国的家电市场,海尔可以被近似地看做是产量领导者,其他的厂商都是产量追随者。这样,两者之间的关系就可以被描述为以下情况:第一步,产量领导者先作出关于产量的选择,假设为 q_1;第二步,跟随者根据领导者的决策,选择自己的产量 q_2;第三步,市场根据总的产量 $Q = q_1 + q_2$ 进行定价,反需求函数为 $p(Q) = p(q_1 + q_2)$。因为市场信息是公开的,并且由于每一个厂商都能观察到对方行动,于是,我们发现领导者在选择 q_1

的时候必须能够预见到自己的选择会对跟随者发生影响,进而影响市场总的产量,并最终影响自身的利益,所以他会把跟随者对产量的考虑放进自己的决策之中。

1.跟随者的均衡产量决定

对于跟随者来说,他的利润可以表示为:

$$\pi_2 = p_{(q_1+q_2)}q_2 - C_2(q_2) \tag{8-1}$$

所以,他利润最大化的条件就是:

$$MR_2 = p_{(q_1+q_2)} + q_2 \cdot \frac{\mathrm{d}p}{\mathrm{d}q_2} = MC_2(q_2) \tag{8-2}$$

其中,$q_2 = f(q_1)$ $\qquad$ (8-3)

我们把式(8-2)叫做跟随者对于领导者的反应函数,这样我们可以得到以下关系。

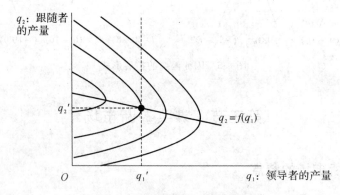

图 8-6 反应曲线与等利润线

图 8-6 中的等利润线表示领导者利润相同时跟随者产量 q_1 和 q_2 的组合。对于跟随者而言,越左边的等利润线表示的利润越大,因为对于同一数量的跟随者产量如 q'_2,越左边的等利润线,相对应的领导者产量越少,直至领导者产量为 0 时,跟随者就能在这个市场上获得垄断利润。因此,对于领导者的任何产量,跟随者都必须选择一个使之利润最大化的产量。对于一个确定的产量 q'_1 来说,跟随者总是选择最左边的等利润线所代表的产量来最大化自己的利润。结果我们发现,等利润线的斜率在最优选择点上一定是垂直的,连接这些切点,我们得到了一条直线。这条直线表示了在每一个可能的领导者产量上,跟随者会作出的最优产量决策,也就是跟随者对于领导者的反应曲线。

我们用函数的方法来重现刚才对反应曲线的推导。为了简化问题,我们假设边际成本为 0,且需求函数是线性的。

$$p_{(q_1+q_2)} = a - b(q_1 + q_2) \tag{8-4}$$

这样跟随者的利润函数就变成为:

$$\pi_2 = [a - b(q_1 + q_2)]q_2 - C_2(q_2) \tag{8-5}$$

边际收益为:

$$MR_2(q_1, q_2) = a - bq_1 - 2bq_2 \tag{8-6}$$

跟随者作出最优选择的时候,有:

$$a - bq_1 - 2bq_2 = 0 \Rightarrow q_2 = \frac{a - bq_1}{2b} \tag{8-7}$$

式(8-7)就是我们在图形上推导出来的反应函数,它表示的是跟随者将自己的产量 q_2 随着 q_1

变化而进行调整的情况。

2. 领导者与市场的均衡产量决定

我们现在已经知道了反应函数的表达式,这样领导者的利润最大化问题就变简单了,他只需将跟随者的反应函数考虑进自己的利润函数中去,如式(8-8)所示。

$$\pi_1 = p_{(q_1+q_2)} q_1 - C_1(q_1) \tag{8-8}$$

为了简化问题,我们假设需求函数是线性的,即:

$$p_{(q_1+q_2)} = a - b(q_1 + q_2)$$

这样,我们就可以把式(8-7)代入式(8-8)得到新的利润函数:

$$\pi_1 = [a - b(q_1 + f(q_1))]q_1 - C_1(q_1)$$

则

$$MR_1 = aq_1 - bq_1^2 - bq_1 \frac{a - bq_1}{2b} = \frac{aq_1 - bq_1^2}{2} \tag{8-9}$$

因为 $MC = 0$ 所以我们令(8-9)为 0,容易解得:

$$q_1^* = \frac{a}{2b}, q_2^* = \frac{a}{4b}$$

整个产业的总产量 $Q = q_1 + q_2 = \frac{3a}{4b}$。

三、价格领导模型

在两个厂商实力不对等的情况下,领导者不一定先决定产量,也有可能是价格,就像我们分析斯塔克尔博格模型一样,为了简化问题,我们假设这个市场上只有两个厂商,他们共同面临的需求曲线都是线性的 $D(p) = a - bp$,边际成本为 0,且这个市场的信息是部分对称的,当领导者走出一步后,跟随者会马上知道领导者的行动,并由此进行他自己的选择。这就是价格领导模型。

1. 跟随者的均衡价格决定

如果领导者首先决定的是价格,那么跟随者也只能接受这个价格。因为如果他的价格高于领导者的话,消费者就不会选择他们的产品,因为跟随者和领导者的产品几乎是一样的;如果他的价格低于领导者,那么马上会使领导者发起报复,给出一个至少一样低的价格。因此,跟随者面临的情况类似于完全竞争市场,因为他是一个价格接受者,他的利润函数为 $\pi_2 = pq_2 - c_2(q_2)$。其中,p 是关于 q_1 的函数。这样,跟随者的均衡产量就是价格和边际成本相等时的产量水平,我们假设他在市场的供给数量为 $S_2(p)$。

2. 领导者和市场的均衡价格决定

对于领导者来说,他在决定价格的时候已经知道跟随者会采取的行动,所以他同样会将跟随者的行为考虑进他的决策中,假设市场需求为 $D(p)$,那么领导者的市场空间为 $q_1 = D_1(p) = D(p) - S_2(p)$。我们把 $D_1(p)$ 叫做领导者面临的"剩余需求"曲线。假设领导者的成本函数为 $c_1(q_1) = cq_1$,则领导者有固定的边际成本 c,利润函数为 $\pi_1 = (p - c)[D(p) - S_2(p)]$。在剩余需求函数为线性的情况下,价格领导模型的均衡结果如图8-7所示。$D(p)$ 是市场需求曲线,$S_2(p)$ 是跟随者的供给曲线,这样对于领导者而言,他的剩余需求曲线就如 $D_1(p)$ 所示,是 $D(p)$ 和 $S_2(p)$ 的横向相减得到的,它也是线性的,所以 MR_1 曲线跟 $D_1(p)$ 有同样的纵轴截距,且斜率是它的一半。这样,领导者的均衡产量就是 q_1^*,市场的均衡产量就是 q^*。

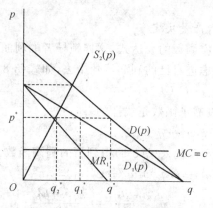

图 8-7　价格领导模型的均衡

假设追随者的成本函数为 $c_2(q_2) = q_2^2/2$，因为市场的需求函数为 $D(p) = a - bp$，领导者成本函数为 $c_1(q_1) = cq_1$。所以，如果追随者最大化他的利润，就需要满足：

$$MC_2(q_2) = MR_2 \Rightarrow q_2 = p \tag{8-10}$$

这样，追随者的供给曲线就是 $q_2 = S_2(p) = p$。于是我们有：

$$D_1(p) = D(p) - S_2(p) = a - bp - p = a - (b+1)p \tag{8-11}$$

如果说跟随者做决策的时候，市场对他而言像完全竞争市场，那么对于领导者而言，他作出最优选择的时候市场就如同一个垄断市场。所以我们先令 $MR_1 = MC_1$ 得到均衡产量 q_1^*，其结果为 $q_1^* = \dfrac{a - c(b+1)}{2}$。然后把均衡产量代入 $D_1(p)$ 中，就可以知道均衡价格 p^*，然后，跟随者在既定的均衡价格上，决定均衡产量 q_2^*。

四、古诺模型

古诺（Cournot）模型也叫双寡头垄断模型，在这个寡头垄断市场上，并没有占优势的厂商，换句话说并不存在跟随者和领导者，他们做出的产量决策几乎是同时的。所以古诺模型有时候也叫"联合定产"模型。显然，他们在作出决策的时候必须将对方可能的行为考虑进去，但是在对方作出决策前他们并不能确定对方的选择。所以，这是一个信息不对称的博弈模型。

假设市场上只有两个厂商，厂商 1 和厂商 2，这样厂商 1 就会预期厂商 2 的均衡产量是 q_2^e，如果他自己的产量决策是生产 q_1，那么他认为整个市场的产量将是 $Q = q_1 + q_2^e$，因此市场的反需求函数就是 $p(Q) = p(q_1 + q_2^e)$。由于厂商 1 一定会考虑厂商 2 的反应，所以我们可以把 q_1 写成 $q_1 = f_1(q_2^e)$。这跟我们前面讲到斯塔克博格模型的反应函数时是类似的。

虽然每家厂商对对方产量的估计总是和实际的产量有出入，但我们总能找到一个产量 (q_1^*, q_2^*)，同时满足 $q_1^* = f_1(q_2^*)$ 和 $q_2^* = f_2(q_1^*)$，即在厂商 1 的产量为 q_1^* 时，厂商 2 的最优产量水平为 q_2^*，反之亦然。我们把满足这个条件的产量组合 (q_1^*, q_2^*) 称为古诺均衡：每家厂商根据对对方做出的预测来选择自己的最优产量，这个预测又恰好是对方的最优产量。假设 $q_1^* = f_1(q_2^*)$ 和 $q_2^* = f_2(q_1^*)$ 都是线性的，则图 8-8 表示了厂商是如何决定均衡产量的。一开始厂商对对方的预测可以有误，但是他们会根据各自的反应函数不断调整，直至达到产量组合 (q_1^*, q_2^*)，这个组合位于两个反应函数的交点处。

下面，我们通过一个古诺均衡的例子来说明古诺模型的一些重要结论。假设市场需求

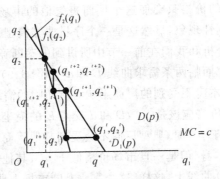

图 8-8　古诺均衡模型

函数仍是线性的,则其反需求函数为:

$$D'(Q) = a - bQ = a - b(q_1 + q_2) \tag{8-12}$$

对于每个厂商来说,对方的产量都可以看作是不变的,然后来看在对方产量既定的情况下,如何调整产量实现自身利润的最大化。假设两个厂商的边际成本为 0,即 $MC_1 = MC_2 = 0$。我们先来计算厂商 1 的边际收益。

$$R_1 = pq_1 = (a - bQ)q_1 = [a - b(q_1 + q_2)]q_1 = (a - bq_2)q_1 - bq_1^2$$
$$MR_1 = -2bq_1 + (a - bq_2) \tag{8-13}$$

令　　　　$$MR_1 = MC_1 = 0 \Rightarrow q_1 = \frac{a - bq_2}{2b} \tag{8-14}$$

式(8-14)就是厂商 1 关于 q_2 的反应函数。因为厂商 2 和厂商 1 的情况是对称的,所以厂商 2 的反应函数为:

$$q_2 = \frac{a - bq_1}{2b} \tag{8-15}$$

均衡产量就是两条反应函数的交点,即古诺模型的均衡为:

$$q_1^* = \frac{a}{3b}$$

$$q_2^* = \frac{a}{3b} \tag{8-16}$$

我们发现,在古诺模型中,两个实力相当的厂商,他们在市场上的产量是一样的,也就是说古诺模型的市场上两个厂商的市场份额是一致的。如果我们将古诺模型扩展为三个厂商、四个厂商、n 个厂商这个结论都不会改变,此时的均衡产量为:

$$q_1^* = \frac{a}{(n+1)b}$$

$$q_2^* = \frac{a}{(n+1)b} \tag{8-17}$$

五、斯威齐模型

斯威齐(Sweezy)模型又叫弯折的需求曲线模型,在这个寡头垄断市场上,每个厂商在别的厂商降价后都会采取同样的行动,这样就会导致市场价格维持在一个较低的水平,且会在短时间内使厂商都缺乏继续降价的动力,我们把这种价格趋势,叫做价格刚性。那如果市场上的某个厂商提高了价格,别的厂商会跟进吗?当然不会,因为寡头垄断市场上,厂商的产品是极其类似的,所以提高的价格只会使这个厂商丧失他的市场份额。斯威齐模型可以部分说明寡头垄断市场价格刚性现象,显然这是一个序贯博弈模型。

斯威齐模型对市场的分析和我们在前一节中所讲到的垄断竞争市场的价格均衡有类似的地方。典型厂商实际上都面临两条需求曲线 D 和 d(如图8-9),D 表示的是厂商跟进别的厂商降价的轨迹,而 d 是其本身不受别的厂商影响时所面临的需求曲线。根据我们在前一节中的分析,可以知道市场的价格应该是 p^*,D 和 d 交点 E 的横坐标。又因为别的厂商都是跟跌不跟涨的,所以当价格高于 p^* 时,典型厂商不会受到其他厂商的影响,厂商面临的需求曲线在高于 p^* 以上,就是 d 本身。但是一旦市场价格低于 p^*,其他厂商就会采取跟随行动,厂商面临的需求曲线又回到 D 曲线上。这样,这个寡头垄断市场上典型厂商面临的需求曲线就由 dE 和 ED 两个部分组成。相应的边际收益曲线也分裂成了两个部分:MR_d 和 MR_D,两者之间的连线为垂直的虚线 CF。如果短期内厂商的边际成本曲线无法从 SMC_2 提高到 SMC_1 以上或下降到 SMC_3 以下,那么市场价格将维持在 p^* 的水平,这是一个纳什均衡。

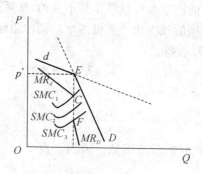

图 8-9　斯威齐模型均衡

六、串谋与卡特尔

1.卡特尔企业的均衡

之前我们讲的四个模型中,厂商都是单独来进行决策的,换句话说,他们的决策是独立的。假设现在市场上的商场拥有一样的边际成本曲线和边际收益曲线(如图8-10),为了简化问题,我们假设只有两个厂商。跟之前的一样,D 曲线同样表示厂商会有跟进行为时面临的需求曲线。这里跟随行为既包括跟随涨价也包括跟随减价。如果这是一个垄断市场,那么厂商1的定价就变得很简单,在 p^* 的价格水平下生产 q^* 的产量。但是显然他的行为会招致厂商2的报复,为了获得更大的市场份额,厂商2会降价。这个时候厂商1就会跟随降价,这样,厂商1原先的均衡就被打破了,价格可能会滑向一个对两人都没任何好处的水平。为了维护共同的利益,保证一个较高的价格水平和收益水平,若干厂商就会进行勾结,这就是所谓的"串谋"。这些厂商会结成一个"卡特尔",成为市场上的单个垄断厂商,进而追求整体利润的最大化。

他们的利润最大化条件是:

$$p(q_1 + q_2) + \frac{\mathrm{d}p(q_1 + q_2)}{\mathrm{d}q_1} = MC_1(q_1)$$

$$p(q_1 + q_2) + \frac{\mathrm{d}p(q_1 + q_2)}{\mathrm{d}q_2} = MC_2(q_2)$$

(8-18)

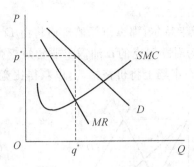

图 8-10　卡特尔企业的均衡

因为要考虑整个卡特尔的利润最大化,所以必须有 $MC_1 = MC_2$,因为如果两者不相等,那么边际成本较小的那个厂商一定会生产更多的产量。我们假设两个厂商的边际成本都为0,需求函数为线性,则其反需求函数为:

$$D'(q_1 + q_2) = a - b(q_1 + q_2) \qquad (8\text{-}19)$$

总利润函数为:

$$\pi(q_1, q_2) = [a - b(q_1 + q_2)](q_1 + q_2) = a(q_1 + q_2) - b(q_1 + q_2)^2 \qquad (8\text{-}20)$$

最优化条件为:

$$a - 2b(q_1 + q_2) = 0 \qquad (8\text{-}21)$$

即

$$q_1 + q_2 = \frac{a}{2b} \qquad (8\text{-}22)$$

如图 8-11 所示,行业利润实现最大化的时候,两家厂商的边际利润就应该相等,即两厂商的等利润线相切,$q_1 + q_2 = \dfrac{a}{2b}$ 的解 (q_1^*, q_2^*) 一定是经过所有切点的,所以 $q_1 + q_2 = \dfrac{a}{2b}$ 是所有共切点的轨迹。

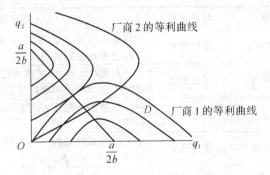

图 8-11　卡特尔均衡解

2. 欧佩克定价策略分析

在现实生活中,最典型的卡特尔就是石油输出国组织(OPEC)。阿拉伯国家结成同盟通过一致定价以获得更高利润。图 8-12 显示了这种卡特尔与竞争性市场的比较。TD 是全世界对石油的需求曲线,S_c 是除欧佩克国家外,其他竞争性厂商的总供给,D_{OPEC} 是欧佩克国家面临的需求曲线,是 TD 和 S_c 相减得到的。MR_{OPEC} 是相应的边际收益曲线,MC_{OPEC} 是欧佩克国家的边际成本曲线。在有卡特尔的情况下,各国的市场定价为 p^*,总产量为 q_{OPEC}。竞争性

厂商的总供给为 q_c。

如果欧佩克国家没有结成卡特尔,那么市场的价格将由 $D = MC$ 决定,价格为 p_c,远低于结成卡特尔时候的 p^*。因为对欧佩克的石油需求非常缺乏弹性,因此卡特尔具有强大的垄断势力,他利用这种势力能在市场上将价格抬高,以获得比竞争性市场上多得多的利益。

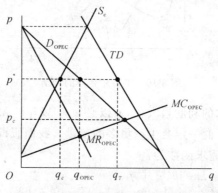

图 8-12 欧佩克定价策略

第四节 不同市场的经济效率比较

一、不同的市场结构

寡头垄断的特征是市场上只有很少几家策略依赖的厂商,我们在模型中往往假设只有两个寡头。我们结合博弈论的知识,用五个模型来概括寡头垄断市场的情况(如表 8-6)。

表 8-6 寡头垄断市场模型

模型名称	特征	博弈类型	博弈过程
斯塔克博格模型	产量领导	序贯博弈	领导者先确定产量,追随者再确定产量,领导者选择产量时会考虑追随者的反应。
价格领导模型	价格领导	序贯博弈	领导者先确定价格,追随者跟不跟涨,追随者选择产量时亦会考虑追随者的反应。
古诺模型	联合定产	静态博弈	每家厂商都不知道对方确切的行为,但都会考虑对方的反应。
斯威齐模型	联合定价	序贯博弈	每个厂商都对别的厂商跟跌不跟涨,需求曲线发生弯折,市场价格刚性。
卡特尔	卡特尔	合作博弈	许多厂商串谋在一起,限制产量实现行业的最大利润。

在前面一节中,我们考察了以上几种卖方垄断情况下的寡头垄断模型,一般来说,卡特尔在市场上出售的总产量最小,价格却最高,但厂商都面临着诱惑,生产出比卡特尔协定更多的产量;价格领导模型均衡解的产量最高,价格最低;其他模型的解介于两者之间。古诺模型的厂商在市场上都只能占到较小的市场份额,价格非常接近于边际成本,古诺模型解析的几乎是一个竞争性行业。

二、不完全竞争造成的效率损失

对处于非竞争市场的厂商来说,其利润最大化的条件是 $MC = MR$,且 MR 位于 D 曲线以下,所以与竞争市场相比,不完全竞争一定会造成效率的损失。如图 8-13 所示,左图为不完全竞争市场的均衡价格和产量决定,右图为竞争性市场的均衡价格和产量决定。消费者剩余和生产者剩余如图 C_s 和 S_s 所示,我们发现,左图中有很大的空白,这正是不完全竞争造成的社会福利损失。

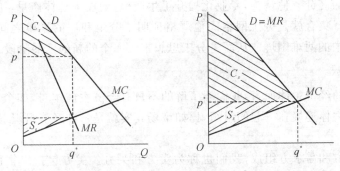

图 8-13　不完全竞争与完全竞争的效率比较

第五节　市场与企业

一、劳动分工与经济组织

(一)劳动分工

亚当·斯密最著名的理论之一就是关于劳动分工的描述,即所谓的斯密定理——"劳动分工受市场容量的限制"(Adam Smith,1776)。斯密认为,只有当对某一产品或服务的需求随着市场规模的扩大增大到一定程度时,专业化的生产者才能实际出现和存在,分工也才会细化和实现其经济意义。并且随着市场范围的进一步扩大,分工和专业化的程度也将不断提高。反过来,如果市场范围没有大到一定程度,即需求没有多到使专业生产者的剩余产品能够全部卖掉时,专业化生产者不会实际存在。因此,斯密定理可以反过来表述为市场规模的扩大是分工发展的必要条件。历史地看,斯密定理暗含着市场扩张先于分工发展,也就是说,可以用市场扩张说明分工发展,但不能用分工发展说明市场扩张。杨格继续了斯密的研究,他认为,不但分工水平依赖市场容量,反过来市场是由所有人是否参加分工的决策决定,所以它又由分工水平决定,也就是说分工和市场容量是相互决定的,斯蒂格勒将其称为"杨格定理"(Stigler,1951)。

当然,斯蒂格勒本人对分工的论述更为充分,他认为,整个社会生产过程是需要规模经济的,而其中的各个生产环节却不一定非得是规模经济的。具体而言,斯蒂格勒将企业的生产活动分解为一系列不同的环节,如采购与贮存原材料,把原材料转换为中间产品,把中间产品转换为最终产品,贮存与销售最终产品等。不同的生产环节具有不同的经济性,随着产业的成长,收益递增活动的市场容量渐渐扩大到足够支持专业化厂商的生存,则生产最终产品的企业会把这部分活动交由专业化厂商去生产。随着这个新产业成为竞争性产业，原有企业的生产成本曲线会绝对下降，从而在一定幅度内取得规模报酬递增的好处。其他生产活动也会经历类似的专业化过程，这样原有企业乃至整个经济活动都可以不断获取专业化收益递增的好处。这就是斯蒂格勒的产业生命周期理论。

杨小凯在他的著作《经济学：新兴古典与新古典框架》(Yang,2001)中提出，厂商规模与分工无关，这意味着如果劳动的交易效率改进得比产品交易效率慢，则厂商平均规模随分工发展和生产率的提高而变小。从而修正了斯蒂格勒对于社会整体的规模经济和企业个体的专业化生产所作的区分。他认为，专业化提升了生产率，增加了总体产量，扩大了市场范围，个体的专业化选择集合就是分工网络。他严格证明了分工和厂商规模之间的无关性，彻底解决了斯密定理中的两难困境。从而将分工思想带入一个的新的发展阶段。

（二）经济组织

对于市场上的经济主体而言，我们要了解的不只有经济主体本身，如个人、厂商等，还要了解将这些经济主体连接在一起的组织，比如市场其实就是一种经济组织，又比如企业。

1.市场

市场由供给方和需求方组成，我们也称为卖方和买方。卖方包括出售商品和服务的厂商、出售劳动力的工人，以及向厂商出租土地或出售矿物资源的资源拥有者。买方是指购买劳动力、资金和原材料用于生产商品和提供服务的厂商。显然，在市场上卖方和买方往往是重叠的，但在提到市场的时候，我们只考察他的某一个角色，他实施买的行为时我们认为他是买方，反之则为卖方。

市场的范围也称市场的边界，指的是市场的地理边界和产品范围。比方当我们研究绍兴纺织品市场的时候，我们很清楚它的地理位置，也很清楚它的产品范围，指的是纺织产品，所以服装鞋袜这些都是不包括在内的。但是绍兴的纺织品市场不仅仅是指中国轻纺城这个交易场所，也包括了与其相关联的诸如物流基地、劳动力市场，以及其他供货商，但这些供货商很可能是不在绍兴的。所以，从这个角度看，市场更像是一种将各种生产要素连接在一起的一种制度和组织形式。

2.企业

但是市场是不是唯一能连接各种生产要素的组织呢？我们发现也不是，比方说，波音公司很多时候采购他自己子公司生产的零部件进行组装，换句话说，子公司之间不需要通过市场就能组织生产，而且成本可能比市场上低。我们不妨设想一下，要素要通过市场进行组成才能生产，但如果有一个权威的人，他能通过自己的能力来配置资源节省市场运行的成本，那么他就是一个经济组织，这个人也就是我们常说的"企业家"，他通过"企业"来组织生产。但他之所以为企业家的重要条件是，他能够以低于他所替代的市场交易的价格获取生产要素，因此他必须以较低的成本行使自己的职能，如果他不能做到这一点的话，通常很可能又回到公开市场交易的方式。

二、市场交易成本与企业的本质

在传统的微观经济学理论中，厂商生产的过程类似于一个"黑箱"。经济学家只研究从投入到产出的结果，而对其内部生产的过程并不热衷。比方生产要素是如何在厂商中发挥作用的，厂商内部的各个部门是如何协作生产的，这些问题对于经济学家来说是陌生的，于是厂商就被抽象成了一个追求利润最大化的生产函数。至于厂商或企业本身的性质是什么,则是一个被忽略的问题。

在自由市场中,人们是通过价格机制来进行交易的,价格机制实质上是一种关于交易的契约方式,除市场外的各种经济组织也都立足于一些契约,因此,分析经济组织的关键就是要分析各种各样的契约关系,这是制度经济学研究的中心问题。制度经济学是专门研究不同条件下各种制度安排是否合理或优越的经济学分支。它主要解决的是评判各种不同的"契约"在通过个体之间的共同协议进行经济交易时如何协调的问题。这里的"契约"被用来解释在一个无法预见的世界里个体间合作的关系。这种关系的好坏优劣就是评判制度的标准。市场和企业处于这种制度的两个极端。前者个体之间关系是十分松散的,买方和卖方可以自由选择交易对象;而后者内部科层(bureaucracy)之间的关系非常紧密,通过层层委托代理关系进行"治理",因此第一步就是要先弄清楚企业的本质。

1.交易成本

交易成本(Transaction Costs)又称交易费用,由诺贝尔经济学奖得主科斯(Coase,1937)提出。**它是指达成一笔交易所要花费的成本,既包括可见的会计成本也包括了很多无法显示的成本。例如,买卖过程中所花费的时间、传播信息、广告、与市场有关的谈判、协商、签约、合约执行的监督等活动所费的成本。**交易成本是新制度经济学的核心概念之一,用以解释企业之所以存在的原因。对交易成本的分类目前经济学界并未形成一致意见,如果在交易前发生的成本,我们叫事前成本,包括对商品信息与交易对象信息搜集时发生的成本;对契约、价格、品质等进行讨价还价的成本。如果发生在交易后,我们称为事后成本,包括执行交易时所付出的成本;监督交易对象是否依照契约内容进行交易的成本,例如追踪产品、监督、验货等;也包括对方违约时向对方索赔、追讨等需付出的成本。

显然,在对交易成本的论述中,我们不难发现,企业的交易成本低于市场,因为避免了搜寻、讨价还价所产生的费用,在交易执行、监督以及违约行为发生时产生的成本也远低于市场。如果我们把接受高等教育这一行为也看作是交易的话,教师和学生如果没有通过高校这个平台来完成教学,而是自己在市场上相互交易,成本就会比较高。相反,如果教师与某个高校订立受聘合约,学生与学校订立就学合约。因为高校都希望自己的声誉越来越高,所以就会通过自身的权威约束教师和学生的行为,提高学习效率。这就是企业对市场价格机制的替代。

2.企业的本质

我们在前面已经论述了,企业和市场一样是一种经济组织,市场通过价格机制来组织生产,企业则通过企业家的个人能力来完成生产组织。显然,价格机制是一种契约关系,买卖双方一旦订立了合同,他们之间就形成了对议定价格的共识。而在企业里,企业家通过权威也能制定某种契约,来确定供给和需求,因此科斯认为,企业是价格机制的替代物。而阿尔钦(Alchian,1950)和德姆塞茨(Demsetz,1967)则不同意科斯的看法,他们认为企业是一种团队生产。张五常则延续了科斯的思路,他认为企业是契约选择的一种形式;威廉姆森在他1975年出版的《市场与等级制》一书中指出,企业是一种科层组织,并对交易成本进行了分析。这些对企业本质的早期研究都极大地推动了经济学对企业本质的认识。

企业理论发展到今天,大多数学者都认为,企业作为一种经济组织,其基础是多方的契约关系,比方说董事会与经理人之间的契约,员工与企业之间的契约,上级和下级的契约。在现代化的生产中,必须由各种不同专业的人来完成不同专业的工作。正因为这种人才和信息的专业化,不同的人掌握了不同的信息和技能,他们之间只能选择合作,但利益协调却非常困难,所以必须通过契约规定来完成经济活动的组织。所以,**企业的本质就是由一组契约组成的经济组织。**

但是,市场和企业哪种经济组织更为优越,或者说,哪种契约关系更具有优势呢?这就必须要应用到另一个概念:交易成本。我们用两种极端的情况来模拟市场和企业两种不同的经济组织。

在对市场的极端情况的模拟中,我们假设每一辆汽车都由一个厂商来制造。这样,这个厂商的交易成本就变得非常高,因为他既要跟很多中间产品的供给者打交道,也要跟需要汽车的消费者进行交易。在对企业的极端情况模拟中,我们假设全社会所有的汽车都在一个庞大的企业内部生产,而不需要通过市场进行任何的中间产品的交易。这样,相比在市场上购买中间产品所需花费的交易成本,企业内部完全生产的成本要低得多。因为他不需要寻找合适的供应商,也不需要签订合同及监督合同执行。而且,对于市场上无法寻找或者难以寻找到的专用型资产或者设备,它也可以自己生产,雇佣一些拥有专门技能的员工,购买一些设备,并在部门间建立长期的契约关系。这种办法显然比从市场上自由寻找并购买相应的产品和劳务更具有优势,降低了相应的交易成本。

由此可见,同一笔交易,既可以通过市场的组织形式来进行,也可以通过企业的组织形式来进行。企业之所以存在,或者说,企业和市场之所以同时并存,是因为有的交易在企业内部进行成本更小,而有的交易在市场进行成本更小。

三、企业的组织形式与边界

1. 企业的组织形式

企业主要的组织形式为个人企业、合伙制企业和公司制企业。个人企业指由个人单独出资经营的经济组织,出资者往往身兼所有者和经营者双重身份,一般企业规模较小,且易于管理,企业内部利益高度统一。

合伙制企业指两个人以上股东合资经营的企业。相对个人企业而言,合伙制企业中分工和专业化得到加强,且资金较多,规模较大,部门间的协调相对困难,需要通过现代管理方法来实现公司治理。

公司制企业指按公司法建立和经营的具有法人资格的企业,这是一种现代的经济组织。企业由股东所有,但执行管理职责的一般是外聘的职业经理人,而且企业往往通过资本市场进行融资。由于资金相对充裕,规模也比较大,所以公司组织较大,内部的管理协调比较困难。且公司的所有权和管理权分离,也带来所有者和管理者利益不一致的问题。

2. 企业的边界

前面我们已经论述了,企业相对市场而言,有一些特殊的优势,但是,与此同时也带来了一些市场没有的交易成本,主要由三个方面组成,一是管理成本,二是信息成本,三是传递成本。管理成本是指,企业监督和激励员工所花费的成本;信息成本是指企业决策在企业内传达以及企业高层获取信息的成本;传递成本是指企业中的下级误导上级,或者把一些错误向上级隐瞒。这些交易成本都会导致企业效率的损失。由此可见,企业的扩张也不是完全没有限制的。根据制度经济学的理论,企业的规模由市场交易所花费的成本和内部交易成本的差决定。

选择题

一、单项选择题

1. 考察一个市场竞争程度的一种途径与下列哪一项有关? （　　）
   A. 需求的收入弹性　　　　　　　　　　B. 需求的价格弹性
   C. 供给的价格弹性　　　　　　　　　　D. 边际替代率

2. 厂商面对的需求曲线越缺乏弹性 （　　）
   A. 厂商拥有的市场力量越小　　　　　　B. 提高价格,销售量下降得越多
   C. 厂商拥有的市场力量越大　　　　　　D. 价格与边际收益之间的差额越小

3. 垄断竞争行业将不断有新厂商进入,直到需求曲线刚好接触到 （　　）
   A. 边际成本曲线　　　　　　　　　　　B. 平均成本曲线
   C. 总成本曲线　　　　　　　　　　　　D. 平均不变成本曲线

4. 垄断竞争区别于寡头垄断在于 （　　）
   A. 在垄断竞争中,厂商不需要考虑其竞争对手的反应
   B. 在寡头垄断中,不存在竞争
   C. 寡头垄断是不完全竞争的一种形式
   D. 在垄断竞争中,厂商面对着的需求曲线是向下倾斜的

5. 垄断竞争在均衡状态下 （　　）
   A. 厂商得到的经济利润为零　　　　　　B. 价格等于平均成本
   C. 边际收益等于边际成本　　　　　　　D. 以上说法都正确

6. 卡特尔通过下列哪种方式决定其联合利润最大化的产量水平 （　　）
   A. 使每个厂商的边际成本等于边际收益
   B. 使卡特尔的边际成本等于市场需求
   C. 使每个厂商达到供求平衡
   D. 使卡特尔的边际成本等于边际收益

7. 卡特尔的单个成员有欺骗动机,是因为 （　　）
   A. 一般厂商的边际成本低于卡特尔的边际收益
   B. 一般厂商的边际成本超过卡特尔的边际收益
   C. 卡特尔的价格大于一般厂商的边际成本
   D. 卡特尔的边际收益高于卡特尔的价格

8. 卡特尔面临的问题是,卡特尔的单个成员发现(　　　)是有利可图的。
   A. 把价格提高到卡特尔价格以上,而不必担心会失去顾客
   B. 把价格降到卡特尔价格以下,来吸引更多的顾客
   C. 把价格提高到卡特尔价格以上,而不必担心遭到报复
   D. 把价格降到边际成本以下

9. 囚犯困境是一个涉及两方的简单的对策,在这一过程中 （　　）
   A. 双方都独立依照自身利益行事,结果一方赢一方输
   B. 双方都独立依照自身利益行事,结果陷于最不利的局面
   C. 双方都独立依照自己利益行事,结果没有一方赢,也没有一方输

D. 双方都独立依照自己利益行事,则双方都得到最好的结果

10. 因犯困境的结果应用于两个寡头厂商的情况,是 （ ）

    A. 其中一个厂商获利,另一个厂商遭受损失

    B. 两个厂商都没有获利,并都将退出该行业

    C. 价格将高于使得它们的联合利润最大化的价格水平

    D. 价格将低于使得它们的联合利润最大化的价格水平

11. 古诺竞争的一个重要特征是 （ ）

    A. 可变成本是总成本的较小的部分   B. 可变成本是总成本的较大一部分

    C. 固定成本是总成本的较小的部分   D. 资本品存量易于改变

12. 囚徒困境显示了 （ ）

    A. 反托拉斯法的力量   B. 便利作法的有效性

    C. 潜在竞争的影响   D. 维持勾结协议的困难

13. 在古诺竞争中,厂商 （ ）

    A. 猜测对手将生产的数量,通过选择自己生产的数量来竞争

    B. 猜测对手将索取的价格,通过选择自己的索价来竞争

    C. 有序地瓜分市场

    D. 勾结起来固定价格,获得垄断利润

14. 在伯特兰竞争中,厂商 （ ）

    A. 猜测对手将生产的数量,通过选择自己生产的数量来竞争

    B. 猜测对手将索取的价格,通过选择自己的索价来竞争

    C. 响应对手的降价,但不响应提价

    D. 勾结起来固定价格,获得垄断利润

15. 实验经济学家发现 （ ）

    A. 如果对策可以重复多次,参加者会逐渐采取一些简单的策略而促成勾结

    B. 大多数参加者都采取复杂的策略

    C. 勾结几乎不可能

    D. 勾结要求有能力签订稳定的契约来实施

二、计算题

1. 已知生产相同产品的潜在生产者的成本函数都是 $C(q_i) = 25 + 10q_i$。市场需求 $Q = 110 - P$,q_i 表示各生产者的产量。P 表示市场价格,假定该寡头市场满足"古诺"模型的要求,试求:

    (1)若只有两个生产者组成"古诺"模型的寡头市场,该市场的均衡价格是多少? 每个企业能获得多少垄断利润?

    (2)若各潜在竞争者在寡头市场展开竞争,从而形成垄断竞争市场,该市场的均衡价格是多少? 在垄断竞争市场中,最终可能存在几个生产者?

    2. 考虑一个无产品差异情况下的产量竞争模型。市场的需求函数为 $P = 14 - q_1 - q_2$。两个企业的边际成本均为2。假设企业1首先选择产量 q_1,企业2在观察到企业1的产量后选择产量 q_2。请给出两个企业的均衡产量和市场均衡价格;请问这个模型的均衡是否唯一?

    3. 厂商主导模型,一个大厂商,五个小厂商,大厂商的成本函数为 $C = 0.001Q_1^2 + 3Q_1$,

五个小厂商的成本函数是 $C = 0.01Q_2^2 + 3Q_2$，需求曲线是 $Q = 5250 - 250P$。求大厂商和小厂商的均衡产量、均衡价格、总产量，并作图表示。

三、分析讨论题

1. 垄断竞争市场的特征是什么？在这样的市场中，如果一个厂商推出一种新型的、改进的产品，对均衡价格和均衡产量会产生什么影响？

2. 在斯塔克尔博格模型中，先决定产量的厂商有一种优势。为什么？

3. 某珠宝集团是一家非常成功的国际卡特尔组织，请解释这一卡特尔组织的利润最大化决策。各企业为什么有欺诈或违约的企图？如果有竞争对手，对合谋的稳定性有何影响？

4. 为什么在寡头市场会产生价格领袖，他是如何确定利润最大化价格的？

5. 试述市场交易成本与企业的本质。

第九章
生产要素市场

【教学目的和要求】

本章主要向大家介绍生产要素需求的特点与生产要素供给的原则。在此基础上,讨论劳动供给曲线和工资率的决定,以及利息与地租的决定。

【关键概念】

边际产品价值;经济租;利息率;无风险套利

第一节 生产要素市场概述

一、生产要素市场和产品市场

要素市场是指用于生产过程中的经济资源市场,即生产要素市场。这些要素通常分为土地、劳动、资本和企业家才能。要素市场和产品市场是微观经济学中最主要的两个市场,图 9-1 向我们展示了这两个市场的联系与区别。

图 9-1 的左、右两个方框分别表示厂商和家庭,他们在不同市场上进行交易活动。对于厂商来说,他是产品市场的供给者,出售自己生产的产品。但是在他从事生产活动之前,他首先是一个消费者,因为他需要租厂房、雇佣劳动力、贷款,这些交易活动都是在要素市场上完成的。所以厂商在市场上有双重身份:产品市场上的供给者和要素市场上的消费者。同样的,家庭也具有双重身份,他们从产品市场上购入厂商生产的产品,在要素市场上出售自身的劳动力、资本、土地或自身的企业家才能。厂商和家庭在这个过程中互相协作,彼此支持完成了交易的整个过程,图中内圈的循环展示了这一过程。

当然,厂商和家庭在交易过程中都遵循了自身利益最大化的原则,图中的外圈循环展示了厂商和家庭在交易过程中所获得的支付和报酬。家庭在产品市场上购买产品的花费来自

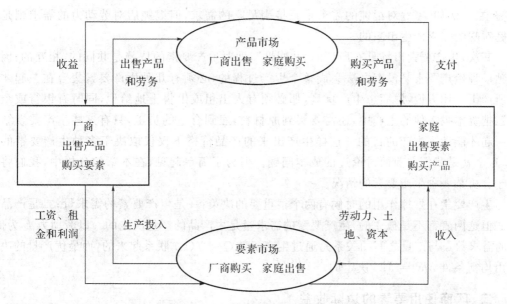

图 9-1　要素市场和产品市场

于其在要素市场上出售生产要素的所得,这些所得以工资、租金、利润等多种形式发放。这样生产要素的报酬就转化成了家庭的收入并进一步转化为厂商的收益,厂商可以继续将其转化为生产要素市场上实现购买的支付,从而保持生产的能力。

二、生产要素市场的分类

产品市场结构是多样的,有的市场接近完全竞争,有的市场上,一些厂商具有很大的垄断势力,从而使得市场呈现出非完全竞争特征,甚至是完全垄断。要素市场也是同样的,我们可以把要素市场分成三大类:完全竞争的要素市场、买方垄断的要素市场和卖方垄断的要素市场。

完全竞争的要素市场是有大量生产要素出售者和购买者的市场,如劳动力市场。由于买方和卖方都没有能力影响要素的价格,所以每个人都是价格接受者。买方垄断的要素市场是指市场上有大量要素出售者,但购买者数量却相对较少,同时在产品市场上,厂商却是一个完全竞争者。卖方垄断的情况与之相反:厂商在要素市场上是一个完全竞争者,但是在产品市场上却拥有垄断力量。

第二节　生产要素的需求

一、厂商要素使用量的基本原则

要素市场上的需求和产品市场有很大不同,产品市场上的需求来自于家庭,这种需求是很直接的,主要解决消费者的吃穿住用问题。而要素市场上的需求却不那么直接,主要是为了满足生产的需求,然后再通过出售产品来满足个人的需求。所以我们把要素市场上的需求称为"派生需求"或"间接需求",意思是这种需求是由个人的直接需求引出来的,也称"引致需求"。例如,家庭对馄饨的需求是直接满足吃的需求,但馄饨店对劳动力的需求则是由家庭对吃的需求派生出来的。

其次,生产要素市场具有所谓的"共同性",即对生产要素的依赖是共同的,相互的,因为单独一种生产要素是没有办法完成整个生产过程的,必须有几种生产要素集合在一起才能有所产出。比方说,厂商想生产玩具,那必须有人出租或出售土地给他,同时有银行或个人愿意把资本投入他的生产中,还需要买到原材料,雇到合适的员工,只有这些生产要素结合在一起才能达到生产的目的。这样生产出来的产品价格不仅仅取决于多种生产要素的价格,这个就是我们在前面讨论过的成本问题。但为了简单起见,在本章的分析中,我们将集中于分析某一种生产要素的情况。

生产要素在发挥作用的时候有两个很重要的决策:一是生产要素的需求量;二是产品产量。但这两者都不是孤立的,生产要素的需求量是由产品的产量决定的。以劳动力 L 为例,L 的需求数量与产量之间的关系是通过生产函数 $Q = f(L)$ 联系起来的,而最优产量的决定是由均衡条件 $MR = MC$ 决定的。

二、厂商使用要素的边际收益

我们假设厂商生产过程中只使用一种生产要素,并只生产单一产品,且遵循追求利润最大化的原则。那么,一旦厂商确定最优产量,生产要素的最优使用数量也就被确定下来了。生产要素的边际收益我们称为边际产品价值,用 VMP 表示。厂商收益我们可以表示为 $R(Q) = P \cdot Q$,因为厂商是价格接受者,所以 P 是常数值,这样厂商的收益唯一由产量 Q 决定,而 $Q = f(L)$,所以厂商的收益也可以表示为 $R(L) = P \cdot f(L)$。这样,$MR_L = P \cdot MP_L$,也就是说,厂商的边际收益可以表示为,**每多投入一单位的生产要素能带来的收益的增加量**,这就是要素边际收益的含义,我们称为要素的边际产品价值,也叫边际收益产量。

$$VMP = P \cdot MP_L \tag{9-1}$$

这里,要强调的是 VMP 和 MR 之间是有区别的,MR 是针对产品产量而言的,VMP 则是对生产要素投入而言的,表示的是要素的边际产品价值,是要素的增量带来的产品价值增量。根据边际产出递减规律,我们假设边际产出曲线是一条向下倾斜的直线,这样边际产品价值曲线也就成为一条向下倾斜的直线,因为它就是 MP_L 曲线乘以一个常数 P。如果 $P = 1$,两条直线就会重合,这意味着边际产品价值退化为边际产出。

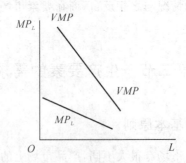

图 9-2　边际产出曲线和边际产品价值曲线

三、完全竞争条件下的生产要素需求

1.完全竞争厂商使用要素的边际成本

根据前面的假设,厂商只使用一种生产要素,所以成本 $C = \omega \cdot L$,成本函数 $C(Q)$ 也和生产要素的投入直接有关。ω 是生产要素的价格,也就是工资率,L 是劳动力的投入数量。在完全竞争的要素市场上,有很多相同素质的劳动力在出售中,没有一个劳动力可以改变市场上的工资水平。这样,ω 就是一个常数,成本 c 完全由要素投入数量决定,使用要素的边际成本就可以表示为:

$$MC = \frac{\mathrm{d}C}{\mathrm{d}L} = \omega \tag{9-2}$$

式(9-2)表示的是每多使用一单位生产要素带来的成本,也就是市场上的工资水平,我们通常用工资率表示。比方大学生参加学校的勤工俭学基本工资为每小时 8 元,那就意味着要多使用一单位的劳动力至少要花费 8 元,成本就增加 8 元。

特别要注意的是,这里的边际成本跟我们之前在厂商理论中所讲的边际成本有所不同。厂商的边际成本是指每多生产一单位产品所花费的成本增量,而这里要素的边际成本则是指多投入一单位的生产要素所花费的成本增量。

2.完全竞争厂商使用要素的原则

完全竞争的要素市场上厂商利润最大化的条件是什么呢,我们可以来推导一下。使用要素的利润函数为:

$$\pi = P \cdot f(L) - C(L) = P \cdot f(L) - \omega \cdot L \tag{9-3}$$

其利润最大化的条件就是:

$$\pi'_L = P \cdot MP_L - \omega = 0 \Rightarrow VMP = \omega \tag{9-4}$$

也就是说,当要素市场上 $MR = MC$ 时,要素使用的利润就能达到最大。如果 $VMP > \omega$,那就意味着每多投入一单位的生产要素生产出来的产品价值大于使用这一单位的成本,这样厂商就会不断扩大投入。因为要素的边际产出是递减的,所以每多投入一单位要素的产出会不断减少,直到 $VMP = \omega$。反过来,如果 $VMP < \omega$,那就意味着每多投入一单位要素所花费的成本大于这一单位要素的收益,所以厂商就会不断减少投入,每单位要素的产出也会增加,直到两者相等。综上,只有当 $VMP = \omega$ 成立的时候,厂商的要素使用量才是最合适的,此时要素使用的利润最大。图 9-3 说明了这个条件。

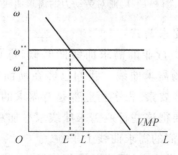

图 9-3　完全竞争厂商要素使用的原则

现在假设因为出生率降低等原因,导致市场上的劳动力大军数量减少,进而影响工资水

平,使市场的工资水平从 ω^* 提高到 ω^{**},这样劳动力的需求量就会减少到 L^{**}。我们发现要素市场在很多方面与产品市场是相似的。在产品市场上,边际收益与边际成本相等时能达到厂商均衡,在要素市场上也是一样,要素使用的边际收益与边际成本相等时,就能使厂商实现利润最大化。且要素市场上的均衡条件 $VMP = P \cdot MP_L = \omega$ 可以转化为 $P = \omega/MP_L$,完全竞争市场上 $MR = P$ 即 $MR = \omega/MP_L$,这和前面讨论边际产出时的等式是完全一致的,表示的是额外一单位劳动力的成本产出比恰好跟出售由这单位要素产出的产品带来的额外收益是一致的。

3. 完全竞争厂商的要素需求曲线

这样,我们可以进一步发现要素的边际产品价值其实就是厂商对要素的需求曲线。因为 VMP 表示的就是厂商对劳动力的需求数量跟随工资水平变化而变化的情况。但如果厂商同时选择两种或多种可变要素,那么问题就会变得略微复杂。以劳动力和资本均可变为例,假设现在市场上的工资水平上升,厂商对劳动力的需求数量就会减少,但影响不仅于此。劳动力减少就会使很多的设备虚置,进而降低资本使用数量,工人和设备都不能充分利用,会导致厂商产品数量的减少,降低劳动生产率,这样劳动力的需求就会减少,VMP 曲线即劳动力的需求曲线会向左移动。图 9-4 说明了这个过程,一开始厂商的劳动力需求在 A 点,工资率为每个工人每小时 20 元,此时厂商需要的劳动力数量为 100 人。现在由于工资水平提高到每小时 30 元,劳动力和资本的需求数量都会减少,劳动力的需求数量变成 80 到 B 点,但是 D_{L1} 表示的是在资本数量固定时候的劳动力需求数量和工资水平之间的关系。所以一旦资本数量也发生变化,劳动力需求曲线就会移动到 D_{L2} 的位子,最终的劳动力需求数量在 C 点上,为 50 人。因此,在多种可变要素的情况下,劳动力的需求曲线经过 A 和 C,但不经过 B,如图 9-4 的 D_L 所示。

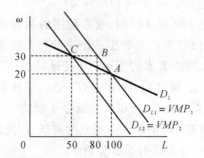

图 9-4　厂商对劳动力的需求曲线

4. 完全竞争市场的要素需求曲线

在产品市场上,当我们关心行业的需求曲线的时候,把单个消费者的需求曲线进行加总,就可以得到这种产品的市场需求曲线。我们已经在前面假设这是一个完全竞争的劳动力市场,对于劳动力这样的生产要素,很多行业都是有需求的。所以如果能知道所有行业对劳动力的需求曲线,那么只需要把这些行业需求曲线水平加总就可以了。这样,要素的行业需求问题就集中在如何求出厂商的需求曲线上了。

如果产品市场上只有一个供应者,那么问题很好解决,这个厂商的要素需求曲线就是整个行业的要素需求曲线。但如果这个市场上有很多产品供应者,问题就会变得比较复杂。

如图 9-5(a)所示,起始点为 A,即当市场工资水平为 ω_1 时,劳动力的需求数量为 L_1。当

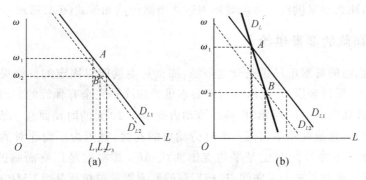

图 9-5　厂商对劳动力的需求曲线

工资水平从 ω_1 下降到 ω_2，那么单个厂商的劳动力需求数量就从 L_1 增加到 L_2。但是由于厂商的劳动力需求数量增加了，所以产品市场上总的供给数量也会增加，导致产品价格降低，所以劳动力的需求曲线就从 D_{L1} 移动到 D_{L2}，这使得劳动的需求数量没有像单个厂商时那样扩大，而是来到了 B 点，劳动力的数量为 L_3。我们把 A 和 B 连起来，得到 D'_L 线，这就是考虑了别的厂商反应时候的行业劳动力需求曲线，如图 9-5(b)所示。

第三节　生产要素的供给

要讨论生产要素的供给必须先考察生产要素对消费者的影响，因为消费者是生产要素的供给者。显然，生产要素作为普通的资源对消费者来说都没有任何意义，只有当这些要素被厂商投入到生产当中去才会显现出它们的作用。这样，生产要素对消费者的效用就体现在消费者在供给了要素后获得的收入。所以，要素供给的效用是间接的。以劳动力为例，假设要素供给增量为 ΔL，由这些劳动力增量带来的收入增量假设为 ΔY，收入增加给消费者带来的效用增量为 ΔU，则：

$$\frac{\Delta U}{\Delta L} = \frac{\Delta U}{\Delta Y} \cdot \frac{\Delta Y}{\Delta L} \tag{9-5}$$

即：

$$\frac{dU}{dL} = \frac{dU}{dY} \cdot \frac{dY}{dL} \tag{9-6}$$

等式(9-6)中，$\frac{dU}{dL}$ 即为要素供给的边际效用，它表示消费者每多增加一单位的要素供给量所带来的消费者效用增量；$\frac{dU}{dY}$ 和 $\frac{dY}{dL}$ 则分别为收入的边际效用和要素供给的边际收入。因此，式(9-6)表示：消费者供给生产要素的边际效用等于要素供给的边际收入乘以收入的边际效用。如果这是一个完全竞争的要素市场，那么这个消费者多提供一点或者少提供一点要素的供给量并不能影响要素的市场价格。这样，要素的边际收入显然跟要素价格是相等的，即 $\frac{dY}{dL} = \omega$，这样，式(9-6)就可以简化为：

$$\frac{dU}{dL} = \frac{dU}{dY} \cdot \omega \tag{9-7}$$

这便是完全竞争条件下消费者要素供给的边际效用公式。如果消费者不是要素市场上的完全竞争者,那么要素供给的边际效用表达式当然仍然如等式(9-6)所示。

一、厂商面临的要素供给

如果厂商面临的要素市场是完全竞争的,那么厂商就能以固定的价格买到任何数量他想要的生产要素,反过来说,厂商所面对的要素供给曲线是完全有弹性的。市场对劳动力的需求和供给曲线如图 9-6(b)所示,厂商在劳动力价格为 20 元的时候面临一条水平的要素边际成本曲线 MFC,是他额外多购买一小时劳动力的花费,且因为厂商面对的要素价格是固定的,所以边际成本曲线同时也是平均支出曲线 AE,其实就是厂商面临的供给曲线。而VMP 曲线就是厂商的要素需求曲线,这样厂商的要素需求数量就是由 VMP 曲线和 MFC 曲线的交点决定的。这里,关键的问题在于 MFC 曲线又是怎么被确定下来的,换句话说,20 元的劳动力边际成本曲线是怎么被决定的?显然,厂商是不能决定的,所以这个价格是由市场决定的。如图 9-6(a) 所示,D_L' 是市场对劳动力的需求,S_L' 是市场上劳动力的供给数量随劳动力价格的变化而变化的情况。两条曲线的交点决定了市场的均衡价格 20 元/小时,这样边际支出函数就是常数 20。

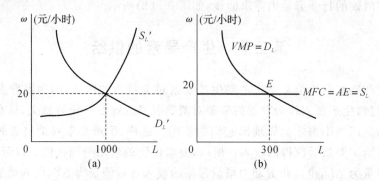

图 9-6 厂商面临的劳动力供给曲线

一旦边际支出函数被确定下来,一家在竞争性要素市场上的厂商应当购买多少要素来投入生产呢?只要 VMP 在 MFC 曲线之上,就可以通过购买更多的要素投入到生产中,因为每多投入一单位要素的收益大于其支付的成本。反过来如果 MFC 在 VMP 曲线上面,边际成本就大于边际收益,厂商就会减少投入,直至 $VMP = MFC$ 就能实现利润最大化,图 9-6(b)显示了厂商在边际支出曲线和边际产品价值曲线的交点购买劳动力的数量。

二、要素市场的供给

通常来说,生产要素投入的供给曲线是向上倾斜的。在第六章中,我们也讨论了竞争性产品市场中的供给曲线会随着生产的边际成本递增而向上倾斜。要素市场在这一点上也跟产品市场比较类似,要素的投入通常也呈现递增的边际成本。但并不是所有的生产要素的供给曲线都是向上倾斜的,我们在本章第五节会对不同要素的供给进行分类讨论,但在本节中,我们暂时认为所有的要素供给曲线都跟产品市场的供给曲线一样,如图 9-7 所示。

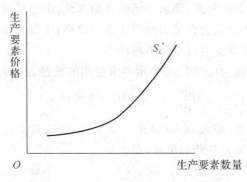

图 9-7　厂商对劳动力的供给曲线

第四节　要素市场的均衡

一、竞争性要素市场的均衡

当要素市场是完全竞争的时候,厂商在产品市场和要素市场上都是竞争者,没有任何垄断力量。只要要素市场上的价格能使供给的数量和需求的数量达到一致,我们就认为竞争性要素市场实现了均衡。如图 9-8 所示,在点 E,均衡工资率是 ω^*,均衡劳动力需求数量为 L^*。由于信息充分,所有的工人在市场上就业的工资率都是相同的,劳动力产出的边际产品收益也是一样的。如果任何工人得到的工资低于他的边际产品价值,厂商就会不得不给他涨工资,因为工人会发现去别的厂商那里可以赚到更多的钱。此时,每个厂商的 $VMP = \omega$,具体的分析过程我们会在下面给出。

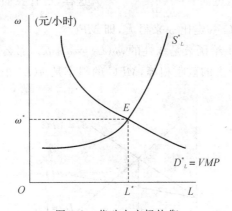

图 9-8　劳动力市场均衡

二、垄断性要素市场的均衡

1. 买方垄断

由于买方垄断的要素市场上,厂商是产品市场的完全竞争者,所以 $MR = P$,产品的边际收益和产品价格恰好是相等的,要素的边际产品价值也就等于价格和要素边际产出的乘积 $VMP = MP \cdot P$。也就是说买方垄断市场的要素需求曲线不变。

　　然后我们再来看买方垄断时候,要素市场的供给曲线。由于厂商在要素市场上拥有一定的垄断力量,他购买要素的数量会直接影响到要素的价格,所以要素价格不再是固定不变的常数,使用要素的边际支出和要素价格也不再相等。

　　我们还是以劳动力市场为例,用 ΔL 表示要素使用的增量,ΔC 表示由要素增加所带来的成本增量,那么 MFC 就可以表示为 $\dfrac{\mathrm{d}C}{\mathrm{d}L}$。厂商使用要素的成本为 $C = \omega(L) \cdot L$,如果厂商在要素市场上是一个完全竞争者,那么 $\omega(L)$ 就是一个常数,意味着工资率不会随着厂商购买的数量变化而变化。如果是买方垄断的市场,那么,

$$MFC = \frac{\mathrm{d}C}{\mathrm{d}L} = \omega(L) + L \cdot \frac{\mathrm{d}\omega(L)}{\mathrm{d}L} \qquad (9\text{-}8)$$

　　MFC 由两个部分组成,第一部分是 $\omega(L)$,这个是市场的要素供给曲线,表示厂商要素使用量变化而必须支付的要素成本变化量。第二部分是一个乘积项,其中 L 表示要素的使用数量,$\dfrac{\mathrm{d}\omega(L)}{\mathrm{d}L}$ 是指每多使用额外一单位的要素,工资水平随之变化的情况,也就是要素市场上供给曲线的斜率。这部分表示的是由于要素使用数量变化而引起的要素价格变化导致的成本变化量。显然,第一部分完全由 $\omega(L)$ 决定,第二部分由 $\omega(L)$ 的斜率决定。换句话说 MFC 的大小完全由 $\omega(L)$ 的形状决定。

　　那就让我们来分析 $\omega(L)$ 的情况,虽然要素的市场供给曲线我们一般认为是向右上方倾斜的,但厂商面对的要素供给曲线却不一定也是同样的,它的具体形状依赖于厂商所处的市场是完全买方垄断的,还是寡头垄断的,即厂商是要素市场中的唯一买主,还是与许多其他买主并列的买主之一?我们来看极端的情况,如果要素市场上只有一个厂商来购买劳动力,那么要素的市场供给曲线就是这个厂商所面对的供给曲线。所以,我们可以认为 $\omega(L)$ 是向右上倾斜的,即 $\dfrac{\mathrm{d}\omega(L)}{\mathrm{d}L} > 0$,进而有 $\dfrac{L \cdot \mathrm{d}\omega(L)}{\mathrm{d}L} > 0$。这样,尽管我们没法画出 MFC 准确的形状,但是我们可以确定 MFC 一定比 ω 来得大,即 $MFC > \omega$。

　　假设厂商面对的要素供给函数是线性的,$\omega(L) = a + bL$,那么 $MFC = a + 2bL$。如图 9-9 所示,MFC 和 $\omega(L)$ 在纵轴上的截距相等,MFC 的斜率是 $\omega(L)$ 的两倍,位于 $\omega(L)$ 的上方。

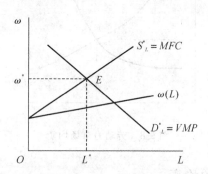

图 9-9　买方垄断的要素市场均衡

　　MFC 还有另一种表达方式:

$$MFC = \frac{\mathrm{d}C}{\mathrm{d}L} = \frac{\mathrm{d}C}{\mathrm{d}Q} \cdot \frac{\mathrm{d}Q}{\mathrm{d}L} \qquad (9\text{-}9)$$

第一部分 $\dfrac{dC}{dQ}$ 其实就是厂商生产的边际成本;第二部分是劳动力的边际产品 MP_L,所以 MFC 还可以写成 $MFC = MC \cdot MP_L$,要注意的是,这里的 MC 是指生产的边际成本,而不是要素使用的边际成本。

根据市场均衡的条件,当要素需求和要素供给相等的时候,要素市场就能达到均衡。此时,厂商需满足使用要素的边际收益和边际成本相等,即要素的边际产品价值等于边际要素成本 $MFC = VMF$。在完全竞争的要素市场上,因为 $MFC = \omega$,所以均衡条件变成 $VMP = \omega$。而在买方垄断市场上,因为 $MFC \neq \omega$,所以,买方垄断的要素市场上的均衡条件为 $MFC = VMF$,图 9-9 所示的 E 点就是均衡点。

所以,买方垄断与完全竞争的差别在于,厂商在要素市场上有垄断力量,要素价格不再是个固定值,$MFC > \omega$,供给曲线 $S_L^* = MFC$,需求曲线 $D_L^* = VMP$,市场均衡条件为 $S_L^* = D_L^*$ 即 $MFC = VMP$。

2. 卖方垄断

卖方垄断的要素市场上,厂商在要素市场上仍是处于竞争性需求者的地位,但其在产品市场却拥有一定的垄断力量,所以他在产品市场上出售的产品数量会改变其价格,换句话说,产品市场的 $MR \neq P$。这样 $VMF = P \cdot MP_L$ 不成立,因为价格 P 是关于产量 Q 的函数 $P = P(Q)$。那么,此时 VMF 等于多少呢?我们不妨回到边际产品价值的定义重新审视它。边际产品价值是指额外多投入一单位的生产要素带来的收益的增加量。

$$R(L) = P(f(L)) \cdot f(L) \tag{9-10}$$

$$VMP = R'_L = P \cdot MP_L + f(L) \cdot P'_Q \cdot MP_L \tag{9-11}$$

我们来比较 $VMF = P \cdot MP_L$ 和(9-11)式的大小,假设产品为普通商品,那么需求函数就是向下方倾斜的,这样 $P'_Q < 0$,所以在卖方垄断市场上 $VMP < P \cdot MP_L$。根据之前对完全竞争的要素市场和买方垄断要素市场的分析,我们可以知道当厂商的 $VMF = MFC$,市场上劳动力的供给和需求正好相等,实现了卖方垄断要素市场的均衡。如图 9-10 所示,$D_L^* = VMP$ 在 $P \cdot MP_L$ 曲线的下方。在点 E 处,劳动力的数量为 L^*,工资水平为 ω^*,厂商面临的要素边际成本和要素价格相等 $MFC = \omega$。

所以,与完全竞争的要素市场以及买方垄断市场相比,卖方垄断市场的特点是 $D_L^* = VMP < P \cdot MP_L$,但 $S_L^* = \omega(L)$ 仍然成立,$D_L^* = S_L^* \Rightarrow VMP = MFC$。

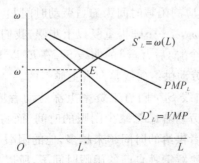

图 9-10 卖方垄断要素市场的均衡

3. 双边垄断

双边垄断的要素市场就是厂商在要素市场和产品市场上都具有一定的垄断力量,在要素市场上他是少数几个购买者之一,在产品市场上又是少数几个提供者之一。这样,就有 $MFC > \omega$ 且 $VMP < P \cdot MP_L$,均衡的条件仍为 $MFC = VMF$,均衡点如图 9-11 的 E 所示。

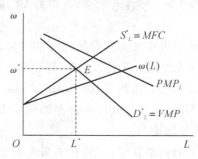

图 9-11　双边垄断要素市场的均衡

第五节　劳动市场、资本市场与土地市场

一、劳动市场

1. 个人劳动供给曲线

在第四节中,我们假设要素的供给曲线都是向右上方倾斜的,但事实上很多要素的供给曲线并不是向右上方倾斜的。我们先来看劳动市场的情况,在劳动市场上,供给者是个人,所以个人的目标并不是利润最大化,而是个人效用最大化。我们把时间分成闲暇和劳动两种用途,一个人每天最多用来工作的时间是 24 小时,但 24 小时工作显然是不可能的,劳动者每天都需要有吃饭、睡觉等处理个人生活的时间。我们把劳动时间记为 L,最大劳动时间用 $\bar{L}$ 表示,闲暇的时间记为 H,这样我们有 $L = \bar{L} - H$。假设某人每天睡眠时间为 8 小时,最大劳动时间就变成 16 小时,假设此人某天用于休闲的时间为 5 小时,这样他劳动的时间就等于 $16 - 5 = 11$。可见,劳动时间和闲暇时间之间具有一定的替代性。如图 9-12(a) 所示,横轴表示闲暇的时间,纵轴表示收入,点 A 表示劳动者的初始消费点,此时收入为 $\bar{Y}$,$\bar{Y}$ 是非劳动收入。假设劳动力的价格是 ω_0,这样如果此人投入劳动的时间正好为 $\bar{L}$,他的收入是 $Y_0 = \bar{Y} + \omega_0 \cdot \bar{L}$,他的预算线就如 AY 所示。AY 与 u_0 相切于 E_0 点。E_0 表示的是在工资率为 ω_0 时劳动与闲暇的最佳分配,E_0 对应的闲暇时间为 H_0,劳动时间 $L_0 = \bar{L} - H_0$,我们把 E_0 点表示在图 9-12(b) 上。在工资率为 $\omega_1, \omega_2 \cdots\cdots$ 时,重复以上步骤,我们可以得到个人的劳动力供给曲线,我们发现这个曲线是一个"向后背弯"的曲线 S_L。在 E_1 以上的部分,劳动供给曲线是向左上倾斜的,E_1 以下的部分,劳动供给曲线是向右上倾斜的。

我们来观察劳动力供给曲线 S_L,随着工资率上涨劳动者愿意提供的劳动时间先增后减。当工资率比较低的时候,劳动者愿意减少闲暇的时间,而将较多的时间花在工作上,以获得较多的工资,但随着劳动者供给的时间越来越多,他的闲暇变得越来越少。虽然工资率继续上涨,可是他却越来越不愿意牺牲自己的闲暇时间了,所以他愿意花在工作上的时间反而减少了。

2. 个人劳动供给曲线弯曲的原因

那劳动供给曲线为什么会向后弯曲呢？我们在前面已经说明了劳动时间和闲暇时间之

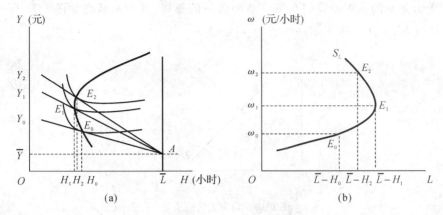

图 9-12　劳动力供给曲线

间有个替代关系 $L = \bar{L} - H$，劳动时间和闲暇之间存在着此消彼长的反向变化关系。而且我们很清楚地知道，工资率其实就是闲暇的机会成本，额外多增加一单位时间的闲暇，那就意味着损失了这一小时的工资。这样，工资率同时也可以被看成是闲暇的价格，劳动力供给曲线可以被看成是反向解释对闲暇的需求曲线。换句话说，要解释向后背弯的劳动力供给曲线，就是解释为什么对闲暇的需求曲线是向前向上拐的。

　　根据前面的分析，我们知道需求曲线的形状是由其替代效应和收入效应的总和决定的。所有商品的替代效应相对于价格变化方向都是反向变化的；而正常商品的收入效应跟价格变化方向一致，低档品的收入效应跟价格变化方向相反，且如果低档品的收入效应绝对值大于替代效应绝对值，那么这种商品就是吉芬商品。闲暇的需求曲线由两部分组成：第一部分闲暇数量较少时表现为吉芬商品的形状；第二部分当闲暇消费数量较多的时候，表现为普通商品的形状，是向上倾斜的。这时的闲暇相对来说是一种正常商品，因为随着闲暇价格的上涨，闲暇变得比较贵，劳动者愿意减少对闲暇这种商品的消费，转而寻找别的替代品。更重要的是，闲暇价格的上涨相当于劳动者实际收入减少，但闲暇的价格同时也是工资率，所以实际收入不一定下降。这样一来，闲暇的需求曲线的形状由替代效应和收入效应绝对值的大小来决定。一开始的时候，由于闲暇较少，所以闲暇显得非常宝贵，即使工资率上涨很多，劳动者也不太愿意再把宝贵的闲暇时间贡献给工作，此时收入效应绝对值大于替代效应的绝对值，需求曲线向右上方倾斜。等闲暇消费增加到一定程度以后，闲暇变得比较不那么宝贵，所以当工资率上涨的时候，人们更愿意贡献出时间来工作，替代效应的绝对值大于收入效应的绝对值，需求曲线向右下方倾斜。

　　总而言之，劳动力供给曲线向后背弯的原因在于，当闲暇比较珍贵的时候，人们宁可放弃工资率上涨带来的收入增量，而不愿意再贡献更多的劳动时间；反过来，当闲暇不那么珍贵的时候，人们愿意将更多时间用于工作以获取额外收入。工资率的提高会使得人们变得更为富足，这样人们就会比较重视拥有自己的时间，而不是更多的收入。

3. 劳动的市场供给曲线与均衡工资的决定

　　假设劳动力市场是完全竞争的，这样，市场的劳动供给曲线就是所有单个劳动者供给曲线的水平加总。但其形状却不一定是向后背弯的，因为在较高的工资率水平下，尽管个人不再愿意多提供劳动时间，但是高薪会刺激新的劳动力涌入市场，因此劳动力市场的供给曲线还是向右上方倾斜的。正如我们在第三节中假设的那样，其均衡状态如图 9-13 所示，均衡工资 ω^* 是由 $S_L^* = D_L^*$ 决定的。

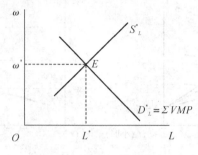

图 9-13　均衡工资的决定

二、土地市场

1. 土地的供给与需求

土地跟劳动力不同，土地的自然供给总量几乎是不变的，是一个固定值；那么它是否不会随着土地价格的变化而变化呢？我们同样从分析土地供给者的行为入手来看市场的土地供给情况。土地所有者同样是产品市场上的消费者，它所追求的是效用最大化，假设他的土地有两个用途，一是出租获得租金，另一个是保有土地自己使用，这样跟劳动力供给所面临的选择一样，土地所有者必须将既定数量的土地资源在两种用途上进行合理分配。他的效用函数为 $U(Y,Q)$，Y 和 Q 分别表示，租金收入和保有的土地数量，租金收入可供土地所有者消费，能给他带来额外的效用，而保有的土地一般用作自建房使用，而并不涉及商业用途，所以给他自身带来的效用非常有限。土地所有者的效用函数就可以间接地表示成 $U(Y)$，也就是只与出租的土地数量有关。这样，土地所有者就会把几乎所有的土地都拿出来出租，以获得地租增加自身的效用，换句话说，不管市场上的土地价格为多少，土地所有者都会将几乎自身所拥有的全部土地都在市场上出租。因此，个人的土地供给曲线是垂直的，如图 9-14(a)所示。我们也可以画出无差异曲线来分析这个情况，如图 9-14(b)所示。点 A 是其消费的出发点，$\bar{Y}$ 是其非租金收入，$\bar{Q}$ 是他拥有的土地数量，在土地租金率为 R_0 时，他的收入 $Y_0 = \bar{Y} + R_0 \cdot \bar{Q}$，他的预算线如 B_0 所示，B_0 与无差异曲线 U_0 相交于 $(0,Y_0)$ 点。我们发现无差异曲线是水平的，因为对于这个土地所有者来说，保有的土地对出租的土地的替代率为 0。重复以上步骤，我们发现，随着地租率的上升，土地的供给数量并没有发生任何的变化，也就是说，个人的土地供给曲线是垂直的。

2. 均衡与地租的决定

假设这是一个完全竞争市场，那么市场的土地供给曲线就等于所有个人的土地供给曲线的水平加总。市场的土地需求曲线为单个厂商 VMP 曲线的水平加总，是向右下倾斜的。均衡地租的决定如图 9-15 所示，S^* 是个人土地供给曲线的加总曲线，D_1 是市场对土地的需求曲线，点 E 是市场的均衡点，此时土地的供给和需求相等，R^* 是均衡地租。由于土地的供给曲线是垂直的，所以均衡地租唯一地由需求曲线决定。假设一开始的时候生产力不发达，土地的需求相对较少，位于 D_0 的位置，此时地租为 0。后来由于生产技术的提高和生产力的进步，人们越来越需要更多的土地用于生产，这样对土地的需求就增加了，从 D_0 增加到 D_1，

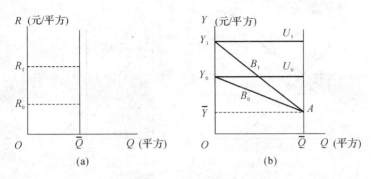

图 9-14　土地供给曲线

土地的租金就上涨到了 R^* 。这样我们就得到了一个重要的结论:地租的上涨不是因为土地的供给有限,而是因为土地需求的上涨。

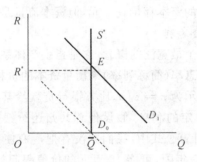

图 9-15　均衡地租的决定

3.经济租

我们把经济租定义为厂商得到的超过它生产产出最低成本的收入。套用到要素市场上,我们发现**经济租就是为取得生产要素所支付的金额与必须支付的最小要素成本之间的差值**。我们来看图 9-16(a),要素的均衡价格为 ω^* ,此时要素的均衡需求量是 L^* 。假设这是一个完全竞争的市场,则 $S^* = MFC$, $D^* = VMP$,如果要取得 L^* 数量的生产要素,需求者至少要付出的代价是图中点阴影的部分 $OAEL^*$,即供给曲线以下,均衡要素数量以左的部分,它是要素所有者能接受的最低支付。而事实上,厂商为取得 L^* 数量的生产要素,他必须支付 $O\omega^* EL^*$,因为市场上的要素均衡价格是 ω^* ,而他需要的要素数量是 L^* 。这样 $OAEL^*$ 和 $O\omega^* EL^*$ 的差额,就是要素所有者获得的经济租,如图中线状阴影部分所示。

可见,经济租的大小由供给曲线的斜率决定,如果供给曲线是完全弹性的,那 $OAEL^*$ 和 $O\omega^* EL^*$ 之间就没有任何差异,也就没有经济租。如果要素供给曲线是垂直的,也就是说供给曲线没有弹性的时候,正如我们在前面均衡地租中提到的那样,经济租的大小就完全由需求曲线决定。如图 9-16(b) 所示,当需求曲线为 D_1 时,经济租为点状阴影部分;当需求曲线上移至 D_2 时,其经济租就是原来的点状阴影部分,再加上线状阴影部分。

三、资本市场

1.流量与存量

存量是指要素在某个时间点上的总数;而流量是指要素在某个时间段内的总数,所以某

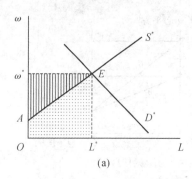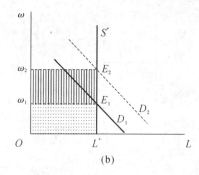

图 9-16　经济租

个时间上的存量和流量不一定相等。假设某厂商月初投入生产的资本数量是 1000 元,且这 1000 元正好在月末被用完,资本的损耗速度是均匀的。那么,月中他的资本存量就是 500 元,流量也是 500 元。月末他的资本存量是 0 元,但资本流量是 1000 元。

2. 利息、报酬率与无风险套利

在四种要素中,资本是一个最宽泛的概念,它是指生产体系中所有的有形资源除去劳动力、土地之外的部分。**常用利息率(简称利率)来衡量资本的价格与报酬率,它是资本的年收入与资本价值之比,用公式表示为 $r = z/p$。**比方银行贷款给某个厂商 10 万元,第二年他除了要归还本金外,还需支付一定的利息,假设他总共归还给银行 10.1 万元,这样利息 $r = 1000/100000 = 1\%$。在这个计算公式中,我们并没有把厂商使用资本的这一年物价的因素计算在里面,换句话说,在这一年中,可能 10 万元的价值跟起初借钱时候的价值不一样了。这样利息的计算公式就应该修正为 $r = (z + \Delta p)/p$,Δp 是资本的增量,它可以等于 0、小于 0 或者大于 0。

我们假设有一种资产 A,它在 t_0 时期的价格为 p_0,预计 t_1 时期的价格为 p_1,如果在 t_0 期和 t_1 期之间不存在红利、股息或其他任何现金支付,且银行的利率为 r。现在我们考虑两项可能的的投资:一是在 t_0 期投资 1 元在资产 A 上,并在 t_1 期将其兑现;二是将这 1 元钱存进银行,到 t_1 期获得 $1+r$ 元。如果在 t_0 期投资 1 元在资产 A 上,那么消费者可以购买到 A 的数量为 $q = 1/p_0$,到了 t_1 期,这 1 元可以兑换的未来值用 $FV = p_1 q = p_1/p_0$ 表示。这样,我们可以比较投资和存银行的报酬大小。如果 $1+r = p_1/p_0$,那么存银行和投资行为就是无差异的,因为两者的报酬率相等。但如果 $1+r < p_1/p_0$,那就意味着存银行所获得的报酬要比投资来得小,这样,消费者就会在 t_0 期买入 A,到 t_1 期再把 A 卖掉,此时 A 的价格已经是 p_1 了,然后再把钱存进银行,我们发现存入银行的钱 $p_1 > p_0(1+r)$。反过来,如果 $1+r > p_1/p_0$,那么在 t_0 期,消费者会卖出资产 A,并将钱存入银行以获得较大的未来值。**这种通过购买一定量的某种资产,并出售一定量的另一种资产以实现确定报酬的行为我们称为无风险套利。**人们之所以这样做,是因为有"确定的报酬"。如果未来值是不确定的,那么套利就会有风险;如果市场上 $1+r = p_1/p_0$,那就不存在套利条件。

一个运行良好的市场是不具有套利条件的,因为如果 $1+r < p_1/p_0$,那么所有人都会在 t_0 期购买 A 资产,但是他是否能够如愿在 p_0 的价格水平下购买呢?当然不能,因为拥有资产 A 的人,宁可自己保有这种资产以获取更大的未来利益,而不愿将其出售。所以 A 的价格就会上涨,直到 $1+r = p_1/p_0$。

3.资本供给

我们还是延续之前对劳动和土地供给分析的思路,从资本提供者的效用角度出发去分析资本的供给。在这之前,需要先分析资本的几个特点。

第一,资本的数量是可以变动的。劳动和土地有一个重要的共同点,就是它们在一定程度上是一个固定值。土地的供给当然是固定的,劳动的供给也是一样,有个最大劳动时间的限制,而且在短期内劳动者的数量是无法突然增加或减少的。但资本不一样,资本是通过生产活动创造出来的,它的数量是可以不断变化的。

第二,资本来源于储蓄。当一个人进行储蓄而非消费时,他就增加了自己拥有的资本数量,但反过来一个人进行消费的时候是不是一定就减少了资本呢?我们说不一定,因为他可以创造出更多的资本来进行储蓄或消费。

所以,当资本的供给量不固定时,我们更重要的是确定最优的资本拥有量的问题,而不是如何分配资本的问题。假设某消费者目前拥有资本的存量为 $\bar{K}$,它的最优资本存量为 K^*,如果 $\bar{K} < K^*$ 他就会增加储蓄以保持最优资本量,反之则会增加消费。所以如果存在一个最优的资本存量,问题就可以转化为如何确定最优储蓄水平,或者如何将资源在储蓄和消费之间进行分配的问题。消费者消费是满足个人的需求,消费者储蓄则是为了将来能够进行消费,所以问题就演变成了现在消费和未来消费之间的选择问题。

假设有两个时期 T_0 和 T_1,这样资本就变成了两种商品,一种是现在的资本,另一种是未来的资本。我们用 k^0 表示在 T_0 时期的资本数量,k^1 表示 T_1 时期的资本数量,$1-k^0$ 和 $1-k^1$ 就是相应时期的消费数量,如图 9-17(a) 所示。B_2 为预算线,它与无差异曲线 u_2 相切于 E_2 点。B_2 的斜率是未来消费价格和现在消费价格之间的比。如果用资本的价格表示,那就是现在资本价格和未来资本价格的比的倒数 p_1/p_0。我们在前面已经讨论过这个问题,如果 $p_1/p_0 > 1+r$,消费者就会在现在买入资本品,也就是放弃当下的消费,转而多购买未来的消费;反之,则会减少当下的消费,所以 B_2 的斜率就是 $-(1+r)$。在点 E_2,消费者的消费组合是 $(1-k_2^0, 1-k_2^1)$。重复以上过程,把这些相切的点连接起来,就可以得到资本的供给曲线。随着利率 r 的升高,预算线会绕着纵轴的交点向内旋转到 B_1,这样均衡点就到了 E_1 点,当期消费的数量减少。反之,当期消费的数量就会增加。我们把资本随着利率变化而变化的趋势表示在图 9-17(b)上,发现随着利率的上涨,资本的供给数量也会上涨,但到了一定的利率水平之后,资本的供给数量反而会在利率上升之后减少。这跟劳动供给曲线背弯的原因类似,因为人们的消费都有一个最低程度,不能什么都不消费,所以资源分配的时候,即使利率再高,也

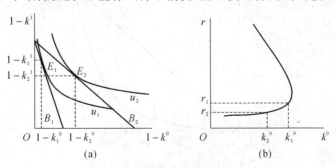

图 9-17　资本供给曲线

不能一直减少消费增加资本。

4.均衡

资本的变化,我们可以用储蓄的变化来衡量,但是资本存量在一个较短的时间内是不会发生变化的,因为市场上资本的流量相对存量而言是微不足道的。所以我们假设市场上的资本数量是 K,那么在短时间内资本的供给曲线就是如图 9-18 所示的 S_k,市场的均衡利率为 r_s^*,E_s 是短期均衡点。那么,E_s 是不是长期均衡点呢?我们说不一定。考虑到资本有折旧,如果折旧大于储蓄,那么市场上就会出现负储蓄,资本的存量就会减少;反之则会增加。如果市场上一开始的短期均衡如 E_s 所示,此时市场上的利率较高,而资本数量较少,这会增加市场上的资本供给,推动资本供给曲线从 E_s 沿着需求曲线向右移动。这就意味着储蓄相对较多,而折旧较少,市场上有净储蓄。在这个过程中,均衡利率会逐渐下降,均衡的资本存量又会逐渐增加,储蓄和折旧之间的缺口会越小,直到 E_l 处。此时市场的均衡利率为 r_l^*,资本存量为 K_l^*,市场上的储蓄和折旧相等。如果一开始的均衡利率较低而资本存量较大,那就意味着市场上有负储蓄,此时资本短期供给曲线就会向左移动直到 E_l 处,此时储蓄和折旧相等。E_l 既是资本市场的短期均衡,同时也是长期均衡。

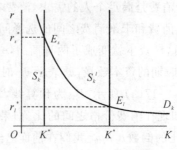

图 9-18 资本市场均衡

四、洛伦兹曲线与基尼系数

我们已经知道要素跟商品一样,能在市场上进行交易,并受到价格机制的影响,要素市场的均衡体现了市场配置的效率,即最能产生利润的要素得到了应该得到的价格。但这种效率是否一定是公平的呢?我们可以来检视一下。

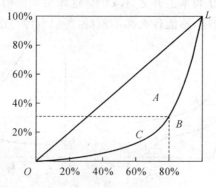

图 9-19 洛伦兹曲线与基尼系数

如图 9-19 所示,我们把某个国家所有的人按最穷到最富进行排序,横轴表示从穷到富的人口百分比,纵轴表示这些人相对应的收入在全国所有收入中的百分比。假设我们把每个人所拥有的收入比重表示在图上,并且得到了直线 OL 和曲线 OCL。不难发现,OL 表示 20%的最穷的人拥有这个国家 20%的收入,40%的穷人拥有 40%的收入,以此类推,收入在这个国家的分配是绝对均等的。反观曲线 OCL 则不然,80%的人拥有的收入比重不足 40%。可以想象,所描绘的曲线越偏离 OL,这个国家的收入分配就越不均等。事实上,我们将 OCL 线叫做"洛伦兹曲线",是由美国统计学家洛伦兹第一次进行描绘的。OCL 线偏离 OL 线的程度就是这个国家收入分配不均等的程度。如果我们把 OL 和 OCL 之间的面积设为 A,OCL 线以下部分的面积设为 B,那么 $\dfrac{A}{A+B}$ 就反映了这个国家收入分配的不均等程度。

我们把 $\dfrac{A}{A+B}$ 的值称为基尼系数,这是由意大利经济学家基尼在 1922 年提出的定量测定收入分配差异的指标。

当 OCL 与 OL 重合的时候,基尼系数为 0,代表了这个国家的收入分配是绝对均等的。而当基尼系数为 1 时,这个国家所有的收入都集中在一个人手中。现实生活中,以上两种极端情况都很难出现,所以基尼系数通常介于 0 与 1 之间。如果基尼系数低于 0.19,我们就认为这个国家的收入分配相当均等;当基尼系数在 0.19—0.25 之间,收入分配比较均等;如果基尼系数在 0.25—0.40 之间,收入分配尚算均等;如果一个国家的基尼系数高于 0.4,那么这个国家就要十分小心地处理收入分配问题,因为这往往意味着社会动荡的开始,所以国际上经常将基尼系数 0.4 作为贫富差距拉大的警戒线。

选择题

一、单项选择题

1.生产要素的需求曲线所以向右下方倾斜,是因为 （　）

　　A.要素的边际收益递减

　　B.要素生产的产品的边际效用递减

　　C.要素参加生产的规模报酬递减

　　D.以上都不对

2.完全竞争产品市场与非完全竞争产品市场的生产要素的需求曲线相比 （　）

　　A.前者与后者重合　　　　　　　　B.前者比后者陡峭

　　C.前者比后者平坦　　　　　　　　D.无法确定

3.工资率的上升导致的替代效应是指 （　）

　　A.工作同样长的时间可以得到更多的收入

　　B.工作较短的时间也可以得到同样的收入

　　C.工人宁愿工作更长的时间,用收入带来的享受替代闲暇带来的享受

　　D.以上均对

4.工资率上升的收入效应导致闲暇消费的_____,而其替代效应则导致闲暇消费的_____。 （　）

　　A.减少,减少　　　　　　　　　　B.减少,增加

　　C.不变,减少　　　　　　　　　　D.增加,减少

5. 小李通过使( )相等来决定供应多少劳动。

A. 边际收益与总收益 　　　　　　　B. 总收益与总成本

C. 边际收益与边际成本 　　　　　　D. 边际收益与总成本

6. 当运用到劳动供给决策,预算约束为 （ ）

A. 效用约束 　　B. 时间约束 　　C. 成本约束 　　D. 收入约束

7. 工资率上升有收入效应和替代效应,两者作用相反,如果工资率一直增长到使收入效应起主要作用,则劳动供给曲线是 （ ）

A. 向上倾斜 　　B. 垂直 　　C. 向后弯曲 　　D. 水平

8. 在分析储蓄决策时,预算约束描述了在( )之间的关系。

A. 两个时期的花费 　　　　　　　　B. 不同的利息率

C. 储蓄和投资 　　　　　　　　　　D. 储蓄和利息率

9. 个人储蓄成本的出现是因为其 （ ）

A. 必须推迟现时储蓄 　　　　　　　B. 必须推迟未来消费

C. 必须推迟现时消费 　　　　　　　D. 要减少未来消费

10. 非工资收入的增长通常会引起 （ ）

A. 替代效应作用下的劳动供给量的减少

B. 收入效应作用下的劳动供给量的减少

C. 替代效应作用下的劳动供给量的增加

D. 收入效应作用下的劳动供给量的增加

二、计算题

1. 一产业对劳动的需求由曲线 $L=1200-10W$ 给出,其中 L 是每天的劳动需求,W 是工资率。供给曲线由 $L=20W$ 给出。试问:

(1)均衡工资率和雇用的劳动数量是多少?

(2)如果劳动由一个垄断性组织控制,它希望就业劳动的总收入达到最大化,这时的劳动数量和工资率是多少?

2. 一个消费者要分配24小时给工作和闲暇。她的效用来自于休闲时间 R 和收入 I,她工作一小时的工资率为 P_L,她一天的效用函数为 $U(R,I)=48R+RI-R^2$。

(1)给出这个消费者的劳动供给函数。

(2)她工作的时间会随着工资率的提高而增加吗?

(3)不管工资率有多高,她的工作时间有一个极限吗?

3. 假设某劳动市场的供求曲线分别为:$D_L=6000-100W$,$S_L=100W$,试问:

(1)均衡工资为多少?

(2)假如政府对工人提供的每单位劳动课征10美元的税,则新的均衡工资变为多少?

(3)政府征收的每单位劳动10美元的税收由谁负担?

4. 某厂商生产某产品,其单价为10元,月产量为100单位,每单位产品的平均可变成本为5元,平均不变成本为4元,试求其准租金和经济利润。

5. 设劳动市场的需求曲线 $D_L=150-10W$,供给曲线为 $S_L=20W$,其中,S_L、D_L 分别为劳动市场供给、需求的人数,W 为每月工资。问:

(1)在这一市场中,劳动与工资的均衡水平为多少?

（2）假如政府希望把均衡工资提高到 6 元/日,其方法是将直接补贴给企业,然后由企业给工人提高工资。为使职工平均工资由原来的工资水平提高到 6 元/日,政府需补贴给企业多少？新就业水平是多少？企业付给职工的总补贴是多少？

三、分析讨论题

1.解释说明:为什么厂商利润极大化的条件 $MC=MR$ 可以重新表达为 $MFC=MRP$？假如产品市场是完全竞争,那么,利润极大化的条件 $MC=MR=P$ 就可以表达为 $MFC=VMP$,为什么？

2.试述消费者的要素供给原则。

3.工资是企业成本的重要组成部分,但是,企业可能认为支付高于劳动供求均衡价格水平的工资是有利的,如何解释？

4.运用无差异曲线分析个人的最优储蓄决策,并说明利率对储蓄的影响。

5.对出租车实行执照控制的城市,出租车司机即使使用自己的汽车经营,或须向他人购买执照,或须向执照拥有者支付一定的租金。请说明:

（1）什么因素决定执照费？

（2）执照控制会使谁获益？谁受损？

第十章
一般均衡理论与福利经济学

【教学目的和要求】

    本章介绍一般均衡的概念及福利经济学的基本思想。要求理解一般均衡的含义和条件;掌握判断经济效率的标准:帕累托最优与帕累托改进,福利经济学第一定理,福利经济学第二定理;了解社会福利函数和阿罗不可能性定理。

【关键概念】

    一般均衡;契约曲线;生产可能性曲线;边际转换率;帕累托最优;帕累托改进;福利经济学第一定理;福利经济学第二定理;社会福利函数;阿罗不可能性定理

    到目前为止,我们分析了两类经济主体在市场上的行为:一类是消费者,消费者提供生产要素,得到收入,用这个收入去购买消费品;另一类是生产者,生产者购买并使用各种生产要素进行生产,然后在市场上出售产品。消费者和生产者都要使自己的利益得到最大满足。消费者寻求的是最大效用,生产者寻求的是最大利润。但是,在前面的分析中,我们一直将产品市场与生产要素市场分开进行考虑。不仅如此,我们在讨论产品或生产要素价格的决定时,均假定其他条件不变,只考虑某一种产品或生产要素价格的决定。在消费者行为理论或厂商理论中,讨论的也都是单个消费者效用最大化的均衡或单个厂商利润最大化的均衡,而没有涉及单个消费者或单个生产者行为对其他消费者或生产者的影响。也就是说,迄今为止,我们所讨论的理论都属于局部均衡分析的范畴。**所谓的局部均衡分析就是把所考察的某个对象从相互联系的整个经济体系中"取出"来孤立地加以研究。**然而,一般来说,不管是消费者还是生产者,其行为都是相互影响的,商品和生产要素的价格决定也是相互影响的。以原油价格提高为例,原油价格提高后,会引起所有以原油为动力或原料所生产的商品价格的提高,比如引起化肥价格的提高,化肥价格的提高引起农产品价格的提高,农产品价格的提高引起食品价格的提高,食品价格的提高引起工人生活费用的提高,进而引起工人工资的提高,因工人工资提高而造成的商品生产成本的提高又会引起商品价格的提高……调整会不断进行下去,直至新的均衡。**将所有相互联系的各个市场看成一个整体,把市场上所有的消费者与生产者、所有商品与生产要素价格之间的相互影响考虑在内,对所有消费者和生产者、所有商品与生产要素的价格和数量同时实现均衡的分析属于一般均衡分析。当整个经济的价格体系恰好使所有的消费者和生产者都同时实现均衡,所有的商品与生产要素都同时供求相等时,市场就达到了一般均衡。**

就一般均衡而言,我们需要回答以下两个问题:

(1)每个消费者和生产者追求自身利益最大化的结果是否能保证生产者生产出来的所有产品都将被消费者购买,即是否有一价格体系使所有市场都出清,实现一般均衡?

(2)如果每个消费者和生产者追求自己利益的结果会导致经济体系的一般均衡,这个一般均衡对社会来说是否为最优的?

前一个问题是一般均衡的存在性问题,后一个问题则属于福利经济学的内容。

第一节 一般均衡分析

为了使问题简化,我们作如下假定:首先,我们将讨论的范围限于完全竞争市场行为,所以每个消费者和生产者都接受既定的价格,并相应地做出最优抉择。其次,我们将规定一个最小的参与者集合,即两厂商利用两种要素生产两种商品的经济。再次,我们将分两个阶段来考察一般均衡问题。我们先考察一种人们具有固定商品禀赋的经济,考察他们是如何相互交换这些商品的,不涉及生产问题。当我们对纯交换市场有了明确的了解之后,接着再考察生产问题,最后考察生产与交换的均衡问题。

一、交换的一般均衡

1.含义与条件

交换的一般均衡(general equilibrium of exchange)是指当社会生产状况既定、收入分配状况既定(禀赋既定)条件下,通过商品所有者之间的交换使得他们达到效用最大化的均衡状态。

可以证明,要达到交换的一般均衡,必须满足的条件是,任意两种商品 X、Y 的边际替代率 MRS_{XY} 对于每一个参与交换的人来说都是相同的。我们以两人两种商品的交换为例说明这一均衡条件。假定所讨论的是 A、B 两人,进行 X 与 Y 两种商品的交换。A、B 两人都追求效用的最大化。下面用埃奇沃斯盒状图(Edgeworth box diagram)描述 A、B 两人间的交换。埃奇沃斯盒状图是经济学家埃奇沃斯(F. Y. Edgeworth)于 19 世纪末建立的,并因此而得名。

图 10-1 是将两人的无差异曲线图合并到一个图中,其横坐标表示 X 商品的数量,纵坐标表示 Y 商品的数量;A 的无差异曲线的原点是 O_A,B 的无差异曲线的原点为 O_B。对于 A、B 两人来讲,离开原点越远,其无差异曲线所代表的效用水平越高。因此有 $U_{A1} < U_{A2} < \cdots < U_{AN}$;$U_{B1} < U_{B2} < \cdots < U_{BN}$。

社会所生产的 X 和 Y 商品总量既定,分别为 X_0 和 Y_0。既定的商品总量 X_0、Y_0 在 A、B 两人之间分配,假定 A、B 两人对于 X、Y 商品的最初拥有状况位于图 10-1 中的 D 点,D 点被称为禀赋点。在 D 点,A 所拥有的商品 X 的数量为 $\overline{X}_A$,B 所拥有的商品 X 的数量为 $\overline{X}_B$,

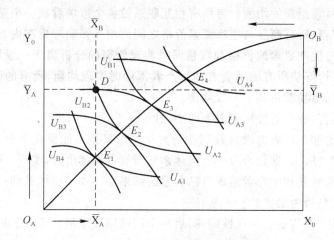

图 10-1　交换的埃奇沃斯盒状图

$\overline{X}_A + \overline{X}_B = X_0$；A 所拥有的商品 Y 的数量为 $\overline{Y}_A$，B 所拥有的商品 Y 的数量为 $\overline{Y}_B$，$\overline{Y}_A + \overline{Y}_B = Y_0$。

图 10-1 中的各个点可表示这一简单经济中的所有可能配置。它描述了两个行为人的可行消费束、各自的偏好及初始禀赋，因此其全面地阐明了两个行为人所具有的与经济有关的各种特性。

图 10-1 中的 D 点是不均衡的，因为在 D 点，双方可以通过交换使得至少一方的效用水平提高而不会同时降低另一方的效用水平。在 D 点，A、B 两人的边际替代率不相等。A 用 X 商品替代 Y 商品的边际替代率 MRS_{XY}^A 的数值相对较高，B 用 X 商品替代 Y 商品的边际替代率 MRS_{XY}^B 的数值相对较低。A 愿意以较多的 Y 商品交换较少的 X，而 B 愿意以较多的 X 交换较少的 Y。通过交换至少可以使一方收益而另一方不会受损。例如，从 D 点开始，沿着 B 的无差异曲线 U_{B2} 进行交换，达到 E_3 点，B 的效用水平没有变化，但是 A 的效用水平却由 U_{A2} 提高到 U_{A3}。如果沿着 A 的无差异曲线 U_{A2} 进行交换，达到 E_2 点，A 的效用水平没有变化，但是 B 的效用水平却由 U_{B2} 提高到 U_{B3}。交换也可能位于 E_2 与 E_3 中间的某一点，因此使 A、B 两人的效用都得到提高。究竟 A、B 两人在交换中谁得到的好处多一些，依赖于两者的谈判能力。谈判能力强的一方将会从交换中得到较多的好处。如果两者的谈判能力相等，两者将均分交换的利益。从 D 点出发，交易的结果一旦达到 E_2 点或 E_3 点，继续进行交换而获利的机会不再存在，如果继续交换下去只会使一方受益的同时另一方受损，或者使双方都受损。E_2 点或 E_3 点均为 A、B 两人无差异曲线相切的切点，这表明在达到交换的一般均衡时，A、B 两人的边际替代率是相等的。

下面我们用代数方法证明 E_2 点或 E_3 点是 A、B 两人的效用最大化均衡点。用 $U_A(X_A, Y_A)$ 表示行为人 A 的效用函数，$U_B(X_B, Y_B)$ 表示行为人 B 的效用函数。给定 B 的效用水平，记为 $\overline{U}$，我们要在 B 的效用水平既定的条件下求 A 的效用最大化。约束条件是：

$$U_B(X_B, Y_B) = \overline{U} \tag{10-1}$$

$$X_A + X_B = X_0 \tag{10-2}$$

$$Y_A + Y_B = Y_0 \tag{10-3}$$

根据目标函数与约束条件，得到下列拉格朗日函数：

$$L = U_A(X_A, Y_A) - \lambda[U_B(X_B, Y_B) - \overline{U}] - \mu_1(X_A + X_B - X_0) - \mu_2(Y_A + Y_B - Y_0)$$

$$(10-4)$$

其中,λ 是效用约束的拉格朗日乘数,μ_1,μ_2 是禀赋约束的拉格朗日乘数。就式(10-4)对变量 X_A、X_B、Y_A、Y_B 求一阶偏导数,并令偏导数值等于 0,得到以下四个一阶条件:

$$\partial L/\partial X_A = \partial U_A/\partial X_A - \mu_1 = 0 \qquad (10-5)$$

$$\partial L/\partial Y_A = \partial U_A/\partial Y_A - \mu_2 = 0 \qquad (10-6)$$

$$\partial L/\partial X_B = -\lambda \partial U_B/\partial X_B - \mu_1 = 0 \qquad (10-7)$$

$$\partial L/\partial Y_B = -\lambda \partial U_B/\partial Y_B - \mu_2 = 0 \qquad (10-8)$$

由式(10-5)、式(10-6)、式(10-7)、式(10-8)得到:

$$\partial U_A/\partial X_A = \mu_1 \qquad (10-9)$$

$$\partial U_A/\partial Y_A = \mu_2 \qquad (10-10)$$

$$-\lambda \partial U_B/\partial X_B = \mu_1 \qquad (10-11)$$

$$-\lambda \partial U_B/\partial Y_B = \mu_2 \qquad (10-12)$$

用式(10-9)比式(10-10),用式(10-11)比式(10-12),得到:

$$MRS_{XY}^A = \frac{\partial U_A/\partial X_A}{\partial U_A/\partial Y_A} = \frac{\mu_1}{\mu_2} \qquad (10-13)$$

$$MRS_{XY}^B = \frac{\partial U_B/\partial X_B}{\partial U_B/\partial Y_B} = \frac{\mu_1}{\mu_2} \qquad (10-14)$$

结合式(10-13)和式(10-14),**便得到交换的一般均衡条件:两种商品在两个消费者之间的边际替代率相等。**即:

$$MRS_{XY}^A = MRS_{XY}^B \qquad (10-15)$$

显然,E_2 点或 E_3 点都符合这一均衡条件。E_2 点或 E_3 点,或者这两点之间的任一均衡点都是在假定 A、B 两人所拥有的商品禀赋点为 D 点的情况下得到的。对应不同的商品禀赋状况,交换的结果会达到不同的均衡点。连接所有商品禀赋状况下的所有可能的交换均衡点,得到一条曲线 O_AO_B,称为契约曲线。契约曲线上任一点 A、B 两人的边际替代率都是相等的。**契约曲线是连接 O_A 与 O_B 两点之间所有的 A、B 两人无差异曲线的切点的轨迹。**

2. 效用可能性曲线

由图 10-1 的契约曲线可以导出消费者的效用可能性曲线(utility-possibility curve),如图 10-2 所示。

图 10-2 的横坐标表示 A 的效用,纵坐标表示 B 的效用。图中的效用可能性曲线 $U-U'$ 是从图 10-1 中的契约曲线导出的,效用可能性曲线上的点与契约曲线上的点相对应。例如 E_1' 点与 E_1 点相对应,E_2' 点与 E_2 点相对应,以此类推。图 10-2 的效用可能性曲线表示在社会的产出水平为 X_0、Y_0 时,社会成员可能达到的最大效用水平组合。在效用可能性曲线与纵坐标的交点 U 点,B 获得的效用最大,A 获得的效用为零,表示社会所生产的全部商品 X_0、Y_0 由 B 消费,A 的消费量为零。在效用可能性曲线与横坐标的交点 U' 处,A 获得的效用最大,B 的效用为零,表示社会所生产的全部商品 X_0、Y_0 被 A 所消费,B 的消费量为零。沿着 U 点向 U' 点逐渐移动,B 所获得的效用越来越小,A 所获得的效用越来越大。

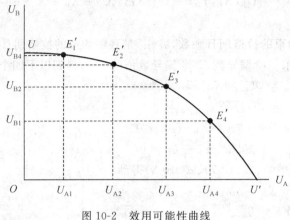

图 10-2　效用可能性曲线

二、生产的一般均衡

1. 含义与条件

生产的一般均衡是指在技术与社会生产资源总量既定的情况下，社会对于资源的配置使得产品产量达到最大的状况。达到生产一般均衡的条件是任意两种生产要素的边际技术替代率（MRTS）对于使用这两种要素而生产的所有商品来说都是相等的。

假定社会用 K 和 L 两种资源生产 X 和 Y 两种商品，我们仍用埃奇沃斯盒状图来讨论社会如何配置资源使产品产量达到最大。

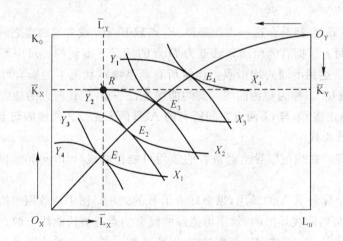

图 10-3　生产的埃奇沃斯盒状图

图 10-3 的横坐标表示劳动资源的数量，纵坐标表示资本的数量。社会所拥有的劳动资源总量为 L_0，所拥有的资本总量为 K_0。该图是将生产 X 商品的等产量曲线与生产 Y 商品的等产量曲线合并而得到。O_X 表示 X 商品等产量曲线的坐标原点，O_Y 表示 Y 商品等产量曲线的坐标原点。由于离开原点越远的等产量曲线所代表的产量水平越高，因此，对于 X 商品而言，$X_1 < X_2 < \cdots < X_n$；对于 Y 商品而言，$Y_1 < Y_2 < \cdots < Y_n$。

假定社会最初的资源配置位于图 10-3 中的 R 点，社会用 $\overline{L}_X$ 单位的劳动资源与 $\overline{K}_X$ 单位的资本生产 X 商品，所生产的 X 商品的产出水平由等产量曲线 X_2 表示；用 $\overline{L}_Y$ 单位的劳动

资源与 $\overline{K}_Y$ 单位的资本生产 Y 商品，所生产的 Y 商品的产出水平由等产量曲线 Y_2 表示。R 点不是资源配置的均衡点，因为在 R 点，用于 X 商品和 Y 商品生产的资本与劳动的边际技术替代率不相等。对于 X 商品生产而言，用劳动替代资本的边际技术替代率 $MRTS_{LK}^X$ 数值较高，即产量为 X_2 时，劳动的边际产出 MP_L^X 数值相对较大，资本的边际产出 MP_K^X 数值相对较小。对于 Y 商品生产而言，用劳动替代资本的边际技术替代率 $MRTS_{LK}^Y$ 数值较低，即产量为 Y_2 时，劳动的边际产出 MP_L^Y 数值相对较小，资本的边际产出 MP_K^Y 数值相对较大。因此，对于 X 商品生产而言，增加劳动资源 L，减少资本 K，可以在维持 Y 商品产量不变的前提下，增加 X 商品的产量。而对于 Y 商品的生产而言，情况正好相反，由于资本的边际产量相对较高，增加资本，减少劳动资源，可以在维持 X 商品产量不变的前提下，增加 Y 商品的产量。从图 10-3 中的 R 点出发，对资源进行重新配置，直至 E_2 点或 E_3 点，或者这两点中任一满足 X 商品与 Y 商品等产量曲线相切的点。达到 X 商品与 Y 商品等产量曲线相切点后，资源配置状况不可能进一步改进。在任一切点处，若试图重新配置资源，只会在增加一种产品产量的同时减少另一种产品产量。

在 X、Y 商品等产量曲线的切点，**劳动 L 与资本 K 的边际技术替代率对于使用这两种生产要素所生产的 X、Y 商品而言都相等。** 即：

$$MRTS_{LK}^X = MRTS_{LK}^Y \tag{10-16}$$

从生产的埃奇沃斯盒状图中任一资源配置的非均衡点出发，都可以通过资源的重新配置达到均衡点。这样的均衡点有无穷多个，连接这无穷多个均衡点便得到一条生产的契约曲线 O_XO_Y。在契约曲线上，X、Y 商品生产中所使用的劳动 L 与资本 K 的边际技术替代率是相等的。因此，图 10-3 中契约曲线上所有的点都是生产的一般均衡点。

2. 生产可能性曲线

生产的可能性曲线又称为生产可能性边界（production-possibility frontier）或产品转换曲线，是社会在既定资源与技术条件下可能达到的最大产出组合的轨迹。如图 10-4 所示，图 10-4 中的横轴和纵轴分别表示 X、Y 商品的数量。生产可能性曲线 $P-P'$ 由图 10-3 中的生产契约曲线 O_XO_Y 导出，生产可能性边界上的点与生产契约曲线上的点相对应。例如，生产可能性边界上的点 P_1，对应生产契约曲线上的 E_1 点，即等产量曲线 X_1 与等产量曲线 Y_4 的切点，X 商品与 Y 商品的均衡产出组合为 (X_1,Y_4)。同样地，生产可能性边界上的点 P_2，对应生产契约曲线上的 E_2 点，即等产量曲线 X_2 与等产量曲线 Y_3 的切点，X 商品与 Y 商品的均衡产出组合为 (X_2,Y_3)，以此类推。

从图 10-3 到图 10-4，我们从生产要素的投入空间变换到产品转换空间。图 10-4 中的生产可能性曲线可以用产品转换函数表示：

$$T(X,Y) = 0 \tag{10-17}$$

转换函数说明在既定资源条件下，社会从 X 商品的生产转换为 Y 商品生产，或从 Y 商品生产转换为 X 商品生产的可能性。**从一种产品生产转换为另一种产品生产的难易程度用边际转换率（marginal rate of transformation）表示。** 例如，从 X 商品转换为 Y 产品生产的边际转换率表示为：

$$MRT_{XY} = -\lim_{\Delta X \to 0} \frac{\Delta Y}{\Delta X} = -\frac{dY}{dX} = \frac{\partial T/\partial X}{\partial T/\partial Y} \tag{10-18}$$

边际转换率反映了产品转换的机会成本。 MRT_{XY} 表示为了抽出一定数量的劳动 L 和

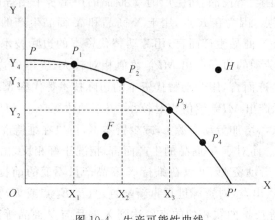

图 10-4　生产可能性曲线

资本 K 以多生产一单位的 X 商品,社会不得不减少 Y 商品生产的数量。产品转换曲线凹向原点的特征表明边际转换率是递增的。即随着 X 商品数量的不断增加,每追加一单位 X 商品所要放弃的 Y 商品越来越多。

生产可能性曲线上的点是社会在既定资源与技术条件下可能达到的最大产出组合点,即商品 X 和商品 Y 在不同组合中的最高产量;生产可能性曲线以外的点,例如 H 点,是在既定资源和技术条件下不可能达到的点;而曲线以内的点,如 F 点,则是资源配置的非均衡点,在该点,资源尚未充分利用。

三、生产与交换的一般均衡

1.含义与条件

生产与交换的一般均衡是指生产与交换同时达到均衡的情况。前面讨论的交换的一般均衡和生产的一般均衡只是说明消费和生产分开来看时各自独立地达到了均衡,但并不能说明,当将生产与交换综合起来看时,也达到了均衡。生产达到均衡并不能保证交换同时达到均衡;交换达到均衡也不能保证生产同时达到均衡。**要使生产与交换同时达到均衡所需要的条件是:任意两种商品的边际转换率等于这两种商品在消费者之间的边际替代率。**即:

$$MRT_{XY} = MRS_{XY}^A = MRS_{XY}^B \qquad (10-19)$$

下面借助于几何图形分析生产与交换同时达到均衡的情况。

我们从社会既定的资源出发,假定社会资源达到了均衡配置,于是得到生产的埃奇沃斯盒状图中的生产契约曲线,然后,将其转换成图 10-5 中的生产可能性边界 $P-P'$ 线。生产可能性曲线上的任一点都表示在给定资源和技术水平条件下,X、Y 两种商品的最大可能组合,每一点都决定着一个交换的埃奇沃斯盒。

我们在生产可能性曲线上选择任一点,比如 S 点,讨论交易与生产同时达到一般均衡。与 S 点相对应,X 产品的产出水平为 X_S,Y 产品的产出水平为 Y_S。我们用 O_A 表示消费者 A 的无差异曲线的坐标原点;用 O_B 表示消费者 B 的无差异曲线的坐标原点。消费者 B 的无差异曲线的原点实际上就是我们所选择的生产可能性曲线上的 S 点。过 S 点有一条切线 $R-R'$,该切线斜率的负值为生产可能性曲线在 S 点的边际转换率,如果能够找到一个均衡点,使该点的边际替代率等于 S 点的边际转换率,我们便达到了生产与交换的一般均衡。

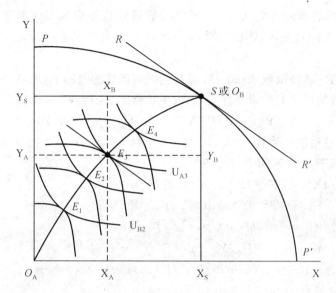

图 10-5　生产与交换的一般均衡

在给定了生产可能性曲线上的 S 点以后,我们可以构造一个交换的埃奇沃斯盒,并得到一条相应的契约曲线 $O_A O_B$。如果仅仅就交换的一般均衡而言,契约曲线上任一点都满足交换的一般均衡条件,但是并非每一点的边际替代率都等于 S 点的边际转换率。要使生产与交换同时达到均衡,我们必须在契约曲线 $O_A O_B$ 上找一个边际替代率与 S 点的边际转换率相等的点。在图 10-5 中,满足这一条件的点是契约曲线上的点 E_3。在 E_3 点,消费者 A 所消费的 X 商品的数量为 X_A,所消费的 Y 商品的数量为 Y_A;消费者 B 所消费的 X 商品的数量为 X_B,所消费的 Y 商品的数量为 Y_B,且 $X_A + X_B = X_S$,$Y_A + Y_B = Y_S$。在 E_3 点,消费者 A 达到的效用水平用 U_{A3} 表示,消费者 B 达到的效用水平用 U_{B2} 表示。两条无差异曲线在 E_3 点相切,切线的斜率与生产可能性曲线上 S 点切线的斜率相等,表明 $MRT_{XY} = MRS^A_{XY} = MRS^B_{XY}$。因此,在 X 商品与 Y 商品的总产量水平分别为图 10-5 中的 X_S 和 Y_S 时,消费者 A 消费 X_A 数量的 X 商品,消费 Y_A 数量的 Y 商品;而消费者 B 消费 X_B 数量的 X 商品,消费 Y_B 数量的 Y 商品,可以达到生产与交换的一般均衡。

$MRT_{XY} = MRS^A_{XY} = MRS^B_{XY}$ 之所以成为一般均衡的条件,是因为只有符合这一条件,才能既使生产满足消费者的需要,又使资源达到均衡配置。若 MRT_{XY} 不等于 MRS^A_{XY} 与 MRS^B_{XY},例如 $MRS_{XY} = 2$,$MRT_{XY} = 1$,表明消费者愿意放弃两单位 Y 商品以得到一单位 X 商品,而生产中为多生产一单位 X 商品只需放弃一单位 Y 商品的生产,说明重新配置资源以增加 X 商品的生产是必要的。只要 MRS 与 MRT 不等,重新配置资源都会使消费者受益。

实际上,我们可以结合产品转换函数,通过求消费者的效用最大化行为,导出消费中的边际替代率与生产中的边际转换率相等的一般均衡条件。令 A 所消费的 X 商品数量为 X^A,所消费的 Y 商品数量为 Y^A;B 所消费的 X 商品数量为 X^B,所消费的 X 商品数量为 Y^B。我们有下列关系式:

$$X = X^A + X^B \tag{10-20}$$

$$Y = Y^A + Y^B \tag{10-21}$$

即 A、B 两人所各自消费的 X 商品、Y 商品数量加总分别等于这两种商品的总量。用 $U^A(X^A,Y^A)$ 表示 A 的效用函数，$U^B(X^B,Y^B)$ 表示 B 的效用函数。给定 B 的效用 $U^B(X^B,Y^B)=\overline{U}$。

我们可以在给定转换函数式(10-17)与 B 的效用函数的限制下，求 A 的效用最大值。根据所求的目标函数与给定的约束条件，得到以下拉格朗日函数：

$$L = U^A(X^A,Y^A) - \lambda[U^B(X^B,Y^B) - \overline{U}] - \mu[T(X,Y)-0] \tag{10-22}$$

其中，λ,μ 为拉格朗日乘数。就式(10-22)对 X^A、X^B、Y^A、Y^B 分别求一阶偏导数，并令这些偏导数值分别等于 0，得到四个一阶条件：

$$\partial L/\partial X^A = \partial U^A/\partial X^A - \mu(\partial T/\partial X) = 0 \tag{10-23}$$

$$\partial L/\partial Y^A = \partial U^A/\partial Y^A - \mu(\partial T/\partial Y) = 0 \tag{10-24}$$

$$\partial L/\partial X^B = -\lambda(\partial U^B/\partial X^B) - \mu(\partial T/\partial X) = 0 \tag{10-25}$$

$$\partial L/\partial Y^B = -\lambda(\partial U^B/\partial Y^B - \mu(\partial T/\partial Y) = 0 \tag{10-26}$$

由式(10-23)、式(10-24)、式(10-25)和式(10-26)得到：

$$\partial U^A/\partial X^A = \mu(\partial T/\partial X) \tag{10-27}$$

$$\partial U^A/\partial Y^A = \mu(\partial T/\partial Y) \tag{10-28}$$

$$-\lambda(\partial U^B/\partial X^B) = \mu(\partial T/\partial X) \tag{10-29}$$

$$-\lambda(\partial U^B/\partial Y^B) = \mu(\partial T/\partial Y) \tag{10-30}$$

用式(10-27)比式(10-28)，用式(10-29)比式(10-30)，得到：

$$\frac{\partial U^A/\partial X^A}{\partial U^A/\partial Y^A} = \frac{\partial T/\partial X}{\partial T/\partial Y} \tag{10-31}$$

$$\frac{\partial U^B/\partial X^B}{\partial U^B/\partial Y^B} = \frac{\partial T/\partial X}{\partial T/\partial Y} \tag{10-32}$$

结合式(10-31)和式(10-32)，便可得到生产与交换的一般均衡条件：

$$MRS^A_{XY} = MRS^B_{XY} = MRT_{XY}$$

2. 实现一般均衡的经济机制

上述数学证明的过程与结论表明，在给定产品转换函数，消费者的效用函数以及假定消费者追求效用最大化条件下，达到生产与交换的一般均衡，从数学特征上看是很完美的。那么，从经济上讲，什么样的经济机制才能实现生产与交换的一般均衡呢？

综合所学过的微观经济学理论，我们可以发现，完全竞争的市场机制可以实现生产与交换的一般均衡。

首先，在完全竞争性市场中，消费者均衡的条件是：$MRS_{XY} = \dfrac{P_X}{P_Y}$。

当面对完全竞争市场，产品价格 (P_X,P_Y) 对每一个消费者都一样时，追求效用最大化的消费者会把各自的边际替代率 MRS_{XY} 调整为 (P_X/P_Y)。因此，任意两种商品 X、Y 的边际替代率 MRS_{XY} 对于每一个参与交换的人来说都是相同的，交换的一般均衡条件得到满足。即：

$$MRS^A_{XY} = \frac{P_X}{P_Y}, MRS^B_{XY} = \frac{P_X}{P_Y} \Rightarrow MRS^A_{XY} = MRS^B_{XY} = \cdots$$

其次，在完全竞争性市场中，生产者均衡的条件是：$MRTS_{LK} = \dfrac{P_L}{P_K}$。

当面对生产要素的价格(P_L,P_K)对所有生产者都是一样的完全竞争市场时,因为每个生产者在其$MRTS_{LK}=\dfrac{P_L}{P_K}$时,都能使产品产量达到最大,因而有:

$$MRTS_{LK}^X=\frac{P_L}{P_K},MRTS_{LK}^Y=\frac{P_L}{P_K},\cdots\Rightarrow MRTS_{LK}^X=MRTS_{LK}^Y=\cdots$$

最后,在完全竞争性市场中,产品 X 与产品 Y 的边际转换率为:$MRT_{XY}=\dfrac{MC_X}{MC_Y}$。

追求利润最大化的厂商会把产出提高到边际成本与价格相等的那一点,即$P_X=MC_X$, $P_Y=MC_Y$。其结果是:$MRT_{XY}=MC_X/MC_Y=P_X/P_Y$。而消费者要使自己在竞争性市场中的满足最大化,只有(对所有消费者)使$MRS_{XY}=P_X/P_Y$。因此

$$MRS_{XY}=MRT_{XY}$$

这样在完全竞争市场上就存在一组价格(P_X,P_Y,P_L,P_K),这组价格能在实现消费者和生产者均衡的前提下,使产品市场和生产要素市场同时达到供求均衡。

第二节　福利经济学

上一节我们讨论了一般均衡的存在性,接着我们要问这个一般均衡是否对社会而言是最优的。但是,在此之前,我们首先得给"最优"下定义。即我们用什么标准来判断资源配置的好坏?有人会说,能使社会福利最大化的资源配置是好的,那么,什么是社会福利最大化?用什么标准来测度社会福利?经济学家在这些问题上存在极大的分歧,这些问题大多属于规范分析的内容。具体来说,福利经济学是在一定的社会价值判断标准下,研究整个经济的资源配置与个人福利的关系,特别是市场经济体系的资源配置与福利的关系,以及与此有关的各种政策问题。

一、经济效率

如何判断各种不同的资源配置的优劣,以及确定所有可能的资源配置中最优的资源配置呢?洛桑学派创始人瓦尔拉斯的后继者、意大利经济学家帕累托指出,一个社会的经济资源的配置是否已经达到最优状态,从而"集合体效用"(相当于社会经济福利)是否已经实现最大化,可以按照如下标准来判断:**如果对于某种既定的资源配置状态,任何改变都不可能在无损于任何一个人福利的前提下使其他人的境况较前改善。这就是所谓的帕累托最优状态标准。**

利用帕累托最优状态标准,可以对资源配置状态的任意变化做出"好"与"坏"的判断:如果既定的资源配置状态的改变使得至少有一个人的境况变好,而没有使任何人的境况变坏,则认为这种资源配置状态的变化是"好"的,否则认为是"坏"的。这种以帕累托标准来衡量为"好"的状态改变称为**帕累托改进**。更进一步,利用帕累托改进,可以来定义所谓"最优"资源配置,即:**如果对于某种既定的资源配置状态,所有的帕累托改进均不存在,则称这种资源配置状态为帕累托最优状态**。换言之,如果对于某种既定的资源配置状态,还存在有帕累托改进,即在该状态上,还存在某种改变可以使至少一个人的境况变好而不使任何人的境况变坏,则这种状态就不是帕累托最优状态。

帕累托最优状态又称作帕累托有效。满足帕累托最优状态就是具有经济效率的;反之,不满足帕累托最优状态就是缺乏经济效率的或无效的。例如,如果产品在消费者之间的分

配已经达到这样一种状态,即任何重新分配都会至少降低一个消费者的效用水平,那么,这种状态就是最优的或最有效率的状态。同样,如果要素在厂商之间的配置已经达到这样一种状态,即任何重新配置都会至少降低一个厂商的产量,那么,这种状态就是最优的或最有效率的状态。

二、福利经济学定理

(一)福利经济学第一定理

之前,我们说明了完全竞争市场存在着一般均衡状态,接着又描述了判断资源配置优劣的帕累托效率标准。现在自然要问:一般均衡与帕累托最优状态之间是什么关系呢?或者说,当每个市场处于需求同供给相等的竞争性均衡时,资源配置是否为帕累托有效率的呢?

福利经济学第一定理:**任何市场的竞争性均衡都是帕累托有效率的。**即一组竞争市场所达到的均衡配置必定是帕累托有效率配置。

在此必须指出的是:福利经济学第一定理不涉及经济利益的分配问题。这种均衡配置也许不是一种"公平"的配置。比如,把一切都给予一个人肯定是典型的帕累托有效率的,但在其他人看来这未必是合理的配置。实际上,帕累托最优状态作为衡量社会福利的一种标准只是考虑了"集合体效用"的最大化,并未涉及人们之间的福利分配。

福利经济学第一定理的重要性在于它表述了一种我们可用来确保帕累托有效率配置的经济机制,即竞争市场。竞争市场的特定结构具有实现帕累托有效率配置的特性。

根据福利经济学第一定理可知,一般均衡的实现条件就是帕累托最优条件。因此,我们可以将帕累托最优条件归纳如下:

1. 交换的帕累托最优条件

任何两种产品的边际替代率对所有消费者都相等。用公式表示即为:

$$MRS_{XY}^{A} = MRS_{XY}^{B}$$

式中,X 和 Y 为任意两种商品;A 和 B 为任意两个消费者。

2. 生产的帕累托最优条件

任何两种生产要素的边际技术替代率对所有的产品都相等。用公式表示即为:

$$MRTS_{LK}^{X} = MRTS_{LK}^{Y}$$

式中,L 和 K 为任意两种生产要素,X 和 Y 为任意两种商品。

3. 生产与交换的帕累托最优条件

任何两种产品的边际替代率等于它们的边际转换率。用公式表示即为:

$$MRS_{XY} = MRT_{XY}$$

式中,X 和 Y 为任意两种产品。

当上述三个边际条件均得到满足时,整个经济达到了帕累托最优状态。

(二)福利经济学第二定理

福利经济学第一定理指出,在一组竞争市场中均衡是帕累托有效率的。那么,逆定理是否成立呢?假定有一个帕累托有效率配置,我们能否找到一组使市场均衡的价格呢?在一定条件下,答案是肯定的。

每一个帕累托有效率配置均存在与之相对应的竞争均衡,这个结论被称为福利经济学

第二定理。这个结论的意义何在？它意味着市场机制在分配上是中性的,不管一个社会认为什么样的财富分配是公平的,都可以借助于竞争性市场来实现。价格在这种市场机制中起着两种作用。一是配置作用,即表明资源的相对稀缺性;二是分配作用,即确定不同交易者能够购买的各种商品的数量。福利经济学第二定理告诉我们,可以将配置与分配区分开来,如果社会想实现某个特定的分配结果,完全可以先改变起点,而不是直接去改变结果,也就是重新分配商品的禀赋,然后,再利用价格来实现最终的帕累托有效率配置,实现市场的一般均衡。

福利经济学第二定理具有重要的政策含义。它意味着,政府如果想促进平等的分配,那么,正确的做法应该是改变人们的禀赋,而不是扭曲价格。改变禀赋来促进平等,并不影响市场效率,而扭曲价格则会影响效率。人们常常听到一种基于分配平等而要求干预价格决策的观点。然而,这种干预往往令人误入歧途。如前所述,获得有效率配置的途径是让每个人正视其行动的真正社会代价,并做出反映这个代价的抉择。因此,在一个完全竞争市场上,消费多少商品的边际决策取决于价格,而价格是其他人按边际利益估计这种商品价值的尺度。对效率的考虑蕴含在边际决策中,即每个人在做出消费决策时会面临一个正确的边际替代率。

确定不同的交易者究竟应消费多少则是一个完全不同的问题。在竞争性市场中,这是由一个人可出售的资源的价值来确定的。政府应该考虑采取适当的方式在消费者之间转移购买力,即禀赋。政府可根据消费者的禀赋价值对其征税,并将这些税收转移给他人。只要税收是根据消费者的禀赋价值课征的,就丝毫不影响效率。按禀赋征税的确会普遍地改变人们的行为,但根据福利经济学第一定理,始于任何初始禀赋的交易会导致一种帕累托有效率配置。为此,不管如何重新分配禀赋,有市场力量决定的均衡配置依然是帕累托有效率的。

重新分配禀赋的政策说起来容易,做起来难。问题是如何度量禀赋。

无论如何,福利经济学第二定理给予我们的启示是十分重要的。价格应能反映稀缺,财富的一次性总额转移应该用于以分配为目标的调整。这两种决策在很大程度上是不矛盾的。

三、社会福利函数

(一)效用可能性曲线与效用可能性边界

完全竞争经济在一定的假定条件下可以达到帕累托最优状态,即满足帕累托最优的三个条件。但是,帕累托最优的三个条件并不是对资源最优配置的完整描述,因为它没有考虑收入分配问题。实际上,存在无穷多个同时满足所有三个帕累托最优条件的经济状态,其中甚至可以包括收入分配的极端不平等情况。

在图 10-5 中,生产可能性曲线 $P-P'$ 上任意一点均代表着生产的帕累托最优状态。在曲线 $P-P'$ 上任给一点如 S,这意味着给定了一对最优产出组合 (X_S, Y_S)。以该产出组合可构造一个消费的埃奇沃斯盒,从而得到一条交换的契约曲线 $O_A O_B$。在交换的契约曲线 $O_A O_B$ 上的 E_3 点,两条相切的无差异曲线的共同斜率恰好等于生产可能性曲线上点 S 的斜率,点 E_3 还满足生产和交换的帕累托最优状态。由此可知,按上述方法得到的点 E_3 同时满足所有三个帕累托最优条件。

现在进一步对点 E_3 加以考察。点 E_3 是两条无差异曲线的切点,而这两条相切的无差异曲线分别代表着两个消费者 A 和 B 的效用水平。如果我们用 U_{A3} 和 U_{B2} 来分别表示消费者 A

和 B 在 E_3 点的效用水平,则 E_3 点实际上对应着一对效用水平的组合 (U_{A3}, U_{B2})。由于 E_3 点是满足所有三个帕累托最优条件的,故它所对应的一对效用水平组合 (U_{A3}, U_{B2}) 可以看成是"最优"效用水平组合。

如果在生产可能性曲线上确定一个不同于 S 点的另一个点,比如 Z 点,则可以得到一组不同于 X_S、Y_S 的 X_Z 和 Y_Z 产量。与 Z 点相对应的 X_Z、Y_Z 产出水平决定了一个新的交易的埃奇沃斯盒。从这一新的埃奇沃斯盒可以导出一条新的交换的契约曲线和效用可能性曲线。在生产可能性曲线上的每一点,我们可以用导出图 10-2 中的 $U - U'$ 线同样的方法导出与之相对应的效用可能性曲线。生产可能性曲线上的每一点都相应地产生一条效用可能性曲线。在每一条效用可能性曲线上都可以找到类似于 E_3 的点(满足所有三个帕累托最优条件的效用水平组合点),连接这些点,就得到所谓的效用可能性边界。

(二)社会福利函数

福利经济学的目的是要在效用可能性边界上寻找一点或一些点,使社会福利达到最大。帕累托最优条件仅仅告诉我们,社会福利必须在效用可能性边界上,但并没有告诉我们,究竟在效用可能性边界上的哪一点或哪些点上达到。

为了解决上述问题,必须知道在效用可能性边界上每一点所代表的社会福利的相对大小,这就需要构筑社会福利函数。社会福利函数是社会所有个人效用水平的增函数。因此,在 A、B 两人组成的社会中,社会福利函数 W 可以写成:

$$W = W(U_A, U_B) \tag{10-33}$$

且 $\partial W / \partial U_A > 0, \partial W / \partial U_B > 0$。给定式(10-33),由一个效用水平组合 (U_A, U_B) 可以求得一个社会福利水平。如果我们固定社会福利水平为某个值,例如,令 $W = W_1$,则社会福利函数成为:

$$W_1 = W(U_A, U_B) \tag{10-34}$$

上式表明,当社会福利水平为 W_1 时,两个消费者之间的效用水平 U_A 和 U_B 的关系。这一关系的几何表示就是图 10-6 中曲线 W_1。曲线 W_1 被称为社会无差异曲线,在该曲线上,不同的点代表着不同的效用组合,但所表示的社会福利却是相同的。故从社会角度来看,这些点均是"无差异的"。同样,如果令社会福利水平为 W_2 和 W_3,亦可以得到相应的社会无差异曲线 W_2 和 W_3。通常假定这些社会无差异曲线与单个消费者的无差异曲线一样,亦是向右下方倾斜且凸向原点,并且离原点越远的社会无差异曲线代表越高的社会福利水平。

有了社会福利函数即社会无差异曲线,则结合效用可能性边界 $I - I'$ 即可决定最大的社会福利,参见图 10-6。最大社会福利显然在效用可能性边界 $I - I'$ 和社会无差异曲线 W_2 的切点 E_3 上达到。这一点被叫做"限制条件下的最大满足点"。这是能导致最大社会福利的生产和交换的唯一点。之所以叫做限制条件下的最大满足点,是因为它不能任意选择,而要受到既定的生产资源、生产技术条件等的限制。可能性边界 $I - I'$ 和社会无差异曲线 W_1,交于 E 和 E' 点。这些点所代表的社会福利都低于 W_2,因而不是最大社会福利;W_3 是比 W_2 更高的社会无差异曲线,因而代表更大的社会福利,但这种更大的社会福利超出了效用可能性边界,也就是超出了现有条件下所能够达到的最高水平。

如果确实存在上述所谓社会福利函数,则可以在无穷多的帕累托最优状态中进一步确定那些使社会福利最大化的状态。果真做到了这一点,则资源配置问题便可以看成是彻底解决了。例如,假定按照图 10-6,社会福利在 E_3 点达到最大。这个 E_3 点同时表明三个帕累托最

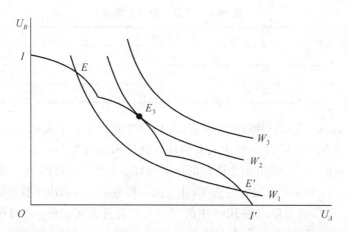

图 10-6　效用可能性边界、社会无差异曲线与最大社会福利

优条件均被满足,即它相应于图 10-5 中的 E_3 点。作为图 10-5 中的 E_3 点,一方面它表明了既定产出在两个消费者之间的最优分配状况,即消费者 A 消费 X_A、Y_A 数量的产品,消费者 B 消费 X_B、Y_B 数量的产品;另一方面它又与生产可能性曲线 $P-P'$ 上的点 S 相应,从而与生产的埃奇沃斯盒状图 10-3 中生产契约曲线上的某一点相应。该点表明了既定投入要素 L_0 和 K_0 在两个产品之间的最优分配状况,即使用 L_X、K_X 数量的要素生产 X 产品,使用 L_Y、K_Y 数量的要素生产 Y 产品,从而生产出产品 X_0、Y_0;再将产品产量在 A 和 B 两个消费者之间分配,使 A 得到 X_A、Y_A,使 B 得到 X_B、Y_B。

由此可见,社会福利的最大化是以社会福利函数的存在为前提条件的。社会福利函数究竟存不存在呢?换句话说,能不能从不同个人的偏好当中合理地形成所谓的社会偏好呢?可惜的是,阿罗于 1951 年在相当宽松的条件下证明了这是不可能的。这就是有名的"阿罗不可能性定理"。

(三)社会福利与个人偏好

社会福利函数建立在个人偏好基础之上,但是,又不同于个人的偏好。在讨论个人偏好时,我们知道,个人偏好具有若干良好的性状,例如完备性、传递性等等。正是基于个人偏好的这些良好性状,我们才可以对个人的偏好顺序进行排序,对于任意多组商品组合,消费者可以确定它们是无差别的,还是一种组合优于另一种组合。没有这些前提条件,我们就无法建立消费者的无差异曲线。在个人偏好基础上建立起来的社会福利函数是否具备个人偏好所具备的那种良好性状?以传递性为例,只要所选择的商品组合超出三组以上,我们就无法在对个人偏好加总的基础上建立一个具有传递性的社会偏好,因为个人偏好是不同的。**阿罗不可能性定理**(Arrow impossibility theorem)证明,只要超出三种以上的选择,就不存在**一种可靠的机制将具有完备性与传递性的个人偏好转换为符合民主制要求的社会偏好。**下面让我们来考虑这样的例子。

加总个人偏好的一种途径是采用某种投票的方法,比如少数服从多数。如果绝大部分消费者偏好 x 胜过 y,我们就可以一致认为"社会偏好"于 x 而不是 y。

表 10-1　行为人的个人偏好

行为人 A	行为人 B	行为人 C
x	y	z
y	z	x
z	x	y

我们用符号 x、y、z 表示三种特定的配置。表 10-1 中列出了三个人对 x、y、z 的偏好(排序)。可以看到行为人 A 偏好 x 胜过 y，行为人 B 偏好 y 胜过 z，而行为人 C 又偏好 z 胜过 x。通过少数服从多数投票规则将个体偏好加总而成的社会偏好不是性状良好的,它不具有可传递性。因此,在选择集 (x,y,z) 中不存在最好的选择,社会选择哪种结果将取决于投票进行的顺序。

为了表明这一点,我们假定表 10-1 中的三个人决定首先在 x 和 y 之间投票,然后再在该回合的胜者和 z 之间投票,由于行为人 A 和 C 偏好 x 胜于 y,所以 x 以 2 比 1 胜出,第二回合将在 x 和 z 之间进行,行为人 B 和 C 偏好 z 胜过 x,这意味着最后的结果是 z。

但是,如果他们决定先在 z 和 x 之间投票,然后胜者再与 y 进行投票表决,那结果将怎样呢?z 将在第一轮中获胜,而 y 将在第二回合中击败 z。最后的结果将完全取决于投票表决的顺序。

阿罗不可能性定理告诉我们,在个人偏好不一致的条件下,在此基础上所建立的社会偏好不可能和社会所有成员的偏好一致。因此要建立一种与每个人的偏好都一致的社会福利函数是不可能的。由此可知,所谓社会福利最大化,也就不可能使社会每一个成员的效用都达到最大化。

既然连建立一个与社会每一个人的偏好都一致的社会福利函数都不可能,经济学家所感兴趣的社会福利最大化含义又是什么呢?如果说效率问题是一个实证问题,那么社会福利问题则是一个规范问题。经济学家在实证问题上能够达成某些共识,在规范问题上则存在巨大分歧,对于社会福利问题的看法也是如此。不同的经济学家对社会福利的见解不同,所使用的社会福利函数也不同。我们在这里介绍几种有代表性的福利函数。

假定社会有 n 个人,有 m 种商品 $X_1,X_2,\cdots,X_m$ 在 n 个人之间分配。分配满足下列条件:

$$\sum_{i=1}^{n} x_{ij} = X_j \qquad (j=1,2,\cdots,m) \tag{10-35}$$

其中 x_{ij} 表示第 i 个人所获得的第 j 种商品。个人的效用是其消费的商品组合的函数,即:

$$U_i = U_i(x_{i1},x_{i2},\cdots,x_{im}) = U_i(X) \tag{10-36}$$

从这些条件出发,下面我们将讨论几种具有代表性的社会福利函数。

(四)代表性的社会福利函数

1. 平均主义社会福利函数

平均主义者认为,只有将所有的社会产品在社会成员间平均分配,才最有利于全社会的利益。其社会福利函数如下:

$$W(U_1,U_2,\cdots,U_n) = W(U_1(\overline{X}),U_2(\overline{X}),\cdots,U_n(\overline{X})) \tag{10-37}$$

其中,$\overline{X}$ 是每一个人获得的商品集,$\overline{X}=(X_1/n,X_2/n,\cdots,X_m/n)$,$n$ 为社会成员数。

2. 功利主义福利函数

其代表人物是 18 世纪末至 19 世纪初的功利主义哲学家边沁。功利主义者把社会福利函数看作是个人效用函数的加总。功利主义福利函数形式为：

$$W(U_1, U_2, \cdots, U_n) = \sum_{i=1}^{n} a_i U_i \quad (i = 1, 2, \cdots, n) \tag{10-38}$$

其中，a_i 表示每一个社会成员的效用在整个社会福利函数中的权重。如果每个社会成员的权重相等，即 $a_i = 1$，则社会福利是社会每个成员效用的简单加总。可以看出，如果社会每个成员的偏好都是相同的，则功利主义的社会福利函数等同于平均主义社会福利函数。

3. 罗尔斯社会福利函数

罗尔斯社会福利函数是根据当代伦理哲学家罗尔斯(J · Rawls)的名字命名的。罗尔斯在他那本名著《正义论》中提出，社会福利最大化标准应该是使境况最糟的社会成员的效用最大化。所以罗尔斯社会福利的标准又称为"最大最小"标准。罗尔斯社会福利函数的形式如下：

$$W(U_1, U_2, \cdots, U_n) = \min(U_1, U_2, \cdots, U_n) \quad (i = 1, 2, \cdots, n) \tag{10-39}$$

以上每一种社会福利函数都表达了不同经济行为人福利比较的不同伦理判断。借助于图 10-7，我们可以对这三种有代表性的社会福利函数进行比较。

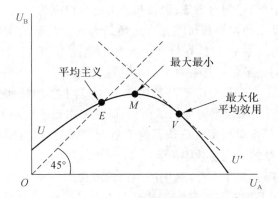

图 10-7　社会福利函数的比较

图 10-7 中横坐标代表 A 的效用水平，纵坐标代表 B 的效用水平。曲线 $U-U'$ 是社会可以到达的效用可能性边界。从原点出发的 45° 射线上的点是 A、B 两人效用水平相等的点。按照平均主义的福利观，图中的 E 点应该是最优点，45° 线过这一点。按照罗尔斯的福利观，图中 M 点是社会福利的最优点。因为在 E 点右侧，效用可能性边界在 45° 线的下方，说明 A 的境况好于 B，而 M 点是境况较差者 B 的效用最大化点，所以 M 点符合罗尔斯的福利标准。按照功利主义福利观，图中 V 点是社会福利最优点。在这一点，与效用可能性边界相切的切线斜率等于 -1，说明要使 A、B 两人任一方的效用增加一个单位，就会使另一方的效用减少一个单位。

四、改进社会福利的公共政策

(一)公平与效率

在资源配置与收入分配上，公平与效率是一个两难的选择。如果只强调效率而忽视公平，将会影响社会安定。可以设想一种极端的情况，在图 10-7 中的 U' 点，是一个资源配置的有效点，但是社会所有财富为 A 一人所得，社会显然不会选择这样一种分配状态。如果只强调公平而忽视效率，就会限制经济增长，导致普遍地贫穷。社会最好能够选择一种兼顾公平与效率的分配。符合公平分配标准的一种分配方式被称为无妒忌分配(envy-free allocation)。所谓无妒忌分配是指分配的最终结果使得社会没有一个人会觉得对别人所拥有的产品的偏好胜过自己所拥有的产品的偏好。让我们从平均分配出发看看无妒忌分配是怎样的结果。

假定要把一些产品公平地分配给 n 个人,你将怎样分配呢? 大多数人会把产品平均地分配给他们。这样一种平均分配具有的重要性质是对称性:每个人都有相同的产品束。

不幸的是平均分配并不一定是帕累托有效率的。如果人们的嗜好不同,他们就想以自己的产品与别人交换,假定交换发生,并把他们带到帕累托有效率配置。

问题在于,这种帕累托有效率配置从任何方面看仍是公平的吗? 假定现有 A、B、C 三人。A 和 B 有着相同的嗜好,而 C 有着不同的嗜好。从平均分配开始,假定 A 和 C 相互交换,他们的境况都得到改善。但 B 却没有了与 C 交换的机会,他将妒忌 A,即他对 A 的产品束的偏好超过了对他自己的产品束的偏好。即使一开始 A 和 B 有着相同的配置,A 却因交换而增进了福利,B 会感到不公。那么,是否有一种既具有帕累托效率同时又很公平的配置方法呢?

为了讨论的清晰起见,我们对平等、妒忌和公平进行相应的定义。如果没有一个人对于任何其他行为人的产品束的偏好超过对他自己所拥有的产品束的偏好,我们就说这种配置是平等的。如果某行为人 A 确实偏好另一个人 B 的产品束,我们就说 A 妒忌 B。最后,如果一种配置既是平等的又是帕累托有效的,我们就说这是一种公平的配置。

沿袭前面 A、B、C 三人平均分配产品束的例子,我们不采用任何强制的方法,不是只让不同偏好的 A 和 B 进行交换以增进他们的福利,而是采用竞争市场的定价机制。在竞争市场机制作用下,每个人都将按均衡价格选择他们所能支付的最优产品束。我们从上一节知道,这样一种配置必然是帕累托有效率配置。

但是,它是平等的吗? 如果不是,其中一个消费者比如 A 妒忌消费者 B,这意味着 A 希望得到 B 的产品束。但是,如果 A 偏好 B 的产品束胜过自己的产品束,而他自己的产品束又是他所能支付的最优产品束,那么,这就表明 B 的产品束所需费用必然比 A 的支付能力更大。然而,这里有一个矛盾。因为根据假设,A 和 B 开始拥有完全相同的产品束,他们是从平均分配出发的。如果 A 不能支付 B 的产品束,那么,B 也就不能支付自己的产品束。

因此,我们可以断定,在这种情况下,A 不可能妒忌 B。来自平均分配的竞争均衡必然是一个公平的配置。市场机制将保持某种公平性:如果最初配置是均等的,那么最终配置一定是公平的。竞争均衡既是平等的又是帕累托有效的,即公平的,其前提条件是,初始禀赋必须是均等的。

但是,初始禀赋不均等怎么办? 这就需要公共政策的作用。

(二)公共政策

1. 调整收入分配的着力点

(1)减少和消除不合理的收入

首先是要减少和消除那些不合理的、甚至是不合法的收入。按照西方经济学的看法,这些不合理和不合法的收入分配,并不是实行市场经济的结果;恰恰相反,它们是市场经济不健全的表现,是对市场经济正常运行的破坏。这些不合理和不合法的收入是导致收入分配差距过大的重要原因。特别值得提醒的是,这些不合理、不合法的收入不仅严重恶化了收入的分配,而且还会引起群众的不满,导致社会的不稳定,影响经济效率的提高。因此,减少和消除这些不合理和不合法的收入,既可以改善收入的分配,同时也可以起到提高经济效率的作用。

(2)促进机会均等

机会均等意味着公平的竞争,意味着所有参加竞争的人在赛跑之前都位于同一条起跑线上。机会的不均等可能来自如下几个方面:第一,天生能力的差别。例如,由于天生的体能或智力方面的不同而引起的能力差别。第二,家庭背景的差别。例如,出身于富裕家庭的子女能够比贫穷家庭的子女受到更多和更好的教育。第三,社会待遇的差别。例如,有些人(特别是女性)可能在就业和受教育问题上受到各种公开的或隐蔽的歧视。当然,抽象地看,由于天生能力、家庭背景和社会待遇等等不同而带来的个人差异,都属于机会的不均等,但人们仍然会觉得,在这三者之间还是有一定的区别。一些人可以承认天生差别的合理性,却可能不大赞同依靠家庭关系来获得成功。至于歧视待遇,则更是大多数人所反对的。由于机会不均等而造成的收入不平等更加“不公平”。这是因为,如果人们是在同一条起跑线上同时起跑的,那么,无论最后的名次如何,其结果至少在道义上是无可指责的。然而,如果人们在起跑前所处的位置就不一样,则这种竞争就很难称得上是一种真正的竞争了。

在现实生活中,一个机会比较均等的社会常常意味着其收入的分配也比较平等。反之,机会的不均等则常常扩大收入不平等的程度。实际上,在很多情况下,收入的不平等主要反映的是机会不均等。这样,消除机会不均等就成了改善收入分配的一条重要途径。不仅如此,很多的机会不均等也是阻碍经济效率提高的重要因素。例如,贫穷家庭的子女常常不能得到基本的教育。这对整个社会来说,就是一种人力资源的损失,它导致了整个经济的低效率。因此,和前面所说的消除不合理、不合法收入一样,在一定程度上纠正机会的不均等,往往也能够一举两得,即同时增进社会平等和经济效率。

为了促进机会均等,至少有以下几项工作可做。一是争取在就业机会方面有更大程度的平等。换句话说,就是要禁止在就业问题上的歧视,特别是对女性的歧视。比如,就大学毕业生来说,女的常常比男的更难找到合适的工作。二是争取在受教育机会方面有更大程度的平等。不仅要普及小学教育,而且要努力普及中学教育,还要创造条件(例如建立各种奖学金制度)使得那些成绩优秀的学生能够上大学,而不会因为暂时付不起学费就被拒之门外。三是争取更大的共享信息的机会均等。许多收入不均等和机会不均等,最后都可以溯源到信息的不均等。因此,向广大民众,特别是贫穷人口和贫穷地区提供最广泛的就业、教育、科技和市场等方面的信息,也是改善收入分配的一条重要途径。

(3)限制某些行业、某些个人的垄断性收入

由于政府的特许,或者其他原因,如规模经济等,在经济中常常会出现许多的垄断企业。这些垄断企业,无论是在生产上,还是在分配上,都有其内在的“缺陷”。一方面,垄断意味着低效率。与竞争性厂商相比,垄断厂商的价格过高、产量过低。于是,消费者花费了更多的收入却只能购买到更少的商品。整个社会的福利无疑受到了损害。此外,垄断厂商生产的成本也较高,不像竞争性厂商那样位于平均成本曲线的最低点。另一方面,垄断又意味着不公平。垄断厂商凭借其垄断地位,通过限制其他厂商“进入”同一行业,限制了其他厂商的竞争,从而能够获得巨额的垄断利润。垄断性行业的个人收入增长过快、收入水平偏高。垄断既缺乏效率,又缺乏公平。因此,政府有必要对它进行干预。比如,为了保证公平,政府可以为垄断企业制定一个“公平价格”。在该价格水平上,垄断企业的平均收益和平均成本恰好相等,结果,垄断利润将不再存在。与没有政府干预条件下的垄断价格相比,这个公平价格

不仅可以改善收入分配,而且也可以提高生产效率。

(4)实现生存权利和消灭贫穷

贫穷是收入分配中的一个特殊问题。贫穷讲的是在收入分配的阶梯上处于最底层的那一部分人的情况。这些人须把收入的绝大部分甚至全部用来购买基本的生活用品。其中最贫穷者甚至倾其所有也仍然难以维持自己与家庭成员的生存和健康。

贫穷的存在不仅大大影响了收入分配状况的改善,而且它本身就是一个严重的经济和社会问题。一个健全和理性的社会是不能坐视它的一部分成员陷于困境而不闻不问的。此外,由于贫穷,许多人得不到适当的保健和教育,更不用说从容地为长远利益来考虑储蓄和投资了。这就在很大程度上影响了整个经济效率的提高。

因此,向贫穷宣战至少有三个方面的意义。第一,它通过直接减少陷于贫穷的人口数量,提高了这一部分人的福利水平。第二,它通过增加贫穷人口的收入,改善了整个社会的收入分配状况。实际上,就改善收入分配而言,提高那些处于最底层的人的收入是最重要的、也是最有效的方法。第三,它通过向贫穷人口提供更多和更好的保健、教育等等,提高了他们的生产效率,进而提高了整个经济的效率。

2.收入再分配的具体措施

(1)税收政策

税收是政府用来改变收入分配状况的一个重要手段。税收的再分配作用包括如下两个方面。第一,它通过对不同的人征收不同数量的税收而直接地改变收入分配。第二,它通过改变市场的相对价格而间接地改变收入分配。一方面,税收会引起生产要素价格例如工资或利润的变化,从而影响个人和家庭的福利;另一方面,税收又会引起一般商品价格的变化,同样也影响个人和家庭的福利。

考察一个国家的税收制度对收入分配的影响,需要注意三个问题。首先,应当把重点放在整个税收制度上,即放在所有各种税收上,而不是只放在某一个或几个特殊的税种上。例如,一个国家的个人所得税可能是有利于改善收入分配的,但并不能由此得出结论说,这个国家的整个税收制度也是有利于改善收入分配的,因为,其他种类的税收可能起着相反的作用。这些起相反作用的税收的负面影响可能正好抵消掉,甚至可能超过个人所得税的好处,结果使得整个税收制度对收入分配不起作用或者起不好的作用。其次,需要分析各种税收的真正"归宿"。所谓税收的归宿,就是指真正支付税收款项、承受税收负担的人。对于个人所得税来说,被征税对象和税收归宿基本上是一回事,但是对于许多其他种类的税收(例如销售税、公司利润税等)来说,就不一定也是如此了。名义上的被征税对象并不一定就是最后真正负担税收的人。在许多情况下,被征税对象可以把税收"转嫁"到别人的头上去。这种转嫁的能力取决于税收的性质、被征税对象和被转嫁对象的特点。例如,由于吸烟者对香烟的需求价格弹性很小,生产香烟的企业可以很容易地通过价格上涨的办法把大部分的税负转嫁给吸烟者。最后,在弄清了各种税收的真正归宿之后,接下来需要考虑的就是整个税收制度的"累进"性质。如果随着收入的增加,税收在收入中所占的比例变得越来越大,这就是累进税。使某种税收成为累进的最简单方法就是让这种税收的税率随着收入水平的提高而提高。另一方面,如果随着收入的增加,税收在收入中所占的比例变得越来越小,它就是累退税。如果随着收入的增加,税收在收入中所占的比例保持不变,它就是比例税。不同性质的税收对收入分配的影响是不同的。累进税可以改善收入的分配,促进平等,累退税则正好相反,会进一步拉大收入分配的差距。比例税对收入的分配状况则基本上没有什么影响。当然,通过比例税(以及其他税)征收的税收可以用于政府的转移支付或举办公共事业,从而对收入分配产生影响。

不同种类的税收,其累进性质是不同的。个人所得税常常是累进的,因为它的税率随着收入水平的提高而提高。其他种类的税收则相对比较复杂。比如,销售税初看起来对富人和穷人都是"一视同仁"的,因为每一个消费者都在应税商品上花费同样一个百分比的税收。然而,这种表面上的比例税实际上却是累退的!这是因为,一般来说,穷人要在消费上支出其收入的较大部分,而富人则只在消费上支出其收入的较小部分,所以穷人缴纳的销售税在他们的收入中所占的比重要远远超过富人。由此可见,表面上具有比例性质的销售税会起着扩大收入差距的作用。

一个国家的个人所得税可能是累进的,起着改善收入分配的作用,但其他种类的税收却可能不是如此。整个税收制度到底是累进还是累退,对收入分配的影响到底是正还是负,取决于所有税收种类的综合作用。美国的一项研究认为,在1966年至1985年期间,美国的个人所得税尽管是累进的,但全部的税收负担却大体上是成比例的,即每个美国人缴纳的全部税收占其收入的比例大体相同。例如,美国1985年的数据表明,就全部税收占收入的比例而言,收入最低的10%的家庭大约为22%,收入最高的10%的家庭大约为25%。整个税收制度有一点累进,但累进的程度很轻。由此可见,美国在上述时期内收入分配的变化主要不是来自税收方面。

(2)政府支出

与税收相比,政府的支出计划在改善收入分配问题上似乎应当有更大的作为。然而,即使是在这一方面,同样也有必要仔细分析各种不同的政府支出计划所可能具有的不同收入分配效应。

有些政府支出项目明显不利于收入分配的改善。例如,政府债券的利息支付就是如此。在大多数情况下,来自利息的收入主要落入高收入阶层的手中。

也有一些政府的补助计划初看起来好像对穷人有利,但其实不然。例如,让我们设想政府对汽油的消费实行补贴。由于穷人也要消费汽油,所以它们无疑会从政府的补贴中得到好处。但是,穷人对汽油的消费可能远远少于更加富裕的阶层。如果最穷的40%的家庭只消费20%的市场出售的汽油,那么这意味着,政府对穷人每补贴1元钱,收入较高的家庭就可以得到4元钱的补贴!显而易见,这种对汽油的政府补贴计划不是缩小而是扩大了收入的不平等。

在西方社会,尽管确实存在着一些不利于收入分配的政府支出项目,但我们还是应该看到,政府支出在很多方面能够明显地改善收入分配状况。这些方面包括:

对基本食品消费的补助计划;

公共卫生(如饮水卫生、营养、保健等)计划;

初等和中等教育(如小学、普通中学、各类职业中学等)计划;

关于退休、伤残、失业人员的社会保障计划;

农业发展(如灌溉、水土保持、农村交通等)计划;

落后地区发展计划。

上述这些政府支出项目常常能够在一定程度上提高贫穷人口和贫困地区的实际收入水

平,降低整个社会的收入不平等程度。

（3）其他措施

政府除了利用各种税收和支出手段来直接地改变收入分配之外,还可以通过价格管制、重新分配产权等等来间接地达到这一目的。

西方政府对价格的管制有多种形式,其中包括关税、最低工资法、农产品价格支持、加速折旧、工资——价格控制,等等。与政府的税收和支出计划一样,政府对价格的管制也会影响市场的价格结构,并通过这种影响来改变收入分配状况。由于市场价格的变化,一些人得到了好处,一些人受了损失。例如,提高某种产品的关税,会增加该种产品国内生产者的收入,同时又会伤害国内消费者的利益。又例如,实施最低工资法可以增加仍在工作的低工资工人的收入,但却会减少那些由于实施该法而失业的工人的收入。总之,价格管制的收入分配效应是不容忽视的。

政府重新分配产权的形式也是多种多样的。例如,政府颁布污染控制标准、颁布食品卫生标准、禁止在某些场合做香烟广告,等等。与价格管制相比,重新分配产权对再分配的影响常常要更加猛烈一些。重新分配产权实际上已经不再是仅仅影响市场的价格结构,已经具有所谓改变"游戏规则"的性质。

选择题

一、单项选择题

1. 在两个个人（A 和 B）、两种商品（X 和 Y）的经济中,达到交换均衡的条件为 （　　）

  A. 对 A 和 B,$MRT_{XY}=MRS_{XY}$ B. 对 A 和 B,$MRS_{XY}=P_X/P_Y$

  C. $(MRS_{XY})_A=(MRS_{XY})_B$ D. 上述所有条件

2. 在两种商品（X 和 Y）、两种生产要素（L 和 K）的经济中,达到生产的全面均衡的条件为 （　　）

  A. $MRTS_{LK}=P_L/P_K$ B. $MRTS_{LK}=MRS_{XY}$

  C. $MRT_{XY}=MRS_{XY}$ D. $(MRTS_{LK})_X=(MRTS_{LK})_Y$

3. 在两个个人（A 和 B）、两种商品（X 和 Y）的经济中,生产和交换的全面均衡发生在 （　　）

  A. $MRT_{XY}=P_X/P_Y$ B. A 与 B 的 $MRS_{XY}=P_X/P_Y$

  C. $(MRS_{XY})_A=(MRS_{XY})_B$ D. $MRT_{XY}=(MRS_{XY})_A=(MRS_{XY})_B$

4. 一个社会要达到最高的经济效率,得到最大的经济福利,进入帕累托最优状态,必须 （　　）

  A. 满足交换的边际条件:$(MRS_{XY})_A=(MRS_{XY})_B$

  B. 满足生产的边际条件:$(MRTS_{LK})_X=(MRTS_{LK})_Y$

  C. 满足替代的边际条件:$MRT_{XY}=MRS_{XY}$

  D. 同时满足上述三个条件

5. 代表性的社会福利函数有 （　　）

  A. 平均主义者的社会福利函数   B. 功利主义者的社会福利函数

  C. 罗尔斯社会福利函数   D. 以上都是

6.任何变革只要使部分人受益而没有人受损就是福利增进,提出这一福利标准的是

（　　）

A.马歇尔　　　　　　B.庇古　　　　　　C.凯恩斯　　　　　　D.帕累托

7.转换曲线是从下列哪条曲线导出的　　　　　　　　　　　　　　　（　　）

A.消费契约曲线　　　　　　　　　　B.效用可能性边界

C.社会福利曲线　　　　　　　　　　D.生产契约曲线

8.一种抱怨市场的观点认为,尽管市场产生了有效的结果,但是它　　（　　）

A.一点也没有促进社会的利益

B.可能引起不是所想要的收入分配格局

C.需要太多的政府干涉

D.允许人们追求自身利益

9.持反对收入再分配观点的人抱怨,收入再分配将　　　　　　　　（　　）

A.弱化激励　　　　　　　　　　　　B.加剧收入的不平等

C.鼓励人们追求自身利益　　　　　　D.使经济产出能力上升

10.亚当·斯密关于个人追求自身利益会最终促进社会利益的观点被称为　（　　）

A.市场失灵　　　　B.公共物品　　　　C.看不见的手　　　　D.外部性

二、分析讨论题

1.什么是一般均衡？实现一般均衡的基本条件是什么？一般均衡分析的核心是什么？

2.什么是帕累托最优？满足帕累托最优需要具备什么条件？

3.假定小王(A)与小李(B)的效用函数分别为：

$$U_A = x_A y_A$$
$$U_B = x_B + y_B$$

(1)请针对两人分别写出 x 对 y 的边际替代率公式。

(2)如果交易通过价格体系来实施,请写出均衡时的价格比率。

(3)假定共有100单位 x 和200单位的 y。最初,小王有25单位的 x 和75单位的 y,而小李有75单位的 x 和125单位的 y。请说明经过市场交易,达到均衡时两人分别拥有的两种商品的数量。

(4)画出这种情形的埃奇沃斯盒状图,标出初始禀赋配置和所有的帕累托最优配置。

4.效用可能性边界是如何与契约曲线相联系的？

5."由于契约曲线上的所有点都是有效率的,因此从社会的观点来看它们都是同样理想的。"你同意这种说法吗？请加以解释。

6.如果对于生产者甲来说,以要素 L 替代要素 K 的边际技术替代率等于3;对于生产者乙来说,以要素 K 替代要素 L 的边际技术替代率等于2,那么有可能发生什么情况？

7.试说明福利经济学在微观经济学中的地位。

8.试说明福利经济学第一定理与福利经济学第二定理的含义。

9.阿罗不可能性定理说明了什么？

10.试说明社会福利函数的基本内容。

第十一章
市场失灵与微观经济政策

【教学目的和要求】

本章讨论市场失灵及其校正的问题。要求理解和掌握市场失灵的含义及其原因;不完全信息与市场失灵(逆向选择、道德风险、委托代理关系和内部人控制问题);外部影响及其校正措施,科斯定理与产权安排;公共物品及公共物品的决定程序,公共选择与政府失灵问题。

【关键概念】

市场失灵;信息不对称;逆向选择;道德风险;委托代理关系;外部性;科斯定理;公共物品

在上一章,我们讨论了完全竞争市场经济在一系列假定条件下,整个经济可以实现一般均衡,资源配置达到帕累托最优状态。但是,**由于完全竞争市场及其假定条件在很多场合并不成立,资源配置的帕累托最优状态通常不能实现,**我们把这种情况称为"市场失灵"。导致市场失灵的原因主要有:垄断、信息不对称、外部性以及公共物品。竞争市场可以达到帕累托有效率是在假定市场中不存在上述导致市场失灵因素中的任何一种的前提下实现的,只要其中一种因素存在,都会导致资源配置效率的缺失。关于垄断会导致效率损失,我们在讨论垄断问题时已经作了分析。我们曾经指出,在存在垄断的情况下,需要通过市场价格机制以外的手段来解决其效率问题,例如制定反垄断法、政府管制等措施以改进其效率状况。本章我们不再讨论垄断问题,我们将着重讨论信息不对称、外部性和公共产品如何导致市场失灵。

第一节 信息不对称

信息不对称是指市场上交易双方所掌握的信息是不等量的,一方掌握的信息多于另一方。有些市场中,卖方所掌握的信息多于买方,例如,汽车的卖者一般比买者更了解汽车的性能；药品的卖者比买者更了解药品的功效；劳动力的卖者比买者更了解劳动的生产力等等。在另一些市场中，买方所掌握的信息多于卖方，保险与信用市场往往就是这种情况。医疗保险的购买者显然比保险公司更了解自己的健康状况；信用卡的购买者当然比提供信用的金融机构更了解自己的信用状况。本章之前，无论是讨论商品市场的均衡，还是生产要素市场的均衡，或者是所有市场同时达到一般均衡，我们都是假定供求双方所掌握的信息是对称的。在供求双方都接受的价格上，供给者出售了他愿意出售的数量，需求者购买了他愿意购买的数量。买卖双方的意愿在价格机制的作用下通过市场的自由交易而实现。一旦供求双方所掌握的信息不对称，市场将出现问题，在此情况下所导致的均衡结果是一种无效率的状况。本节我们将就信息不对称下所导致的**逆向选择**（adverse selection）、**道德风险**（moral hazard）、**委托代理问题**（principal-agent problem）等进行讨论，并探讨由此引起的效率损失。

一、次品与逆向选择

逆向选择是指在买卖双方信息不对称情况下，劣质商品将优质商品驱逐出市场的现象。当交易双方的其中一方对于交易可能出现的风险状况比另一方知道更多时，便会产生逆向选择问题。美国著名经济学家阿克洛夫（George A. Akerlof）对这种情况作了理论分析，我们以阿克洛夫的旧车市场交易模型为例来说明逆向选择问题。

设想某个旧车市场，其中有两种旧车，高质量车和低质量车。如图 11-1(a) 所示，买者对高质量车的需求曲线为 D_H，卖者对高质量车的供给曲线为 S_H；如图 11-1(b) 所示，买者对低质量车的需求曲线为 D_L，卖者对高质量车的供给曲线为 S_L。S_H 高于 S_L，这是因为高质量车的车主必须得到较高的价格才愿意出售。同样，D_H 高于 D_L，这是因为买主愿意为得到一辆高质量的车支付更多的钱。

若买卖双方的信息是对称的，即买者与卖者双方都知道欲进行交易的车的质量，则如图 11-1 所示，高质量车的市场价格为 10000 元，低质量车的市场价格为 5000 元，每种车出售的数量各为 500 辆。高质量和低质量的二手车市场各自达到均衡，即分离均衡。

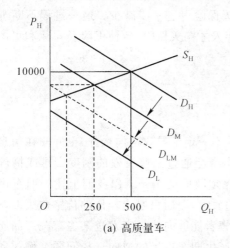

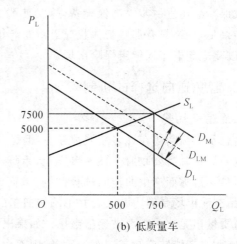

(a) 高质量车　　　　　　　　　(b) 低质量车

图 11-1　逆向选择问题

但是，实际上买卖双方关于旧车质量的信息是不对称的。卖者知道自己车的质量，买者并不知道所要购买的旧车质量。假定买者只知道在待出售的旧车中有一半质量是较差的。因此每一个旧车购买者买到高质量车与低质量车的概率各为 0.5。这种情况下,在图 11-1(a)中,高质量车的需求曲线从 D_H 移到 D_M。同样,在图 11-1(b)中,对低质量车的需求曲线从 D_L 移到 D_M。即每一位买者对所购的旧车愿意支出的价格是 7500 元(10000×0.5+5000×0.5=7500)。我们看看 7500 元的价格对供给会产生什么影响。哪一个卖者更愿意以 7500 元的价格出售旧车?毫无疑问,只有那些拥有较差质量旧车的人愿意按 7500 元的价格出售旧车。结果,高质量车的销售从 500 辆下降到 250 辆,而低质量车的数量从 500 辆上升到 750 辆。

当买者意识到市场上成交的二手车大多数(约 3/4)是低质量车时,他们的需求曲线开始左移,比如图 11-1 中的 D_{LM},由此,成交的高质量车更少,二手车的平均质量更低。结果,需求曲线进一步向左移动,市场价格太低,而不能使任何高质量车成交。最终,售出的都是低质量车,需求曲线将是 D_L(D_L 与 S_H 没有交点)。由于信息不对称,低质量车把高质量车驱逐出了市场。显然,因信息不对称而导致的旧车市场的最终均衡是无效率的,因为最终成交的数量和质量都低于供求双方想要成交的量。

旧车市场出现次品将优质品逐出市场的原因是买卖双方信息不对称造成的。旧车市场因不对称信息而导致的逆向选择问题在其他市场也存在,最典型的是保险市场。以老年人的健康保险为例,任何一个国家,即使是市场经济最发达的国家,要想建立起老年人健康保险的私人市场都是困难的,原因在于保险的买卖双方所掌握的信息是不对称的,欲购买健康保险的老年人最了解自己的健康状况,而保险公司并不了解每个老年人的健康状况。如果由私人保险公司为老年人提供健康保险,保险公司只能根据老年人的平均健康状况或者说平均的患病率收取保险费。事实上,每一位老年人的健康状况是不同的。我们把老年人简单地分为健康者与次健康者两种情况。在保险公司按照平均健康状况收取保险费的情况下,谁会购买保险? 当然是那些次健康的老年人,那些身体健康的老年人不会购买保险。这将减少保险公司的收入而增加保险公司的支出。保险公司将提高老年人的保险费,按照次健康老年人的平均健康状况收取保险费。假定这些次健康的老年人又可分为患病率较高者与患病率较低者。在保险公司提高保险费后,只有那些患病率较高者愿意购买健康保险,这将导致保险公司进一步提高保险费,这又使购买保险者进一步减少。这一过程不断进行下去的结果是,最终只有那些身体状况最糟的老年人才购买保险,致使保险公司无利可图。因此,难以建立起老年人健康保险市场。

二、避免逆向选择的机制

1. 发信号机制

信息不对称问题在许多领域都存在,但是并不一定都导致逆向选择,也并非在信息不对称出现的场合总需要政府干预。事实上,市场本身会通过某些有效的制度安排或措施以消除因信息不对称而产生的逆向选择问题,因而无须政府的干预。以我们上述的旧车市场为例,次品充斥市场是因为购买者并不确知旧车的质量,因而只愿出较低的价格购买旧车。这导致高质量车无法成交而被逐出市场。如果出售者能够向购买者发送某些有关产品质量的信号,使购买者能够确知其旧车的质量,则不会产生旧车市场的逆向选择问题。例如向旧车购买者提供有关旧车质量的证明书,一旦买者使用的旧车出现问题,卖者将负责赔偿。这种措施将有助于消除旧车市场的逆向选择。**卖者以某种方式向买者传递产品质量信息以消除因信息不对称而产生的逆向选择被称为向市场发送信号(market signaling)或发信号机制。**

向市场发送信号的概念由迈克尔·斯宾塞(Michael Spence)率先提出。斯宾塞最初用一个简单模型分析了劳动力市场发送信号的现象。这一模型的要旨是劳动者的受教育水平(用受教育的年限、获得的文凭来表示)可以作为劳动力卖者向其买者发送有关劳动力质量的市场信号,劳动力买者根据这一信号区分高质量劳动力与低质量劳动力,并把它作为支付劳动报酬的依据。下面我们对这一模型作简要的介绍。

假定有两种类型的劳动者,一种是生产力比较高的劳动者,另一种是生产力比较低的劳动者,前者的边际产量与平均产量相等,并且分别是后者边际产量与平均产量的两倍,两类劳动者各占劳动供给的一半。假定市场是完全竞争的,因此,厂商按照劳动者边际产量的价值支付劳动报酬。由于平均产量等于边际产量,因此劳动者所获报酬是其平均产量被出售后的收益。假定每个高质量劳动者年平均产量价值为 20000 元;每个低质量劳动者年平均产量价值为 10000 元。如果按照劳动者的实际生产力支付报酬,高质量劳动者的年薪应该是 20000 元,低质量劳动者的年薪应该是 10000 元。如果雇主能够准确地识别这两类劳动者,劳动力市场不会存在什么问题,高质量劳动者将获得 20000 元的年薪,低质量劳动者将获得 10000 元的年薪,劳动的供给将等于劳动的需求。如果雇主无法识别这两类劳动者,从利润最大化要求出发,雇主只能按照这两类劳动者生产力的加权平均支付劳动者报酬,不管是高质量劳动者还是低质量劳动者,每人的年薪都是 15000 元。如果高质量劳动者与低质量劳动者都愿意接受这一工资,劳动市场不会出现逆向选择问题。显然高质量劳动者不会接受这一工资水平。但是高质量劳动者要想让雇主知道自己确实是高质量劳动者,他必须向雇主发出市场信号。其中教学程度是一个重要的市场信号。一个人的教学水平能够通过几个方面来衡量:受教学的年数、获得的学位、授予学位的大学或学院的声誉、个人的平均成绩,等等。当然,教学可以通过向劳动者传授技能和一般知识来直接或间接提高个人的生产力。但是,即使教学并不提高个人的生产力,它仍旧能够成为生产力的有用信号,因为生产力较高的人得到高水平的教学比较容易。生产力高的人必须较聪明、动力较强、精力旺盛、注意力集中、耐得住寂寞、工作努力,而这些特征正是在学校搞好学习所必需的。因此,生产力高的人更有可能得到高水平的教学,来向雇主发出他们是优质劳动力的信号,并由此获得工资较高的工作。而雇主也把受教学程度看作生产力高低的强信号。

为了方便讨论,我们把劳动者的受教学程度分为两类,一类是高等教学,另一类是初等教学。雇主按照劳动者受教学程度支付工资,向受过高等教学的劳动者支付 20000 元年薪,向只接受初等教学的劳动者支付 10000 元的年薪,对每一类型劳动者的雇佣期为 10 年。劳动者所面临的问题是在接受或不接受高等教学之间进行选择。

所有的教学都有成本,接受高等教学的成本包括支付学费、学习期间所损失的工资收入、为了获得好成绩而支付的辅导费或心理成本等。假定两种类型的劳动者受教学的成本不同。高质量劳动者接受高等教学所花费的成本较低,低质量劳动者接受高等教学所花费的成本较高。因为生产力较高的高质量劳动者在学习上效率一般也是较高的,他们可能具有许多有助于接受高等教学的素质,比如智商较高、理解力较强、反应较敏捷、注意力集中等。这些因素都有利于降低接受高等教学的成本。比起低质量劳动者,高质量劳动者至少可以减少许多额外的辅导费用。

假定两类劳动者接受高等教学的成本分别为:

$$C_H = 20000D \tag{11-1}$$

$$C_L = 40000D \tag{11-2}$$

其中，C_H 为高质量劳动者接受高等教学的成本，C_L 为低质量劳动者接受高等教学的成本；D 为接受高等教学的程度。

为了简单起见并强调信号的重要性，我们作一个极端的假定，假定教学对提高一个人的生产力没有任何作用，它唯一的价值就是发信号。我们看看是否能找到一个市场均衡，这时不同的人获得不同的教学水平，而雇主把教学当作生产力的信号。

假定雇主在决定雇用工人时采用下列决策规则：如果劳动者所受的教学达到或超过某种程度 D^* 时，则说明他是高质量的劳动者，雇主将支付他 20000 元的年薪；如果劳动者所受的教学低于 D^* 时，则说明他是低质量的劳动者，雇主将支付他 10000 元的年薪。雇主所选择的 D^* 是任意的。但是由于 D^* 是影响劳动力供给的重要因素，因此雇主在选择 D^* 时必须慎重。

劳动者在选择教学程度时要进行成本与利益分析。只有当接受高等教学的成本小于获得的利益时，劳动者才选择接受高等教学。劳动者接受高等教学所获得的利益 $B(D)$ 等于不同教学程度下的工资收入与未接受高等教学情况下所获工资收入的差额。如果劳动者受教学程度低于 D^* 时，他工作 10 年所获的总收入为 100000 元，得自高等教学的利益为零，即 $B(D) = 0$；如果劳动者受教学程度达到或超过 D^*，他工作 10 年所获的总收入为 200000 元，得自高等教学的利益 $B(D) = 100000$ 元。

劳动者应该选择获得多高的教学程度？显然，劳动者的选择是在不接受高等教学与只获得 D^* 的高等教学两者之间进行。因为当劳动者接受高等教学的程度超出 D^* 后，其得自高等教学的利益与接受 D^* 程度的高等教学一样，都等于 100000 元，而他接受高等教学的成本却随着受教学程度的提高而增加。如果接受 D^* 程度的高等教学后，劳动者得自高等教学的利益大于成本，则有必要接受 D^* 程度的高等教学；如果接受 D^* 程度的高等教学后，劳动者得自高等教学的利益小于成本，则不接受高等教学。不管是高质量劳动者还是低质量劳动者，只要获得 D^* 的高等教学，得自高等教学的利益都是 100000 元，但是两种类型的劳动者受教学的成本不同。对于高质量劳动者，只要 $20000D^* < 100000$，或 $D^* < 5$，就可以接受 D^* 程度的教学。对于低质量劳动者，只要 $40000D^* > 100000$，或 $D^* > 2.5$，就不接受高等教学。

对两种类型劳动者决策分析的结果表明，均衡的 D^* 在 2.5 与 5 之间。假定 D^* 代表劳动者接受高等教育的年限（或获得的学位）。如果雇主把 D^* 确定为 4，则高质量劳动者将选择接受 4 年的高等教学，而低质量劳动者不会接受任何高等教学。如图 11-2 所示。

图 11-2 中，横坐标表示劳动者接受高等教学的程度，纵坐标表示劳动者接受高等教学的利益与成本。在雇主将 D^* 确定为 4 的情况下，只有高质量劳动者才接受高等教学，他们因此而获得 100000 元的净利益。由于低质量劳动者接受 4 年高等教学的成本大大超出所获利益，因此他们干脆不接受任何高等教学。我们因此得到一个均衡：高质量劳动者会用接受大学教学来发出他们的信号，而雇主会读出这一信号并向他们提供较高的工资。

以上讨论中我们使用了一个极端的假定，即高等教学对提高劳动者的生产力不起任何作用，高质量劳动者接受高等教学纯粹是为了向雇主发送信号，以示自己不同于低质量劳动者。当然，在现实世界中，高等教学肯定提供了有用的知识并提高劳动者的生产力。但是教学也起到了发信号功能。例如，许多厂商坚持要求一个未来的经理具有管理学硕士学位。这里的一个理由是管理学硕士学习经济学、金融学和其他有用的科目。但是还有第二个理

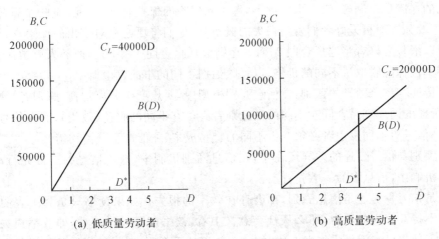

（a）低质量劳动者　　　　　　　（b）高质量劳动者

图 11-2　劳动力市场发送信号

由，即完成管理硕士学位需要智力、纪律和勤奋，而具有这些品质的人会有很高的生产力。

卖者向买者发送市场信号不仅仅限于劳动力市场，在其他具有不对称信息特征的市场也存在。例如在冰箱、空调等耐用消费品市场，消费者对于各厂家产品的质量并不真正了解，厂家往往通过向消费者提供质量保证书来发送市场信号。

2. 信息甄别

1976 年，罗思切尔德和斯蒂格利茨（Rothschild and Stiglitz）进一步发展了阿克洛夫（1970）、斯宾塞（1973,1974）的研究成果，提出通过特定的合同安排，缺乏信息的一方可以将另一方的真实信息甄别（筛选）出来，实现市场的分离均衡。

信息甄别是市场交易中信息少的一方为了减弱非对称信息对自己的不利影响，以区别不同类型的交易对象而提出的一种克服逆向选择的方法。 例如，保险公司的保险合同设计。投保人知道自己的风险，保险公司不知道，保险公司针对不同类型的潜在投保人制定了不同的保险合同，投保人根据自己的风险特征选择一个保险合同。

假定有两类投保人，书迷和滑板爱好者，他们有不同的意外事故发生概率（即风险），如果保险公司不能对两者进行区分，而给予相同的保障和收费，那么，出险概率较小的书迷最终会放弃投保而只有滑板爱好者购买保险，从而发生逆向选择。在实际经营中，保险公司可以通过保单条款的设计来甄别高风险的投保人（滑板爱好者）和低风险的投保人（书迷）。假设一旦出险，其损失都为 1000 元，保险公司提供如下两种保险合同：

合同 1：免赔额＝500 元
保险费＝50 元
保险额＝1000 元
每 1 元保险的保费（费率）50/1000＝0.05 元
合同 2：免赔额＝250 元
保险费＝150 元
保险额＝1000 元
每 1 元保险的保费（费率）150/1000＝0.15 元

为了得到多出的 250 元的保险额（从 500 元的免赔额降低为 250 元），投保人必须多支付 100 元的保险费。同时,较高保险额下,每 1 元保险的保费是 0.15 元,而低保额合同的费率只要 0.05 元。滑板爱好者们发生损失的概率高,他们将更愿意对多出的保险支付较高的费率。所以滑板爱好者将选择合同 2,而书迷则会选择合同 1。于是,两类人就被区分开了,而且对每单位保险收取了不同的价格,以反映他们不同的事故发生概率。

信号传递与信息甄别的区别:在信息甄别模型中,要想产生分离均衡,甄别者(缺少信息的一方)所提的同一交易合同对不同的被甄别者必须有不同的收益(效用);而在信号传递模型中,同一信号对不同发送者必须产生不同的交易成本,才能产生分离均衡。

信息甄别与信号传递的差异还在于,在信息甄别机制中,缺乏信息的一方先行动,而在信号传递机制中,信息多的一方先行动。

不论是信号发送还是信息甄别,都会存在效率的损失。如果读书只是为了表明自己的能力而并不提高个人的能力,那么从社会意义上看,读书就是一种浪费,即效率损失。上例中书迷为了使自己与滑板爱好者有所区分,不得不接受低程度的保险(接受较高的免赔额),也是一种效率损失。

3.建立声誉

现实中买卖双方并非只进行一次交易,这种买卖关系很可能会长期维持。于是,卖方将会发现通过为自己的高质量商品建立某种声誉就能够吸引偏好高质量商品的买方,从而扩大交易。

为了让声誉发挥作用,就必须使买方能够识别或记住特定的卖方,最为通常的做法是注册商标、树立品牌和设立专卖店等。

如果交易者之间能够建立一种"诚信"的社会惯例,那么信息不对称问题就能得到解决,在消费者之间能够有效沟通交流的情况下,这种诚信机制就能建立起来。因此,很少有人会到流动的摊贩那里买贵重的物品,这时候,买到次品的可能性更大。一般而言,坐摊比游商更有诚信。

4.政府与制度

不同市场上因不对称信息所产生的问题的性质不同,其解决方法也不同。大多数场合可以不通过政府解决,但有些情况下必须通过政府解决。例如,老年人健康保险市场的逆向选择问题远比旧车市场不对称信息所产生的问题严重。人的生命与健康比人通常欲望的满足更重要。因此,在老年人健康保险领域或与此相类似的职工医疗保险领域所出现的市场失灵通常需要政府干预。政府通过强制性措施,并将这些措施以法律法规的形式加以固定。例如,通过要求所有职工缴纳医疗保险金、失业保险金、交通安全保险金,排除一部分投保人退出市场的可能,以消除这些领域的逆向选择问题。

三、道德风险

道德风险(moral hazard)是指参与交易的一方所面临的对方可能改变行为而损害本方利益的风险。比如,个人在获得保险公司的保险后,缺乏提防行动,而采取更为冒险的行为,使发生风险的概率增大。道德风险会破坏市场的运作,严重的情况下会使得市场难以建立。

考虑一下家庭财产保险。在个人没有购买家庭财产保险情况下,个人会采取多种防范措施以防止家庭财产失窃。比如个人会装上防盗门,家人尽量减少同时外出的机会,在远离家门时,委托亲戚、朋友、邻居照看等。因此家庭财产失窃的概率较小。假定此种情况下家庭财产损失的概率为 0.01。个人一旦向保险公司购买了家庭财产保险,由于家庭财产失窃后由保险公司负责赔偿,个人有可能不再采取防范性措施,从而导致家庭财产损失概率增大,比如提高到 0.1。

我们看看这种道德风险对保险公司的影响以及对整个市场的影响。假定某保险公司为某一地区 10000 户居民提供家庭财产保险,对家庭财产实行完全的保险,一旦家庭财产遭受损失,保险公司将给予百分之百的赔偿。再假定每个家庭的财产额相同,都是 10 万元。保险公司按照平均每个家庭以 0.01 的概率发生损失作为收取家庭财产保险费的依据;每户收取 1000 元的保险费。保险公司共收取 1000 万元的保险费。由于家庭财产发生损失的概率平均为 0.01,所以这 10000 个家庭的财产总额中将遭受 1000 万元的损失,对于保险公司而言,收支相抵(我们在这里对问题作了简化,事实上保险公司收取的保险费率高于 0.01,以获得正常利润)。但是,一旦每个家庭在购买了家庭财产保险后都出现了道德风险,结果将如何?显然,道德风险将使保险公司遭受巨大的损失。假定道德风险使每个家庭财产损失的概率由 0.01 提高到 0.1,那么保险公司要对这 10000 个家庭支付 1 亿元赔偿费,保险公司所发生的净损失是 9000 万元。如果没有有效的措施对付道德风险,将不会有任何私人愿意投资从事家庭财产保险。

道德风险的后果不仅是导致保险公司遭受损失,也妨碍市场有效地配置资源。我们以医疗保险为例说明道德风险造成的资源配置效率损失。假定医疗保险机构每年按照个人看病的概率收取医疗保险费。因此个人负担的医疗成本将随着他看病次数与医疗费用的增加而提高,个人不会无节制地增加对医疗服务的需求,其需求是符合资源配置效率要求的。假定个人的医疗保险费与个人的就医次数与实际医疗支出毫无关系,无论就医次数多少、花费的医疗费用多高,都向医疗保险公司支付相同的保险费,那么个人将无节制地增加对医疗服务的需求。显然,这种无节制的需求是不符合资源配置效率要求的。我们可以考察一下我国公费医疗的状况。在公费医疗制度下,政府充当了医疗保险公司的角色,对每一个享受公费医疗的人实行全额的医疗保险。享受公费医疗者的道德风险一方面造成医药的大量浪费,另一方面使得对于医疗服务的需求大大超过供给。

道德风险产生的原因是信息不对称,是在承保人无法觉察或监督投保人行为的情况下发生的。解决的办法只能是通过某些制度设计使投保人自己约束自己的行动。例如,在家庭财产保险中,保险公司并不对投保人实行全额保险,而规定某些最低数量的免赔额。一旦投保人的财产发生损失,投保人自己也将负担一部分损失。保险公司根据医疗保险参保人实际就医情况经常调整医疗保险费用,以便消除投保人的道德风险。即使由政府统筹解决个人医疗保险问题,也要让个人承担相应的份额,否则,道德风险将会使任何形式的政府医疗保险方案难以维系。

四、委托代理问题

当一个人的福利取决于另一个人的行为,那么委托代理关系就存在了。代理人是行为人,而委托人是受影响的一方。委托代理关系中之所以存在问题,是因为代理人和委托人双方利益的不一致和信息的不对称,由此,代理人可能利用信息优势寻求自己利益的最大化而损害委托人的利益。比如,在所有权与经营权相分离的情况下,经理(代理人)可能追求奢侈的在职消费,甚至不惜牺牲所有者(委托人)的利益。

委托代理关系在我们的社会中广泛存在,在上述信息和利益结构中,代理人的行为如何?什么样的机制可以使代理人具有为委托人利益工作的激励呢?这些是任何委托代理理论分析的中心。我们主要从企业中存在的所有权和经营权相分离的事实出发,介绍委托人(所有权的拥有者)和代理人(经营权的拥有者)在信息不对称和双方利益不一致的前提下,由两权分离所带来的代理成本问题:即股东采取怎样的方法才能以最小的代价使得经理人愿意为股东的目标和利益努力工作。

在企业内部存在的委托代理关系中,企业所有者是委托人(principal),企业雇员包括经理与工人都是代理人(agent)。委托人利润最大化的目标需要通过代理人的行为来实现。但是委托人的目标并非就是代理人的目标。代理人有自己的目标,比如,经理可能追求企业规模的扩张以扩大自己对企业的控制力;工人可能追求工资收入的最大化,或者在工资收入既定条件下追求闲暇的最大化,因而可能在工作时偷懒、怠工。如果经理与工人的努力程度是可以观察和监督的,则企业所有者可以采取相应的措施制裁经理或工人的不努力行为。不幸的是,无论是经理,还是工人,其努力程度都是难以观察的,而且监督成本很高。企业主不可能总是跟在经理与工人的后面监督他们干活。即使企业主可以做到在经理或工人的工作时间监督他们,他仍然不知道经理或工人是否以百分之百的努力在工作。企业主与经理或工人所拥有的信息是不对称的。只有经理或工人本人才知道他自己工作努力的程度。经理或工人可能追求他们自己的目标而以牺牲所有者的利益为代价。

一旦企业出现委托代理问题,其后果不仅是企业所有者的利益受损,也使社会资源配置的效率受损。因为,新古典经济学中所讨论的资源配置效率是在一系列假定下实现的。其中包括厂商被视为一个整体实体,即一个独立的统一实体,没有一个人单独工作和许多人协调配合共同生产之间的区分。在整体实体假设基础上,利润最大化目标被无分歧地追求,而且厂商拥有完全信息。委托代理问题的出现,意味着所谓厂商追求利润最大化的假设不再成立,一旦企业偏离了利润最大化目标,就不可能达到社会范围内资源的有效配置。

由委托代理问题引起的效率损失不可能通过政府的干预解决,因为企业主无法观察或监督的经理与工人的行为政府也无法观察与监督。但是企业所有者在支付生产要素的报酬上作出某些改进则有助于解决委托代理问题。我们分别就经理与工人两种类型的代理人讨论如何解决委托代理问题。

我们首先讨论企业所有者或者说股东与经理之间的委托代理问题。一般而言,企业外部的竞争,例如企业间的收购或兼并、经理市场的建立,以及企业内部的约束,例如董事会的监督、股东抛售股票的威胁会对企业的经理造成一种压力,迫使经理必须为企业赢利。但是这些因素只是外在的压力,因而不能调动经理内在的积极性,使他主动为实现企业利润最大化作出努力,因而不能解决企业所有者与经理之间的委托代理问题。要解决这一问题,企业所有者必须使经理从他努力工作所获得的成果中得到好处。具体地讲,企业所有者可以在企业利润分配上采取某些有效的措施调动经理的积极性,我们介绍其中两种。一种是根据企业盈利情况给经理发奖金,另一种是让经理参与利润分享。

我们来看企业所有者如何通过奖金形式促使经理努力工作。经理的努力程度是影响企业盈利的重要因素,但不是唯一的因素。工人积极性的发挥也是其中一种重要的因素。除了工人积极性的发挥外,企业盈利还受一些偶发性因素的影响,例如机器的运转情况,各种投入物的质量、供应情况等。我们可以设想工人积极性的发挥也依赖经理的努力。但是偶发事件的出现却不是经理所能左右的。因此,不论经理是否尽力,偶发事件都会影响企业的盈利。为了简化,我们把企业的盈利情况概括为受两种因素影响,一种是经理的努力程度,另一种是偶发事件。我们把经理的努力程度简单地分为尽力与不尽力;把偶发事件分为发生与不发生,发生的概率 p 与不发生的概率 q 各为 0.5。在这些假定下我们得到企业盈利情况如表 11-1。

表 11-1　企业盈利情况

	偶发事件发生($p=0.5$)	偶发事件不发生($q=0.5$)	期望利润
不尽力	60000	100000	80000
尽力	100000	500000	300000

如果经理不尽力工作,他无须付出额外的代价。如果他尽力工作,则需要付出额外代价,例如损失在别处兼职的收入,体力与精力消耗的补偿等。假定他额外付出的代价为20000元。如果在年终至少要使经理获得 30000 元的奖金才能使经理尽力工作,那么,企业的所有者可采取下列奖励办法调动经理的积极性:如果企业盈利 60000 元或 100000 元,经理得不到任何奖金;如果企业盈利 500000 元,奖励经理 110000 元。这种奖励办法既能使经理努力工作,又能使企业的所有者获得较高的利润。对于经理而言,如果他不尽力,一分奖金也没有。如果他尽力工作,虽然在发生偶发事件的情况下他也拿不到分文奖金,但是在不发生偶发事件的情况下,他可以得到 110000 元的奖金,综合偶发事件发生与不发生两种情况,其奖金的期望值是 55000 元,从中减去因尽力工作而额外花费的 20000 元代价,经理还剩 35000 元期望金额,超过促使经理努力工作所需要的 30000 元数额。对于企业所有者而言,采取这种奖励办法,他可以获得 300000 元的期望利润,其净利润是 245000(300000－55000)元。

企业所有者也可以同经理采取利润分享的方式调动经理的积极性。可以采取下列利润分享方案。在利润的期望值超出 80000 元的情况下,经理分享的利润份额 B 为:

$$B = 0.25(\pi - 80000)$$

其中,π 为期望盈利额。很明显,在经理尽力工作的情况下,这种利润分享方案与发放奖金的方案产生了相同的结果,该分享方案中,分享系数为 0.25。

对于因工人不努力工作而产生的委托代理问题可以实行一种称之为效率工资(efficiency wage)的方案解决。效率工资是高于市场工资率、同时又使雇员不发生偷懒行为的工资。这一方案最初由伊伦(L. Yellen)于 1984 年提出。这一方案的基本思想是,由于非对称信息,雇主不确知雇员的生产力,为了防止雇员工作时偷懒,雇主发给雇员效率工资。效率工资率高于市场均衡工资率。因此,在效率工资下,将会导致一部分工人失业。失业工人的存在对在业工人构成一种潜在威胁。在业工人偷懒行为一旦被发现,就将被解雇,其工作岗位将被原失业者替代。失业的威胁使在业者必须尽力工作,不敢偷懒。

第二节　外部性

外部性是个人(包括自然人与法人)的经济活动对他人造成影响而又未将这些影响计入市场交易的成本与价格之中。外部性分为有利的外部性(正外部性)与有害的外部性(负外部性)。有利的外部性是指某个经济行为主体的活动使他人或社会受益,而受益者又无须花费代价。有害的外部性是某个经济行为主体的活动使他人或社会受损,而造成外部不经济的人却没有为此承担成本。消费活动或生产活动都有可能产生外部性。消费者在自己的住宅周围养花种树、净化环境会使他的邻居受益,但是他的邻居并不会为此向他作出任何支付。消费者在公众场合抽烟、扔垃圾则会影响他人健康,但他并不会因此向受害者支付任何形式的补偿费。生产中的外部性更是不乏其例。果园主扩大果树种植面积会使养蜂者受益,但养蜂者无须向果园主付费。在果树授粉期养蜂者同样使果园主受益,果园主也无须向养蜂者付费。化工、钢铁、炼油等污染严重行业的厂商生产过程中排放的废水、废气等污染物会给其他生产者与消费者造成损害,但是污染物的排放者却没有给受害者以应有的赔偿。凡此种种均属于外部性问题。

在竞争性市场的分析中,帕累托效率是在经济活动不存在外部性的假定条件下达到的。一旦经济行为主体的经济活动产生外部性,经济运行的结果将不再是帕累托有效的。外部性使资源配置的效率受损,因此,外部性是导致市场失灵的一个重要原因。本节我们将在对外部性及其后果进行分析的基础上讨论对付外部性的措施。

一、外部性及其后果

1. 负外部性与无效率

我们以生产中的负外部性为例讨论外部性问题及其后果。假定靠近农田的化工厂排放的污水与废气损害了周围的农田,使农场遭受损失。农场遭受损失的程度与化工厂产品产量同方向变化。化工厂生产的产量越多,排放的污染物越多,农场遭受的损失越大。农场的损失是化工厂生产活动所造成的外部成本。化工厂生产活动的均衡情况与后果如图 11-3 所示。

图 11-3 中,横坐标表示化工厂产品产量,纵坐标表示成本与化工产品的价格。图中,D_H 是化工厂所面临的产品需求曲线,假定市场完全竞争,因此 D_H 为水平线;MC_H 是化工厂生产化工产品所支出的边际私人成本曲线(marginal private cost);MC_E 是化工厂生产化工产品所造成的边际外部成本曲线(marginal external cost),表现为给农民造成的损失;MC_S 是边际社会成本曲线(marginal social cost),$MC_S = MC_H + MC_E$。化工厂在进行生产决策时并不考虑它的行为给农民造成的影响,而只计算自身的成本与收益。对于化工厂而言,它的最优产出水平为 Q_H,因为在这一产出水平,化工厂生产产品的边际成本等于出售产品的边际收益。但是 Q_H 并非社会最优产出水平,因为该产出水平并没有把化工品生产的外部成本考虑进去。对社会来讲,最优产出水平应该是边际社会成本等于边际收益时的 Q_S,由于 Q_H 大于 Q_S,所以当存在负外部性时,Q_H 的产出水平太高,造成的污染太多。

2. 正外部性与无效率

下面以厂商的研究与开发(R&D)活动为例考察正外部性问题及其后果。如图 11-4 所示,横坐标表示研发活动水平,纵坐标表示研发活动的成本与收益。假定厂商进行研发活动的边际成本为 MC_P,其边际私人收益曲线为 V_P,该活动所产生的边际社会收益曲线由 V_S 表示。由于存在正外部性,故社会利益大于私人利益:$V_S > V_P$,差额即为边际外部收益 MEB,即 $MEB = V_S - V_P$。厂商从事研发活动的均衡水平为 Q_R,在该水平上,边际私人收益与边际成本相等,即 V_P 曲线与 MC_P 曲线相交。但是,对于社会而言,最优的研发活动水平应该是边

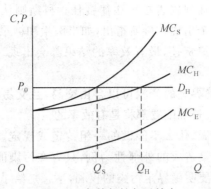

图 11-3　负外部性与无效率

际社会收益与边际成本相等的点 Q_S。显然，Q_S 大于 Q_R，可见，当存在正外部性时，厂商的研发活动水平低于社会所要求的最优水平。

如果厂商进行研发活动所付出的成本 MC_P 大于私人利益而小于社会利益，既有 $V_P < MC_P < V_S$，则厂商显然不会进行研发活动，尽管从社会角度看，研发活动是有利的。

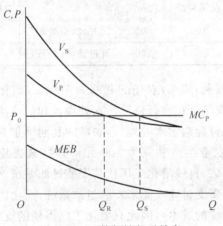

图 11-4　正外部性与无效率

二、外部性问题的相互性与科斯定理

1992 年诺贝尔经济学奖获得者科斯的一篇论文《社会成本问题》（*The Problem of Social Cost*）深刻地改变了经济学家、法律学家、政治哲学家和其他人思考外部性的方式，也深刻地改变了为解决外部性问题而不断演进的法律和社会制度。

科斯的分析从一个事例开始，在那个例子中，一个医生为病人看病的收益受到了邻近一所建筑里一个糖果商（做糖果的人）开动的机器噪声的干扰。美国历史上针对此种情形的经济学观点和法律观点简单明了，糖果商的噪声损害了医生，因此应该受到限制。科斯却提出了开创性的洞见，历史上的观点完全忽略了这个问题的相互性。诚然，糖果商的噪声的确损害了医生的利益。然而，如果我们制止噪声，我们就损害了糖果商的利益。毕竟，糖果商制造噪声，并非存心和医生过不去，而是为了谋生。在这种情形下，不管发生什么事情，必然有一方会受到损害。那么，噪声带给医生的损害是否比禁止噪声带给糖果商的损害要大，这是一个严格的经验性问题。而早先有关外部性的片面观点导致了这样一个法律传统，即糖果商要为他的噪声带给医生的任何损害担负法律责任。科斯则认为，有效性在于避免两个不愉快的结果中损失更大的那个出现。科斯指出，如果医生和糖果商能够实现零成本的谈判，那么无论糖果商是否负有法律责任，最有效率的结果都会出现。这一思想被后人概括为科斯第一定理。

科斯第一定理：只要明确界定的产权可以自由交易，且交易成本等于零或很小，那么无论最初的产权是如何界定的，资源配置都将是有效率的。

这里的产权是指什么能做、什么不能做的一组约定或规定。而作出约定或规定的行为即为产权界定。以化工厂污染造成的外部性为例，只有在污染的权利不明确的情况下才会偏离帕累托有效率状态。只要明确界定污染的权利，不管是给予化工厂污染的权利，还是给予农场不受污染的权利，都可以通过化工厂与农场之间的自由交易使污染量符合帕累托效率条件，也就是使污染符合社会最优标准。假定化工厂可以安装一个过滤系统来减少污染，其成本为200元，农场可以建造污水处理厂，其成本为300元，在清洁环境下农场的利润可到达500元。不同污染排放下的利润如表11-2所示。

表11-2 不同排放处理下的利润 单位：元

	工厂利润	农场利润	总利润		工厂利润	农场利润	总利润
无过滤，无处理厂	500	100	600	无过滤，有处理厂	500	200	700
有过滤，无处理厂	300	500	800	有过滤，有处理厂	300	300	600

如果化工厂有污染的权利，那么，农场的利润为100元，而化工厂的利润为500元。这时，为了增加自身的利润，农场会在自行建造污水处理厂和付钱给化工厂让其安装过滤系统之间进行权衡。(1)通过自行建造污水处理厂，农场的利润增加为200元。因建造了污水处理厂，使环境得以净化，其农业生产利润为500元，同时，减去建造污水处理厂的成本300元，最后所得利润200元。(2)付钱给化工厂让其安装过滤系统，农场的利润增加为250元。因为，农场愿意为化工厂最多支付300元来安装过滤系统，而化工厂安装过滤系统的利润损失是200元(即安装过滤系统的成本)，因此只要化工厂得到的支付超过200元，它就会愿意安装。假定农场向化工厂支付250元安装过滤系统，则农场的利润增加为250元，即农业生产利润500元减去向化工厂支付安装过滤系统以获得清洁环境的250元。而化工厂的利润为550元，即化工生产利润500元，减去安装过滤系统成本200元，再加上来自农场的支付250元。两者的总利润为800元。显然，通过付钱给化工厂安装过滤系统来获得清洁环境的交易是有效率的。

如果农场具有不受污染的权利，那么，化工厂将自行安装过滤系统，化工厂获得300元的利润，农场得到500元，两者的总利润为800元。由于没有任何一方可以通过交易使境况变好(利润提高)，最初的结果就是有效率的。

显而易见，无论给予化工厂污染的权利，还是给予农场不受污染的权利，通过化工厂与农场之间的自由交易，最终使污染得到了控制，总利润到达最大。具体见表11-3。

表 11-3　不同产权安排及交易成本下的绩效　　　　　　　单位:元

	污染权	不受污染权
交易成本为零		
化工厂的利润	550	300
农场的利润	250	500
总利润	800	800
交易成本不为零		
化工厂的利润	500	300
农场的利润	200	500
总利润	700	800

在此特别要提醒的是,尽管两种不同的产权界定都会产生有效率的结果,但导致的收入分配结果却大相径庭。

以上讨论过程中,我们假定交易成本为零。交易成本是指围绕自由交易而发生的谈判或使契约得到执行的成本。交易成本不同于生产中所耗费的资源成本,比如劳动力成本、资本或土地成本等。交易成本包括信息成本、谈判成本、订立和执行契约的成本、防止交易者进行欺骗的成本、维护权益的成本等。**如果交易成本太大,有利于帕累托改进的市场交易就不会发生,这种情况下,初始产权的界定将对资源配置的效率产生影响,这就是所谓的科斯第二定理。**

科斯第二定理蕴含着更为广泛的意义,从中人们又引申出"科斯第三定理",其含义是:**最有效率的法律与社会制度应该将调整外部性的负担施加在能够以最低成本实现这种调整的人身上。**

在表 11-3 中,当交易成本不为零,化工厂与农场之间不能通过谈判达成交易或合作时,两种不同的初始产权安排产生了不同的绩效,即总利润分别为 700 元和 800 元。此时,有效率的产权安排是农场具有不受污染的权利,这样的权利安排,将调整外部性的责任由能够以较低成本实现这种调整的化工厂来承担。因为化工厂的治污成本是 200 元,而农场的治污成本是 300 元。

三、公地悲剧

公地是对那些没有明确的所有者、人人都可以免费使用的资源的统称,比如草场、海洋、湖泊等。公地作为一项资源有许多拥有者,他们中的每一个都有使用权,但没有权力阻止其他人使用,从而造成资源过度使用和枯竭。过度砍伐的森林、过度捕捞的渔业资源及污染严重的河流和空气,都是"公地悲剧"的典型例子。

1968 年,美国学者哈定在《科学》杂志上发表了一篇题为《公地悲剧》的文章。哈丁在文中设置了这样一个场景:一群牧民一同在一块公共草场放牧。一个牧民想多养一只羊,以增加个人的收益,虽然他明知草场上羊的数量已经太多了,再增加羊的数目,将使草场的质量下降。牧民将如何取舍?如果每个人都从自己的私利出发,肯定会选择多养羊获取收益,因为草场退化的代价由大家负担(成本外部化)。每一位牧民都如此思考时,"公地悲剧"就上演了——草场持续退化,直至无法牧羊。

依据科斯第一定理,能克服外部性,最终实现帕累托有效率市场交易的发生,需要两个条件:一是产权明确界定;二是交易成本为零或很小。在这里,外部性导致了悲剧的发生,是因为产权没有得到明确的界定。而产权不明晰既可能是历史原因造成的,也可能是因为产权界定成本过高。产权界定不是免费的午餐,而是有成本的。比如,我们面临全球变暖的趋势。科学家已计算出,如果二氧化碳以及其他温室气体继续以现在的速度在大气中聚集,本世纪地球的平均温度将上升至足够融化极地的冰冠,进而淹没数千平方公里的滨海陆地。如果有一个机构拥有就全球环境问题建立有约束力的法律的权力(即进行产权界定),那么,减少温室气体排放将容易很多。

理解产权界定对资源配置和收入分配的影响是非常重要的。在当代中国,有很多问题都与产权界定有关,而如何界定产权又会对资源配置和收入分配产生一系列影响。比如说,中国正处在城市化过程中,对大量的农业用地通过"征地"被转化为非农业用地,土地价值的增值部分应该如何被农民分享,就与如何界定农民的土地承包权有关。

四、外部性问题的纠正

外部性导致的无效率如何才能得到纠正?解决外部性的基本思路是让外部性内部化(internalize the externalities),即通过制度安排使经济活动中产生的外部收益或外部成本,转为私人收益或私人成本。西方微观经济学理论提出如下政策建议:

第一,税收和津贴。对造成负外部性的经济活动,国家应该征税,其数额应该等于该经济活动给社会其他成员造成的损失,从而使该经济行为主体的私人成本恰好等于社会成本。例如,在生产污染情况下,政府向污染者征税,其税额等于治理污染所需要的费用。反之,对造成正外部性的经济活动,国家则可以采取津贴的办法,使得行为主体的私人利益与社会利益相等。无论何种情况,只要政府采取措施使得私人成本和私人利益与相应的社会成本和社会利益相等,则资源配置便可达到帕累托最优状态。

第二,一体化,即企业合并。我们仍以上述化工厂生产对农业造成污染的负外部性为例讨论通过合并企业使外部性内部化。在产权不明确或者没有任何干预的情况下,化工厂所制造的污染程度之所以超过社会最优标准,是由于污染造成的成本不计入化工厂的成本中,而损失完全由农场承担。如果将化工厂与农场合并为一个企业,则企业的决策将会同时考虑化工厂和农场的成本和收益。一体化后外部影响就"消失"了,即被"内部化"了,为了实现利润最大化,合并的企业将使自己的生产确定在其边际成本等于边际收益的水平上,由于此时不存在外部影响,故合并企业的成本与收益就等于社会的成本与收益。于是资源配置达到帕累托最优状态。

第三,建立外部性交易市场。我们以"碳"市场为例说明创造一个外部效应的市场以鼓励交易,可以优化资源的配置。2005 年生效的《京都议定书》是第一个具有法律约束力的旨在防止全球气候变暖的条约。《京都议定书》明确规定,在 2008 年至 2012 年的"第一减排承诺期"内,签约《京都议定书》的发达国家,二氧化碳等 6 种温室气体排放量必须在 1990 年的基础上平均减少 5.2%,而发展中国家没有减排义务。与此同时,承担温室气体减排义务一方的企业(主要是发达国家)可以通过投入资金和技术转让,向尚未承担减排义务一方的企业(主要是发展中国家)投资温室气体减排项目,所产生的减排量可冲抵前者应承担的减排量。这就是"清洁发展机制"(CDM)。除了这个机制外,还可以通过联合履约(JI)、排放权贸易(ET)来履行减排承诺。

外部性引起资源配置的无效率,是因为缺乏外部效应的买卖市场。因此《京都议定书》

通过总量控制形成碳排放权的稀缺性，然后，允许各个经济主体以他们交换一般商品权利的方式，交换他们产生外部效应的权利，从而使交易双方的境况都得到改善。"碳"交易机制通过发达国家向发展中国家提供资金和技术，使他们以较低的价格实现自身的减排量。与此同时，发展中国家通过开发 CDM 项目和排放权贸易（ET）可以得到资金、技术支持，来促进可持续发展。

第三节　公共产品

一、公共产品的特征

产品有公共产品与私人产品之分。私人产品是指那些在消费上具有竞争性与排他性的产品。公共产品是指那些**在消费上具有非竞争性与非排他性的产品**。在此之前，我们所讨论的产品都属于私人产品。本节我们专门讨论公共产品，分析公共产品如何导致市场失灵与政府的干预。

由公共产品的定义知道，**公共产品有两个重要的特征，非竞争性与非排他性。非竞争性是指，对于任一给定的公共产品产出水平，增加额外一个人消费该产品不会引起成本的任何增加，即消费者人数的增加所引起的边际成本等于零**。公共产品这一特征不同于私人产品，私人产品增加一个人的消费就要增加产品成本。而公共产品一旦生产出来以后，增加消费者数量不需要额外增加成本。典型的例子是海上的航标灯。航标灯一旦建起以后将为所有过往的船只指示航向，增加过往船只的数量并不需要额外增加维持航标灯的成本。

非排他性是指只要某一社会存在公共产品，就不能排斥该社会的任何成员消费这种产品。非排他性表明要采取收费的方式限制任一个消费者对公共产品的消费是非常困难的，甚至是不可能的。任一个消费者都可以免费消费公共产品。典型的例子如国防。一国的国防一经设立，就不能排斥该国任一位公民从中受益。公共产品这一特征与私人产品形成鲜明对照。在私人产品场合，产品的排他性是很强的。一个人消费某种产品，另一个人就不能同时消费这一产品。两个人不能同时戴一顶帽子、穿同一双鞋子。由于排他性，私人产品可以采取收费的方式调节消费者消费。在市场交易中，任何一个人若不交费，就可以排斥他对私人产品的消费（假定不存在外部性）。

严格地讲，只有同时具备非竞争性与非排他性两种特征才是真正的公共产品。但是现实生活中同时具备这两种特征的公共产品并不多。国防和公海上的航标灯通常被认为是同时具有这两种特征的公共产品。有些产品只具有两种特征中的其中一种特征。例如，电视信号具有非竞争性，但不具有非排他性。一旦信号被发射，使另一个使用者得到信号的边际成本为零，因此，该产品是非竞争性的。但是电视信号能够通过加密而变为排他的，而后对密码收费后给予解密。再如，在交通的非高峰期，增加额外一辆车通过大桥所引起的边际成本近似于零。但是通过设立收费卡却可以排斥任何不交费的车辆通过大桥。然而，在共有的湖泊上捕鱼是非排他的，却不是非竞争的。只要湖泊是社会成员共有的，就不能排斥任一个捕鱼者在湖中捕鱼，但是捕捞者的不断增加会减少湖内鱼的数量，这无疑会增加每一个捕鱼者的成本。

不同公共产品非竞争性与非排他性的程度是不同的。根据非竞争性与非排他性的程度,公共产品又被进一步划分为纯公共产品与准公共产品。纯公共产品具有完全的非竞争性与完全的非排他性。准公共产品只具有局部非竞争性与局部非排他性。现实中纯公共产品种类较少,准公共产品种类较多。以下讨论中,无论是纯公共产品,还是准公共产品,我们统统称之为公共产品。

公共产品与由公共支出所提供的产品不是同一概念。公共产品通常由公共开支安排生产,但是并非所有由公共开支所提供的产品都是公共产品。有些公共开支所提供的产品并不是公共产品。例如,中学教育在消费时是竞争的,对多一个孩子提供教育的边际成本是正的。同样,收学费会排除某些孩子享受教育。公共教育由政府提供是因为它产生了正外部性,而不是因为它是一种公共产品。

二、公共产品的有效供给

私人产品供给的有效水平是通过比较增加一单位产品的边际收益与生产该单位产品的边际成本决定的。有效的供给水平在边际收益与边际成本相等时实现,同样的原则也适用于公共产品。下面我们对照私人产品有效产出水平的决定来考察公共产品的有效供给。

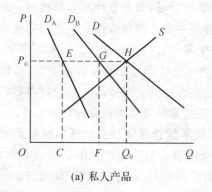
(a) 私人产品

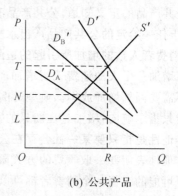
(b) 公共产品

图 11-5 私人产品与公共产品的最优数量

如图 11-5(a)所示,我们假定社会上只有 A 和 B 两个消费者,他们对产品的需求曲线分别由 D_A 和 D_B 表示。产品的市场供给曲线为 S。由于私人产品是由单个人排他性消费的,对于私人产品而言,所有消费者都将在既定价格上根据自己的偏好调整产品的数量组合,直到获得最大效用的均衡点(即最优数量组合)。因此,将每一价格水平上各个消费者选择的最优数量加总即可得到与该价格水平相对应的市场需求数量,也就是将消费者 A 和 B 的需求曲线 D_A 和 D_B 水平相加即可得到市场需求曲线 D。市场需求曲线 D 与供给曲线 S 的交点决定了该私人产品的均衡数量 Q_0 和均衡价格 P_0。这个均衡数量 Q_0 显然就是该私人产品的最优数量。因为在这个产量水平上,每个消费者的边际收益恰好等于产品的边际成本。我们知道,供给曲线代表了每个产量(供给量)水平上的边际成本,需求曲线代表了每个产量(需求量)水平上的边际收益。故当供给量为 Q_0 时,边际成本为 HQ_0;而在价格为 P_0 时,消费者 A 和 B 的需求量分别为 OC 和 OF,相应的边际收益为 CE 和 FG。$CE = FG = HQ_0$,即每个消费者的边际收益均等于边际成本。

与私人产品的排他性消费不同,公共产品是由众多的人同时消费的,其非排他性特征意味着每个消费者消费的都是同一个产品总量,每一个消费者的消费量都等于公共产品总量;

而对这个总量所支付的价格却是所有消费者支付的价格的总和。因此,公共产品的市场需求曲线不是个人需求曲线的水平相加,而是它们的垂直相加。如图11-5(b)所示,我们假定每个消费者对公共产品的需求曲线是已知的,分别为D'_A和D'_B,这里的个人需求曲线应该理解为对应于每一个公共产品数量,消费者意愿支付的价格,将D'_A和D'_B垂直相加即可得到市场需求曲线D'。公共产品的供给曲线为S'。公共产品的均衡数量由总需求曲线D'与供给曲线S'相交所对应的点R决定。在R点,消费者A和B的消费数量都是OR,他们所愿意支付的价格按各自的需求曲线分别为OL和ON,消费者A和B支付的价格之和为$OL+ON=OT$。

均衡数量OR代表着公共产品的有效供给量,因为,当公共产品数量为OR时,根据供给曲线,公共产品的边际成本为OT。而根据消费者的需求曲线,A和B的边际收益分别为OL和ON,从而总的社会边际收益为$OL+ON=OT$。于是,边际社会收益等于边际成本,公共产品数量达到最优。这里值得注意的是,公共产品的最优标准与私人产品的最优标准不同。对于私人产品,最优标准是每个消费者的边际收益与边际成本相等。而对于公共产品来说,最优标准是每个消费者的边际收益之和与边际成本相等。这个区别仍然是根源于公共产品的非排他性特征。

三、公共产品有效供给的决策机制

对私人产品,一般均衡理论分析表明,如果不存在外部性,通过市场机制就可以解决私人产品的有效生产问题。市场机制是否可以解决公共产品的有效生产问题?一般情况下是不行的,原因在于公共产品的消费中存在着私人产品消费中所不存在的"搭便车问题"(free-rider problem)。所谓搭便车就是个人不愿出资负担公共产品的生产成本,而寄希望于别人提供公共产品后,自己坐享他人之利。由于搭便车问题,依靠市场机制解决公共产品的生产往往导致所提供的公共产品数量远远低于社会所需要的数量。因此,公共产品的提供需要另一种决策机制。

在民主制度下,通常采取投票方式决定公共产品支出,可以是全民投票表决,或者由公民所选举的代表投票表决。表决可以采取简单多数规则、五分之三多数规则、三分之二多数规则、一致同意规则等。但是,以投票方式对公共支出进行表决并非十全十美,在讨论一般均衡与福利问题时我们曾经指出,一般来讲,要在具有完备性与传递性的个人偏好基础上建立可传递的社会偏好是相当困难的。投票的顺序不同,投票的结果就不同。如果对多种方案按照不同顺序进行反复投票,所获得的多种投票结果还可能是相互矛盾的。满意的投票结果是在对投票者的偏好作出若干严格假定的基础上导出的。例如,除了假定每个人的偏好具有我们以前所假定的那种完备性、可传递性等特征外,还必须具有单峰的性质而不是双峰的性质。如果投票者的偏好符合这些假定,就可以通过投票表决获得比较令人满意的公共支出方案。

我们以人们对于公共支出的偏好为例说明单峰偏好与双峰偏好的区别。我们用NV_i表示第i个人从某项公共支出获得的净效用,也可以说是他为该项支出纳税后的净利益。如图11-6所示,横坐标表示某项公共支出,纵坐标表示个人从公共支出获得的净效用。如果个人偏好是单峰的,那么个人的净效用NV_i先随公共支出的增加而提高,达到某一最大值后开始下降,直至0,如图11-6(a)所示。

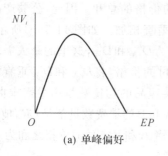
(a) 单峰偏好

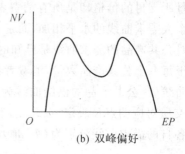
(b) 双峰偏好

图 11-6 偏好的形状

如果个人的偏好是双峰偏好,那么个人的净效用 NV_i 先随公共支出的增加而提高,达到某一极大值后随公共支出增加而下降,降到某一极小值后又随公共支出增加而上升,再次达到另一极大值后随公共支出增加而下降,直至降到 0,如图 11-6(b)所示。一般而言,假设个人对于公共支出的偏好呈单峰状态是合理的。因为在没有公共产品或公共产品数量较少的情况下,个人为多获得一些公共产品,愿意多付出一些。因此个人的净效用随公共支出的增加而上升。但是,当由公共开支所生产的公共产品的数量已经很多,个人对公共产品的支付已经很大时,个人从公共支出所获的净效用将下降,直至他从中得不到任何净效用。

有了个人偏好呈单峰状态的假定,我们就可以说明利用投票方式解决是否提供公共产品,提供多少的问题。为了避免对公共支出问题上不同意见得票数相等的问题,我们假定投票者人数为奇数(在投票人数很多的情况下即使投票者人数为偶数也不会产生太大的问题)。为了便于讨论,我们假定只有 A、B、C 三个具有不同偏好的人(可以设想为三个群体)参加投票。假定三个投票者就社区治安的一笔公共支出举行投票。有四种方案可选择,这四种方案分别是 5 万元、10 万元、15 万元、20 万元的公共支出。这四种公共支出方案给 A、B、C 三位消费者产生的净效用如图 11-7 所示。

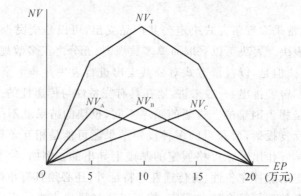

图 11-7 社区治安支出水平的决定

图 11-7 的横坐标表示社区治安支出水平,纵坐标表示社区治安给居民带来的净效用。图中三条折线分别表示 A、B、C 三人的净效用曲线。NV_T 是整个社区的净效用曲线,它通过对 NV_A、NV_B、NV_C 三人净效用曲线的垂直加总得到。通过比较 A、B、C 三人的净效用曲线,我们看到三个人对社区治安的评价是不同的。对于 A 来讲,将社区治安支出水平确定为 5 万元给他带来的净效用最大。在社区治安支出水平没有达到 5 万元之前,A 从社区治安获

得的净效用随社区治安支出水平的增加而提高。在社区治安支出水平达到 5 万元之后,A
从社区治安获得的净效用随社区治安支出水平的增加而降低。在社区治安支出水平达到 20
万元时,A 认为社区治安支出水平太高,他为社区治安作出的支付太大,因此,他从社区治安
支出中获得的净效用为 0,对于 B 而言,社区治安支出水平达到 10 万元时给他带来的净效用
最大。而对于 C 而言,社区治安支出水平达到 15 万给他带来的净效用最大。与 A 相同,
B、C 两人对于 20 万元的社区治安支出水平评价最低。

现在对这四种公共支出方案进行投票表决。按照简单多数规则通过表决结果。表决的
结果是 10 万元的社区治安支出方案获得通过。这一结果是很显然的。无论如何,20 万元的
支出方案肯定不会获得通过。如果对 5 万元与 10 万元这两种支出方案进行表决,B、C 二人
将会投票赞成 10 万元的支出方案,只有 A 会赞成 5 万元的支出方案,从而使 10 万元的支出
方案获得通过。如果对 10 万元与 15 万元这两种支出方案进行表决,A、B 二人将会投票赞
成 10 万元的支出方案,只有 C 会赞成 15 万元的支出方案,因此也是 10 万元的支出方案获
得通过。因此,我们可以说在投票者的偏好为单峰状态下,通过投票方式可以获得符合多数
人意愿的公共产品支出方案。这种表决结果最符合具有中间偏好或者说具有中位数偏好投
票者的意愿。具有中位数偏好的投票者称为适中投票者(median voter)。从我们的分析中
可以引出这样的结论,在按照多数票规则对公共支出方案进行投票的情况下,适中投票者所
偏好的支出方案总会获得通过。

按照多数票规则所获得的结果是否有效率呢? 答案是否定的。所谓有效率是指投票通
过的公共支出数额恰好等于从这一公共支出额中受益的所有投票者愿意支出的数额。在某
些情况下多数票规则所产生的结果是有效率的。在另一些情况下,多数票规则所产生的结
果是没有效率的。在我们所举的例子中,投票的结果碰巧是有效率的,因为投票的结果使 10
万元的公共支出方案获得通过。这一结果符合 A、B、C 三人对于公共支出偏好的平均值[(5
万+10 万+15 万)/3]。如果 C 对公共支出的偏好与 B 相同,A 的偏好不变,投票的结果仍
然是 10 万元的支出方案获得通过。但是 10 万元的公共支出水平超出了社会有效率的水
平,社会有效率的水平应该是 25/3 万元。如果 A 对公共支出的偏好与 B 相同,C 的偏好不
变,投票的结果还是 10 万元的支出方案获得通过。但是 10 万元的公共支出水平低于社会
有效率水平,社会有效率水平应该是 35/3 万元。尽管投票方式并不总能获得有效率的公共
支出水平,但是在民主制度下,用投票的方法决定公共支出方案仍是调节公共产品生产的较
好方法。

本章习题

一、单项选择题

1. 当市场不能发挥其导致经济效率的作用时,这种情况叫做 (   )

　　A. 看得见的手　　　　　　　　　　　　B. 政府失灵

　　C. 市场失灵　　　　　　　　　　　　　D. 国有化

2. 卖主比买主知道更多关于商品的信息,买主无法区别出商品质量的好次,这种情况被
称为 (   )

　　A. 道德陷阱　　　　B. 排他经营　　　　C. 搭便车问题　　　　D. 不对称信息

3. 名牌产品的价格通常比非名牌同类商品的价格要高,这可能是(   )的一个实例。

A. 消费者经常把有信誉的品牌与商品质量联系起来

B. 价格的差异完全是由于生产成本的差异

C. 名牌商品的广告增加了生产成本

D. 名牌商品的生产者采取了价格歧视

4. 次品市场中,价格下降的同时,上市出售的产品数量减少了,而且留在市场上的产品
的平均质量也降低了,这种现象被称为　　　　　　　　　　　　　　　　　（　　）

   A. 收益递减　　　　　　B. 道德风险　　　　　C. 逆向选择　　　　　D. 自然选择

5. 由于对签约一方事后的行动信息不了解而导致的市场效率低下,被称为　　　（　　）

   A. 收益递减　　　　　　B. 道德风险　　　　　C. 逆向选择　　　　　D. 自然选择

6. 在信息甄别模型中,甄别者是指　　　　　　　　　　　　　　　　　　　　（　　）

   A. 信息多的一方　　　B. 信息少的一方　　　C. 第三方　　　　　　D. 政府

7. 当存在负的外部性时,产量决策者只考虑(　　　　),相应,产量将(　　　　)它的有效水平,
价格将(　　　　)它的有效水平。

   A. 私人成本,等于,低于　　　　　　　　　B. 社会成本,低于,高于

   C. 私人成本,低于,高于　　　　　　　　　D. 私人成本,高于,低于

8. 某一经济活动存在外部不经济是指该活动的　　　　　　　　　　　　　　（　　）

   A. 私人成本大于社会成本　　　　　　　　B. 私人成本小于社会成本

   C. 私人利益大于社会利益　　　　　　　　D. 私人利益小于社会利益

9. 某一经济活动存在外部经济是指该活动的　　　　　　　　　　　　　　　（　　）

   A. 私人利益大于社会利益　　　　　　　　B. 私人成本大于社会成本

   C. 私人利益小于社会利益　　　　　　　　D. 私人成本小于社会成本

10. 如果上游工厂污染了下游居民的饮水,按科斯定理,(　　　　),问题就可得到妥善
解决。

   A. 不管产权是否明确,只要交易成本为零

   B. 只要产权明确,且交易成本为零

   C. 只要产权明确,不管交易成本为多大

   D. 不论产权是否明确,交易成本是否为零

11. 按照科斯定理,大城市中生产空气污染是因为　　　　　　　　　　　　（　　）

   A. 造成污染的人都没住在城里

   B. 没有人对干净的空气有可实施的产权

   C. 城市居民对干净的空气不感兴趣

   D. 与享有干净的空气相比,城市居民更偏好于驾驶汽车

12. 以下哪个控制污染的方法不会驱使个人权衡边际收益与边际成本　　　　（　　）

   A. 污染税　　　　　　　　　　　　　　　B. 分配产权

   C. 管制　　　　　　　　　　　　　　　　D. 可交易许可证

13. 以下哪一条不符合可交易许可证方法　　　　　　　　　　　　　　　　（　　）

   A. 它允许市场体系在其激励下运作

   B. 它惩罚治理污染最成功的厂商

   C. 公司可以出售可交易许可证

D.一个许可证允许持有者释放一定量的污染

14.政府提供的物品(　　)公共物品。

    A.一定是　　　　　　B.不都是　　　　　　C.大部分是　　　　　　D.少部分是

15.市场不提供纯粹公共物品,是因为　　　　　　　　　　　　　　　　　　　　　(　　)

    A.公共物品不具有排他性　　　　　　B.公共物品不具有竞争性

    C.消费者都想"免费乘车"　　　　　　D.以上三种情况都是

16.公共物品的市场需求曲线是消费者个人需求曲线的　　　　　　　　　　　(　　)

    A.水平相加　　　　　　　　　　　　B.垂直相加

    C.算术平均数　　　　　　　　　　　D.加权平均数

17.公共物品的一个特征是　　　　　　　　　　　　　　　　　　　　　　　　(　　)

    A.它是私下生产的　　　　　　　　　B.收益自然流向生产者

    C.未付费者不能被排除使用　　　　　D.付费者不能被排除使用

18.纯公共物品是,提供给多一个消费使用的成本为_____,排除他人使用的成本为
_____。　　　　　　　　　　　　　　　　　　　　　　　　　　　　　　(　　)

    A.无穷大,零　　　　　　　　　　　B.零,零

    C.无穷大,无穷大　　　　　　　　　D.零,无穷大

19.政府在提供公共物品上的一个优势是　　　　　　　　　　　　　　　　　　(　　)

    A.并不受稀缺性的制约　　　　　　　B.无须面对公共物品需求的不确定性

    C.能强制公民为公共物品付款　　　　D.不需要始终保持理性

20.科斯定理建议政府怎样解决公共土地过度放牧问题?　　　　　　　　　　　(　　)

    A.政府应在牛肉上征税

    B.政府应把牧地卖给私人所有者

    C.政府应大量补贴饲料

    E.政府应颁布规定,命令每个季度每英亩上多少牛可以放牧

二、计算题

1.一家厂商的短期收益为 $R=10e-e^2$,其中 e 是一个典型工人(所有工人都假设为是完全一样的)的努力水平。工人选择他减去努力以后的净工资 $w-e$(努力的单位成本假设为1)最大化的努力水平。根据下列每种工资安排,确定努力水平和利润水平(收入减去支付的工资)。解释为什么这些不同的委托代理关系产生不同的结果。

  (1) 对于 $e \geqslant 1$,$w=2$;否则 $w=0$。

  (2)$w=R/2$。

  (3)$w=R-12.5$。

2.一家垄断性钢铁企业的成本函数为:

$$C(Q)=Q^2+60Q+100$$ 该企业面临的反需求曲线为:$P=200-Q$

钢铁厂每生产1单位钢铁将产生0.1单位的污染物 Z,即 $Z=0.1Q$。清理污染的成本函数为:污染总成本 $=100+400Z$,其中 Z 为污染物数量。试求:

  (1)如果企业可以自由排放污染,其产品价格和产出水平为多少?

  (2)假定生产者必须内部化其外部性,即它必须支付污染成本,则其产品价格和产出水平为多少?

(3)上述安排能否消除污染?分别算出(1)(2)两种情形下的污染物数量。

(4)假定政府希望通过税收来减少企业的污染排放,且企业减少的污染物排放与(2)中相同,则应该怎样设计税收?

3.在干洗市场中,反需求曲线为$P = 100 - Q$,边际私人成本$MC = 10 + Q$。最后,干洗过程产生的污染导致的边际外部成本$MEC = Q$。试计算:

(1)在没有规制的情况下,竞争性产出与价格。

(2)社会最优产出和价格。

(3)使得市场竞争产量等于社会最优产量的税收水平。

4.在一个社区内有三个集团。他们对公共电视节目小时数T的需求曲线分别为:

$$W_1 = 100 - T$$
$$W_2 = 150 - 2T$$
$$W_3 = 200 - T$$

假定公共电视是一种纯粹的公共物品,它能以每小时100元的不变边际成本生产出来。试求:

(1)公共电视有效率的小时数是多少?

(2)如果电视为私人物品,一个竞争性的私人市场会提供多少电视小时数?

5.设一个公共牧场的成本是$C = 5x^2 + 2000$,其中,x是牧场上养牛的数量。牛的价格为$P = 800$元。试求:

(1)牧场净收益最大时养牛的数量。

(2)若该牧场有5户牧民,牧场成本由他们平均分担,这时牧场上将会有多少头牛?从中会引起什么问题?

三、分析讨论题

1.为什么卖主会认为发出有关他的产品质量的信号是有利的?保证和保证书是如何成为市场信号的一种形式的?

2.解释保险市场逆向选择与道德风险的区别。

3.为什么奖金和利润分享支付计划可能解决委托代理问题,而固定的工资支付却不能?

4.在减少污染的成本和收益不确定时,比较和对照下列三种对付污染外部性的机制:

(1)排放费。

(2)排放标准。

(3)可转让排放许可证制度。

5.公共物品既是非竞争的,又是非排他的。请解释这两个概念,并说明它们之间的区别。

图书在版编目（CIP）数据

微观经济学 / 沈炳珍,金月华,黄洁编著. —杭州：
浙江大学出版社，2014.9(2019.1重印)
 ISBN 978-7-308-13759-1

 Ⅰ.①微… Ⅱ.①沈… ②金… ③黄… Ⅲ.①微观经
济学－教材 Ⅳ.①F016

 中国版本图书馆 CIP 数据核字（2014）第 191349 号

微观经济学

沈炳珍　金月华　黄　洁　编著

责任编辑	徐　婵	
封面设计	续设计	
出版发行	浙江大学出版社	
	（杭州市天目山路 148 号　邮政编码 310007）	
	（网址：http://www.zjupress.com）	
排　　版	杭州中大图文设计有限公司	
印　　刷	杭州杭新印务有限公司	
开　　本	787mm×1092mm　1/16	
印　　张	14.5	
字　　数	362 千	
版印次	2014 年 9 月第 1 版　2019 年 1 月第 4 次印刷	
书　　号	ISBN 978-7-308-13759-1	
定　　价	32.00 元	